U0883667

中等职业教育课程改革创新教材
中等职业教育旅游服务类专业系列教材

形体与礼仪实训指导

主　编　王芳和　刘　斌
副主编　金余生
参　编　周兆伟　李　敏　朱　琴
主　审　王英杰

机 械 工 业 出 版 社

本书是中等职业学校旅游服务与管理专业形体与礼仪课程的实训指导教材。本书结合市场对旅游服务人员职业能力不断提高的要求，按岗位工作过程来设计教学内容，以形象塑造为基础，以职业能力提升为目标进行由易到难的实训。本书主要包括职业形象塑造、日常交际礼仪、商务活动礼仪 3 个模块 11 个单元，总计 38 节。

本书适用于中等职业学校旅游类专业学生教学，也可以用做其他专业学生的公共课教材。此外，还可作为职工培训和技工学校用书。

图书在版编目（CIP）数据

形体与礼仪实训指导/王芳和，刘斌主编. —北京：机械工业出版社，2015.1（2022.4 重印）

中等职业教育课程改革创新教材　中等职业教育旅游服务类专业系列教材

ISBN 978-7-111-54054-0

Ⅰ. ①形… Ⅱ. ①王… ②刘… Ⅲ. ①形体-训练-中等专业学校-教材 ②礼仪-中等专业学校-教材 Ⅳ. ①G831.3 ②K891.26

中国版本图书馆 CIP 数据核字（2016）第 136301 号

机械工业出版社（北京市百万庄大街 22 号　邮政编码 100037）

策划编辑：宋　华　责任编辑：宋　华

封面设计：陈　沛　责任校对：赵　蕊

责任印制：常天培

固安县铭成印刷有限公司印刷

2022 年 4 月第 1 版第 7 次印刷

184mm×260mm · 16.25 印张 · 395 千字

标准书号：ISBN 978-7-111-54054-0

定价：45.00 元

电话服务

客服电话：010-88361066

010-88379833

010-68326294

网络服务

机　工　官　网：www.cmpbook.com

机　工　官　博：weibo.com/cmp1952

金　书　网：www.golden-book.com

机工教育服务网：www.cmpedu.com

前　言

本书的编写以能力本位为出发点，以基于工作过程为基础，目的是培养旅游服务与管理专业学生的职业形象塑造、服务意识和职业礼仪习惯。通过该课程的学习，使学生全面、系统地掌握塑形的方法，学习旅游行业的礼仪规范与操作要求，让学生学会为人处世，更好地与别人沟通，提高礼貌意识，步入工作岗位后能够表现出良好的精神风貌和优雅的礼貌礼仪，能够较为自然和娴熟地进行个人和社会交往，逐步形成良好的气质、风度和涵养，体现出较高的综合素质，同时增强其适应社会和职业变化的能力，形成良好的人际关系与公共关系，为生活与工作创造良好的内部环境和外部环境。

本书以学生为主体，突出职业教育特色，设计灵活多样的训练任务，进行案例分析、创设情境模拟，引导学生主动参与、积极合作，实现"做中学、做中练"，培养学生的辨析判断能力和实际操作能力。

本书图文并茂、内容丰富，易于教学和自学。在内容安排上充分体现了教学基本要求，教师可根据不同的设备条件灵活运用。

建议本书课时分配如下表：

教学模块	教学内容	建议学时
职业形象塑造	形体素质与形态控制	10
	形体训练与舞蹈	12
	形体与健美操	10
	仪容、仪表、仪态的塑造	20
日常交际礼仪	见面礼仪	12
	接待礼仪	10
	沟通礼仪	6
商务活动礼仪	仪式礼仪	8
	会展服务礼仪	6
	酒店服务礼仪	12
	导游服务礼仪	6
合计		112

本书由王芳和、刘斌任主编，金余生任副主编，王英杰任主审。周兆伟、李敏、朱琴参加了本书的编写。

本书在编写过程中参考了大量的文献资料，在此向文献资料的作者致以诚挚的谢意。

由于编写时间及编者水平有限，书中难免有错误和不妥之处，恳请广大读者批评指正。

编　者

目　录

前言

模块一　职业形象塑造 …… 1

第一单元　形体素质与形态控制 …… 1

第一节　形体素质 …… 1

第二节　形态控制 …… 25

第二单元　形体训练与舞蹈 …… 41

第一节　维吾尔族民间舞蹈 …… 41

第二节　蒙古族民间舞蹈 …… 50

第三节　傣族民间舞蹈 …… 57

第三单元　形体与健美操 …… 64

第一节　健美操基本步伐 …… 64

第二节　健美操套路 …… 75

第四单元　仪容、仪表、仪态的塑造 …… 111

第一节　仪容、仪表的塑造 …… 111

第二节　仪态塑造 …… 118

模块二　日常交际礼仪 …… 136

第一单元　见面礼仪 …… 136

第一节　称呼礼仪 …… 136

第二节　鞠躬礼仪 …… 139

第三节　握手礼仪 …… 142

第四节　引领礼仪 …… 146

第五节　介绍礼仪 …… 149

第六节　名片礼仪 …… 153

第二单元　接待礼仪 …… 164

第一节　服务礼貌用语 …… 164

第二节　会客礼仪 …… 168

第三节　乘车礼仪 …… 172

第四节　迎送礼仪 …… 176

第五节　奉茶礼仪 …… 180

第六节　礼宾次序 …… 182

第三单元　沟通礼仪 …… 186

第一节　电话礼仪 …… 186

第二节　交谈与拜访 …… 190

第三节　宴请礼仪 …… 199

模块三　商务活动礼仪……206
第一单元　仪式礼仪……206
第一节　庆典礼仪……206
第二节　剪彩仪式……209
第三节　签约仪式……212
第四节　颁奖仪式……216
第二单元　会展服务礼仪……219
第一节　会展接待服务礼仪……219
第二节　会展现场服务礼仪……226
第三节　会展后续工作人员服务礼仪……232
第三单元　酒店服务礼仪……235
第一节　前厅服务礼仪……235
第二节　客房服务礼仪……239
第三节　餐饮服务礼仪……241
第四单元　导游服务礼仪……245
第一节　接站服务礼仪……246
第二节　入店服务礼仪……248
第三节　带团服务礼仪……249
第四节　送别服务礼仪……251

参考文献……253

模块一 1 职业形象塑造

第一单元 形体素质与形态控制

形体素质是形体训练教学中的重要一环，通过进行系统的训练，能够提高身体控制的稳定感、协调感和肌肉力量；形态控制练习是对练习者身体形态进行系统训练的专门练习，是提高和改善人体形态控制能力的重要内容。通过形体素质与形态控制练习，为塑造良好人体形态、改善形体的控制力打下良好基础。

第一节 形体素质

【学习目标】 掌握形体素质训练的方法和手段。并结合自己的身体特点选择不同的练习内容，塑造良好的身体形态。

一、教学准备

（1）物品准备。教师准备好教学用计算机、投影仪及教学用背景音乐。学生要穿有弹性的紧身服装或宽松的休闲服、体操服，穿舞蹈鞋或健身鞋。

（2）场地准备。设置训练镜和把杆的形体训练室。

（3）分组安排。将学生分成若干小组，每组 4～6 人，分组训练，其余人员参照技能考评标准进行互评，而后轮换。

二、学习内容

形体素质练习主要包括肩、胸、腰、髋、腹、下肢等身体各部位的力量与柔韧性练习。

（一）肩部练习

1. 压肩

预备姿势：两脚开立，上体前倾，双手扶墙或搭到把杆上，也可两人搭肩。

动作过程如图 1-1 所示：

（1）①拍向下压肩背部；②拍还原；③～⑧拍重复①～②拍。

（2）～（4）同（1）。

图 1-1　压肩

动作要求：

（1）动作缓慢，逐渐加力，压到最后一个八拍时，向下固定在一个位置上停顿几秒钟。

（2）做动作时要塌腰、挺胸、抬头、两臂放松。

2. 反臂压肩

预备姿势。两脚并立，可用手扶墙或反握把杆。

动作过程如图 1-2 所示：

（1）①～④拍下蹲；⑤～⑧拍起立。

（2）～（4）同（1）。

图 1-2　反臂压肩

动作要求：

（1）将肩关节伸展。如果肩灵活性差，开始时两手可分开宽一些，逐渐收窄。

（2）蹲起时保持上体正直，不能向前弯曲。

（3）动作缓慢，逐渐加力，压到最后一个八拍时，下蹲固定在一个位置上停顿几秒钟。肩关节柔韧性好的同学可坐到地上。

3. 反臂体前屈

预备姿势：原地站立，两腿开立伸直，两臂伸直，双手在背后拉握。

动作过程如图 1-3 所示：

（1）①～④拍身体前屈，胸部尽量贴近大腿；⑤～⑧拍两臂随身体前屈而后伸下振。可由同伴加力拉肩。

（2）～（4）同（1）。

动作要求：

（1）上体前屈时保持立腰挺胸，两腿伸直。

（2）动作缓慢，逐渐加力，下振到最后一个八拍时，固定在一个位置上停顿几秒钟。

（3）若需同伴加力可根据个人的承受能力来进行，以免拉伤。

4. 后拉肩

预备姿势：跪于垫上，两臂伸直侧举。

动作过程如图 1-4 所示：

（1）①～②拍由同伴抓住两手腕水平向后拉，轻轻振动；③～④拍还原成预备姿势；⑤～⑧拍重复①～④拍。

（2）～（4）同（1）。

图 1-3　反臂体前屈

图 1-4　后拉肩

动作要求：

（1）保持抬头、挺胸、立腰，两腿伸直。

（2）动作缓慢，逐渐加力，最后一个八拍时，向后拉到最大限度后，稳控 3 秒钟左右。

（3）若需同伴加力可根据个人的承受能力来进行，以免拉伤。

5. 双臂绕环

双臂绕环包括前后绕环、左右绕环、交叉绕环三种方式。

预备姿势：开立步，两臂垂于体侧。

动作过程如图 1-5 所示：

（1）前后绕环。左臂由下向前、向上、向后做向前绕环，右臂由下向后、向上、向前做向后绕环。然后再做反方向绕环。

（2）左右绕环。左右两臂同时向右、向上、向左、向下画立圆绕环，然后，再做反方向画立圆绕环。

（3）交叉绕环。两臂直臂上举，左臂向前、向下、向后，右臂向右、向下、向左，同时，于身侧画立圆绕环。(可左右交替进行)

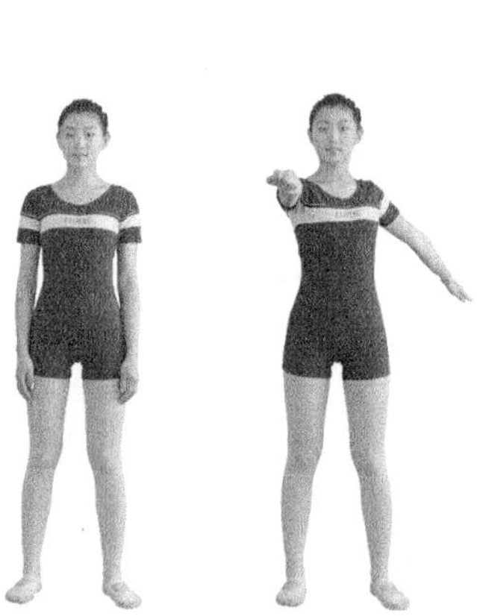

a)

b)

c)

图 1-5 双臂绕环

a）前后绕环 b）左右绕环 c）交叉绕环

动作要求：

（1）保持抬头、挺胸、立腰，两腿伸直。

（2）画圆时，两臂放松，以肩为轴画一个最大的圆。

（3）动作缓慢，逐渐加力。两臂配合协调。

（二）胸部练习

1. 跪立压胸

预备姿势：两腿跪立，两臂撑地。

动作过程如图 1-6 所示：

（1）①～④拍两臂前伸，上体尽量前屈，使胸、肩接近地面；⑤～⑧拍同①～④拍。

（2）①～④拍向下压胸并复原一次；⑤～⑥拍同①～④拍。

（3）动作同（2）。

（4）①拍向下压胸至最大限度；②～④拍保持不动；⑤～⑧拍上体起直还原成预备姿势。

（5）～（8）同（1）～（4）。

图 1-6 跪立压胸

动作要求：

（1）臀部位置要高，大小腿成 90°，两臂伸直。

（2）尽量挺胸、塌腰，使胸、肩靠近地面弹性下振。

2. 仰卧挺胸

预备姿势：仰卧平躺地毯上，双臂上举伸直。

动作过程如图 1-7 所示：

（1）①～④拍胸、腰用力上挺离地，双臂经侧下压至体侧撑地；⑤～⑧拍向后仰卧，平躺地毯，双臂经侧至上举伸直。

（2）①～④拍胸、腰前倾，上体直立还原成直角坐；⑤～⑧拍向后仰卧平躺在地毯上。

（3）①～④拍胸、腰用力上挺离地，双臂经侧下压至体侧撑地；⑤～⑧拍控制不动。

（4）①～④拍向后仰卧平躺在地毯上；⑤～⑧拍胸、腰前倾，上体直立还原成直角坐。

图 1-7 仰卧挺胸

动作要求：

（1）直角坐至仰卧平躺至开肩挺胸的动作过程中应抬头，用力挺起胸和腰。

（2）手臂不要用力撑地。

3. 含胸展胸

预备姿势：两腿跪立，两臂侧举。

动作过程如图 1-8 所示：

（1）①～②拍两臂由侧向前，掌心向侧，同时含胸低头；③～④拍两臂由前向侧后打开，同时展胸抬头；⑤～⑧拍同①～④拍。

（2）～（4）同（1）。

图 1-8　含胸展胸

动作要求：

含胸时，两肩放松，胸部脊椎前屈将胸部内收；展胸时，胸中脊椎后屈，将胸部前送。

4. 立踵下胸腰

预备姿势：两脚并立，两手扶把杆站于把杆前，身体距把杆一拳距离。

动作过程如图 1-9 所示：

（1）①～②拍两脚跟抬起，成立踵姿态，两手轻扶把杆；③～④拍以腰为轴，将上半身向后倒，仰头将胸向上挺；⑤～⑥拍同③～④拍保持控制状态；⑦～⑧拍还原成预备姿势。

（2）～（4）同（1）。

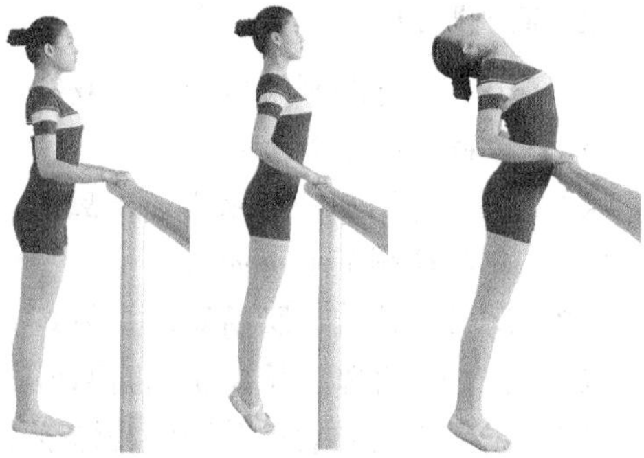

图 1-9　立踵下胸腰

动作要求：

（1）立踵时，两肩放松，抬头、挺胸、立腰，保持重心平稳。

（2）下胸腰时，尽力将头向后仰，将胸向上挺，保持腰部的直立姿态。

（3）动作舒缓，逐步加大动作的幅度和控制时间。

（三）腰部练习

1. 前俯腰

预备姿势：并步站立，两手放于体侧。

动作过程如图 1-10 所示：

（1）①～②拍两腿挺膝夹紧，两手十指交叉两臂伸直上举，手心向上；③～④拍上体前俯，两手心尽量向下贴紧地面，两膝挺直，髋关节屈紧，腰背部充分伸展；⑤～⑥拍两手松开，用双手从脚两侧屈肘抱紧脚跟，使胸部贴紧双腿，充分伸展腰背部，持续一定时间后再放松起立；⑦拍同⑤～⑥拍保持控制状态；⑧拍还原成预备姿势。

（2）～（4）同（1）。

图 1-10　前俯腰

动作要求：

（1）两腿挺膝直立，挺胸塌腰，充分伸展腰背部，胸部与双腿贴紧。

（2）可根据自己的柔韧程度选择双脚开立，用两手指尖触地，两手抱小腿。

（3）可以在双手触地时向左右侧转腰，用两手心触及两脚外侧的地面，增大腰部伸展时左右转动的柔韧性。

2. 后甩腰

预备姿势：并步站立。

动作过程如图 1-11 所示：

（1）①拍一腿支撑，另一腿向后上直腿摆动。同时，两臂伸直，随身体向后屈做向后的摆振动作，使腰背部被充分压紧，腰椎前面充分伸展；②拍还原成预备姿势；③～⑧拍同①～②拍。

（2）～（4）同（1）。

动作要求：

（1）后摆腿和上体后屈振摆同时进行。

（2）支撑腿，膝伸直；头部和双臂体后屈做协调性后摆助力动作。

图 1-11　后甩腰

3. 涮腰

预备姿势：两脚左右开立略宽于肩，两臂垂于体侧。

动作过程如图 1-12 所示：

（1）①～②拍以髋关节为轴体前俯，两臂前伸与地面平行；③～⑧拍以腰为轴，使上体自前向右、向后再向左，回到前俯，做顺时针或逆时针旋转；同时，双臂随上体做顺时针或逆时针的环绕动作，以增加腰部旋转的幅度和力度。

（2）～（4）同（1）。

图 1-12　涮腰

动作要求：

（1）尽量增大绕环幅度，速度由慢到快，使腰椎关节完全得到活动、伸展。

（2）上身前俯、后仰、旁侧尽量达至 90° 角，拉长前腰、后腰、侧腰不同部位。

（3）头眼跟随手动，往最远路线画圆，动作幅度越大越好。

4. 压胸腰

预备姿势：正面对把杆一步距离，大八字步站好。

动作过程如图 1-13 所示：

（1）①～②拍两臂向前探出，抓住把杆；③～④拍肩胸伸展，向前挤压；⑤～⑥拍上身抻拉，低头含胸，腰背形成弧度；⑦～⑧拍还原成预备姿势。

（2）～（4）同（1）。

图 1-13　压胸腰

动作要求：

（1）向前挤压时，两腿伸直，重心可随压胸动作往前偏移。

（2）上身抻拉时两臂伸直，尽力拉使腰背形成最大的弧度。

5. 耗腰

预备姿势：面向前方，大八字步站好，两臂自然垂于体侧。

动作过程如图 1-14 所示：

①～②拍两臂向上抬起，与肩同宽，由上向后带动头眼跟随；③～④拍头眼与手臂主动向后，引领肩、胸、腰、髋依次向后，形成反弧线造型；⑤～⑥拍在弧线姿势上保持一段时间，一般为 4～8 个 8 拍。最后一个 8 拍的⑦～⑧拍还原成预备姿势。

动作要求：

躯干与四肢充分拉开，两腿往下踩，与双臂形成抻拉。

图 1-14　耗腰

6. 挑胸腰

预备姿势：背对把杆，两脚并拢，双手平握把杆。

动作过程如图 1-15 所示：

①～②拍团身屈膝蹲；③～④拍借两腿蹬直站立时，胯迅速顶出，腰、胸、肩、颈、头及手臂依次向上挑送；⑤～⑧拍保持③～④拍最后动作不动，待一段时间，一般为 4～8 个 8 拍；最后一个 8 拍的⑦～⑧拍还原成预备姿势。

图 1-15　挑胸腰

动作要求：

完成时要达半脚尖，手臂直臂配合，胸腰高于把杆，上身形成半圆弧形，后背腰脊最大限度的抻拉，达到训练目的。

7. 跪撑下腰

预备姿势：屈膝坐跪地面，膝盖八字微开，两臂下垂，目视前方。

动作过程如图 1-16 所示：

①～②拍两臂由指尖带动向前抬起，立跪起身，臂与肩同宽；③～④拍头随手臂指尖引领向后，依次挑胸、挺腰、顶胯，跪下腰，手着地时可抓住脚腕或扶地，身体形成圆弧形；⑤～⑧拍保持③～④拍最后动作不动，待一段时间，一般为 4～8 个 8 拍；最后一个 8 拍的⑦～⑧拍还原成预备姿势。

动作要求：

大腿与上肢要充分展开，肩、背、腰部要最大限度地往外伸拉。

8. 下大腰

预备姿势：大八字步准备，身体站立，两臂下垂，正视前方。

动作过程如图 1-17 所示：

①～②拍两臂由指尖带动抬起，头微抬，臂与肩宽；③～④拍指尖率先向后，依次引领头、肩、胸、腰、胯部；⑤～⑧拍经耗腰环节，手扶地，腰继续上挑，四肢配合伸拉；保持动作不动，一般为 4～8 个 8 拍。最后一个 8 拍的⑦～⑧拍手一推地，胸腰借机主动上挑，靠惯例依次起身完成，还原成预备姿势。

图 1-16　跪撑下腰

图 1-17　下大腰

动作要求：

下腰过程，一定要主动挑胸、挑腰、顶胯配合。

9. 俯卧下腰

预备姿势：练习者俯卧在地毯上，双肘和小臂撑地，双手体前伸直，手心向下，双腿并拢、伸直，绷好脚面。

动作过程如图 1-18 所示：

（1）①拍双臂撑直，上体后仰成最大反背弓；②～⑦拍控制不动；⑧拍还原成预备姿势。

（2）～（4）同（1）。

动作要求：

做动作时，上体尽力向上后伸展，下腰仰头，手臂伸直。

图 1-18　俯卧下腰

10. 俯卧两头起

预备姿势：练习者俯卧在地毯上，双腿伸直略分开，绷脚面，双腿翘起，双臂前平举，手心向下。

动作过程如图 1-19 所示：

①拍上体和双腿两头翘；②～⑦拍控制不动；⑧拍还原成预备姿势。反复练习 4×8 拍。

图 1-19　俯卧两头起

动作要求：

做动作时，上体和双腿尽量抬高成最大反背弓，并能较好地控制形态。

（四）腹部练习

1. 仰卧起转体

预备姿势：练习者仰卧在地毯上，双腿并拢、伸直，绷好脚面，双手体侧伸直。

动作过程如图 1-20 所示：

（1）①拍上体抬起 45°，同时向右转体 90°，右腿正吸腿，脚尖点地，双手臂体侧一位，手背相对；②～⑦拍控制不动；⑧拍还原成预备姿势。

（2）同（1）方向相反。最后一拍还原成预备姿势，双手扶脑后。

（3）①拍上体直立向右转体 90°，屈髋、屈膝使右小腿与地面平行；②～⑦拍控制不动；⑧拍还原成预备姿势。

（4）同（3）方向相反。

（5）①～②拍上体抬起 45°，同时向右转体 90°，右腿正吸腿，脚尖点地，双手臂体侧一位，手背相对；③～④拍还原成预备姿势；⑤～⑧拍动作同①～④拍，但方向相反。

（6）①～②拍上体直立向右转体 90°，屈髋、屈膝使右小腿与地面平行；③～④拍还原成预备姿势；⑤～⑧拍动作同①～④拍，但方向相反。

动作要求：

做动作时，练习者应保持挺胸、立腰、立背形态，利用收腹力量做上体转体动作，转体 90°要控制好。

图 1-20　仰卧起转体

2. 仰卧两头起

预备姿势：仰卧在地毯上，双臂伸直上举，手心向上，双腿并拢、伸直，绷脚面。

动作过程如图 1-21 所示：

（1）①～④拍上体和双腿同时抬起 45°，双手与脚面在最高点接触；⑤～⑧拍还原成预备姿势。

（2）同（1）。

（3）①～④拍上体迅速直立，双腿收回，双手抱膝，双脚尖点地；⑤～⑧拍还原成预备姿势。

（4）同（3）。

（5）①～②拍上体和双腿同时抬起 45°，双手与脚面在最高点接触；③～④拍还原成预备姿势；⑤～⑧拍动作同①～④拍。

（6）同（5）。

（7）①～②拍上体迅速直立，双腿收腿，双手抱膝，双脚尖点地；③～④拍还原成预备姿势；⑤～⑧拍动作同①～④拍。

（8）同（7）。

图 1-21　仰卧两头起

动作要求：

（1）做动作时，练习者应控制好挺胸、立腰、立背和双腿伸直，呈绷脚面的形态。上体和双腿尽量高抬。

（2）吸腿时要收紧，头用力上顶。仰卧时，要开肩、双腿并拢且伸直绷脚面。

3. 仰卧举腿

预备姿势：练习者仰卧在地毯上，双臂屈肘扶头后，双腿并拢且伸直绷脚面。

动作过程如图 1-22 所示：

（1）①～④拍上体抬起向右转体 90°，同时双腿并拢抬起 45°，伸直绷脚面；⑤～⑧拍还原成预备姿势。

（2）同（1）方向相反。

（3）①～④拍上体抬起向右转体 90°，同时双腿抬起 45°，用左肘对右膝头，伸直绷脚面；⑤～⑧拍还原成预备姿势。

（4）同（3）方向相反。

（5）①～④拍上体仰卧在地毯上不动，双腿并拢抬起 90°，伸直绷脚面；⑤～⑧拍还原成预备姿势。

（6）同（5）。

（7）①～②拍上体抬起 45°。双腿前后交换一次；③～④拍同①～②拍，⑤～⑧拍同①～④拍。

（8）同（7），最后一拍还原成预备姿势。

图 1-22 仰卧举腿

动作要求：

（1）做动作时，上体和双腿尽量高抬，胸部尽量贴近双腿。

（2）双腿伸直做勾脚面或绷脚面的前后交换动作时，上体尽量抬起。

（五）髋部练习

1. 地面正压胯

预备姿势：两腿膝盖弯曲，脚心相对，坐在地毯上，双手扶住踝关节。

动作过程如图 1-23 所示：

（1）①拍双膝向下振动一次；②～⑧拍同①拍。

（2）同（1），最后一拍，双手扶膝。

（3）①拍双手向下按膝关节一次；②～⑧拍同①拍。

（4）①拍向下按膝关节至最大极限；②～⑦拍控制不动；⑧拍上体还原成预备姿势。

（5）①～②拍上体前倾下振；③～④拍还原；⑤～⑧拍同①～④拍。

（6）①拍上体前倾下振至最大极限；②～⑦拍控制不动；⑧拍上体还原成预备姿势。

（7）①～④拍头部用力上顶，挺胸、立腰、立背；⑤～⑧拍含胸、收腹，上体卷曲至头顶紧贴双脚。

（8）同（7）。

（9）①～⑦拍同（7），⑤～⑧拍控制不动；⑧拍上体还原成预备姿势。

图 1-23　地面正压胯

动作要求：

（1）预备姿势时，双脚尽量靠近髋关节，保持立腰、立背、挺胸、顶头的基本形态。

（2）向前压胯时，保持上体姿态，尽量使腹部贴地；向前低头时，充分拉开颈椎、胸椎、腰椎。

2. 地面开胯（展髋）

预备姿势：开肩仰卧平躺在地毯上，双腿并拢，绷脚面，双臂沿耳侧上举伸直。

动作过程如图 1-24 所示：

（1）①～②拍右腿上举至最大限度；③～④拍右腿向侧落下，贴于地面；⑤～⑥拍右腿还原至上举；⑦～⑧拍右腿慢落成预备姿势。

（2）同（1）换左腿做。

（3）同（1）。

（4）同（2）。

（5）①～②拍双腿沿地面侧吸腿；③～④拍双腿伸直侧分腿；⑤～⑥拍双腿并拢上举与地面垂直；⑦～⑧拍双腿落下成预备姿势。

（6）～（8）同（5）。

图 1-24　地面开胯（展髋）

动作要求：

（1）动作过程中保持上体形态。

（2）展髋要充分，动作腿上举幅度要大，落下要有控制；侧吸腿时，小腿收紧，脚心相对；侧分腿时，大腿不动，伸直小腿。

3. 地面顶髋

预备姿势：仰卧平躺在地毯上，双腿并拢向正上方吸腿，双手手心向下，自然置于体侧。

动作过程如图 1-25 所示：

（1）①拍用力顶髋展腹；②～④拍控制；⑤～⑧拍还原成预备姿势。

（2）～（4）同（1），最后两拍，双腿分开同髋宽，吸腿至最大限度。

（5）①拍用力顶髋展腹；②～④拍控制；⑤～⑧拍还原成预备姿势。

（6）～（8）同（5）。

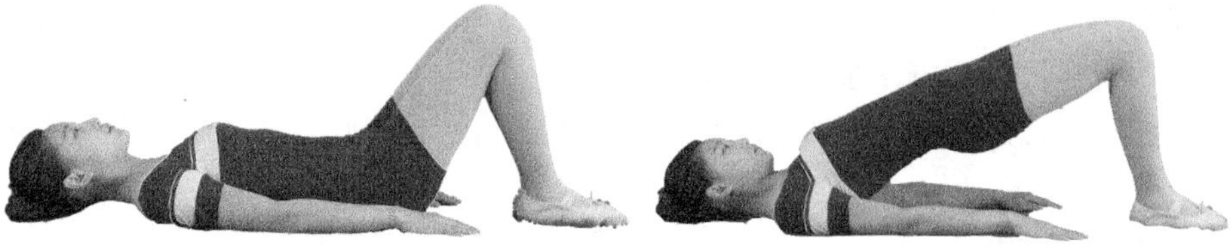

图 1-25　地面顶髋

动作要求：

（1）顶髋时，肩部、头部着毯，全脚掌着地。

（2）向上顶髋，展腹要充分，还原时要慢慢放下。

4. 下蹲压髋

预备姿势：两脚开立比肩宽，两腿屈膝全蹲，全脚掌着地，两手从两腿内侧向外分别抓两脚踝关节。

动作过程如图 1-26 所示：

（1）①拍以膝关节为轴，抬起髋关节，两手同预备姿势；②拍髋关节向下压；③～⑧拍同①～②拍重复练习。

（2）～（4）同（1）。

图 1-26　下蹲压髋

动作要求：

挺胸直背，塌腰前俯，压振时幅度由小到大。

5. 竖叉

预备姿势：两腿前后分开成一条直线。

动作过程如图 1-27 所示：

（1）①～④拍前腿的脚后跟、小腿腓肠肌和大腿后肌群压紧地面，脚尖勾紧上翘，正对上方；后腿的脚背、膝盖和股四头肌压紧地面，脚尖指向正后方；髋关节摆正与两腿垂直，上体前俯，两手在体侧撑地，压紧前面腿的前俯压振动作。⑤～⑧拍同①～④拍。

（2）～（4）同（1）。

（5）～（8）同（1）～（4）换另一条腿在前。

动作要求：

挺腰直背，沉髋挺膝；前俯勾脚，动作幅度由小到大，逐渐用力。

6. 横叉

预备姿势：两腿左右一字伸开，两手可辅助支撑。

动作过程如图 1-28 所示：

图 1-27　竖叉

图 1-28　横叉

（1）①～④拍两小腿的后侧着地，压紧地面，两脚的脚跟着地，两脚尖向左右侧伸展或勾紧，胯充分打开，成一字形。可上体前俯拉长腿后侧肌肉并充分开胯；⑤～⑧拍同①～④拍。

（2）～（4）同（1）。

（5）～（8）同（1）～（4）。

动作要求：

挺腰立背，开胯沉髋；挺膝勾脚，前俯倾倒。

7. 压胯

预备姿势：两腿屈膝，脚心相对，俯撑于地面。

动作过程如图 1-29 所示：

①～④拍提臀、收腹、拱背、含胸、低头；⑤～⑧拍向下压胯、塌腰、挺腹、抬头（反复练习）。

图 1-29　压胯

动作要求：

做动作时，一直保持直臂支撑，向下压胯时，臀部下沉，两脚心紧贴，大腿开度尽量大。

（六）腿部练习

1. 压前腿

预备姿势：身体斜向 45°面对把杆，右腿直腿上杆，左手扶杆；节前 4 拍，右手经二位至三位。

动作过程如图 1-30 所示：

（1）①～②拍上体前压，右手随上体前压向下找脚背；③～④拍上体还原；⑤～⑧拍同①～④拍。

（2）～（4）同（1）。

（5）～（8）同（1）～（4）换左腿。

图 1-30　压前腿

动作要求：

（1）做动作时，双腿伸直，绷直脚面。向前压时，胸、腹部贴近大腿，保持髋正、胯收。

（2）控制好上体形态，不要低头驼背。

2. 压旁腿

预备姿势：面对把杆，右腿向右侧伸出放把杆上，右手扶杆，节前 4 拍，左手经二位至七位。

动作过程如图 1-31 所示：

（1）①～②拍上体侧压，左手随同上体的侧压到三位用手背找右脚背；③～④拍上体还原，同时左手经翻腕手背带动手指尖回到七位；⑤～⑧拍同①～④拍。

（2）～（4）同（1）。

（5）～（8）同（1）～（4），换左腿。

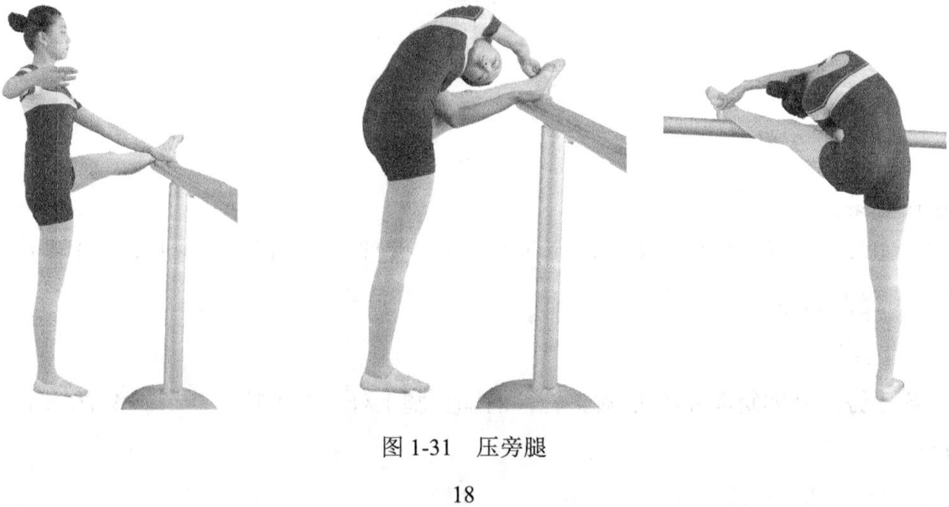

图 1-31　压旁腿

动作要求：

做动作时，双腿伸直，绷直脚面。向侧压时，肩和身体的外侧贴靠大腿，保持髋正、胯收，控制好上体形态，不要低头驼背。

3. 压后腿

预备姿势：侧对把杆，外侧腿后伸放于把杆上，内侧手扶杆，外侧手二位。

动作过程如图 1-32 所示：

（1）①～②拍支撑腿下蹲，上体后屈，外侧手三位；③～④拍支撑腿伸直，还原成预备姿势；⑤～⑧拍同①～④拍。

（2）～（4）同（1）。

（5）～（8）同（1）～（4），换另一条腿。

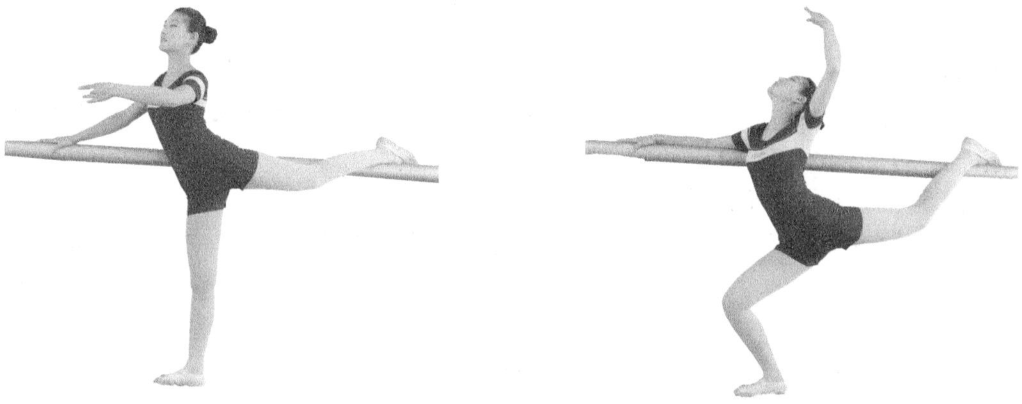

图 1-32 压后腿

动作要求：

压腿前髋正对前方，双腿都要伸直；向后压时，上体尽量向后屈，以头去贴近后背；保持髋正、胯收、立腰、立背。

4. 踢前腿

预备姿势：侧对把杆，左手扶杆，右手臂一位，并步站立。节前 4 拍，右腿向后延伸点地，同时右臂经二位至七位。

动作过程如图 1-33 所示：

（1）①拍右腿向前上方踢起；②拍右腿回落至后点地；③～⑧拍重复①～②拍动作 3 次。

（2）～（4）同（1）。

（5）～（8）同（1）～（4），换另一条腿。

动作要求：

（1）身体保持正直，抬头挺胸，双腿伸直靠紧。

（2）踢腿要快速有力，绷脚面用脚背力量带动踢腿。踢起时，腿应外旋，膝、踝、足尖绷直成一条线，支撑腿伸直，不能提踵。

（3）髋关节不可前送、扭动，保持原样；踢起的腿有控制地轻轻下落。

图 1-33　踢前腿

5. 踢旁腿

预备姿势：侧对把杆，左手扶杆、右手臂一位，并步站立。节前 4 拍，右腿向左侧后撤点地，同时右臂经二位至七位。

动作过程如图 1-34 所示：

（1）①拍向侧上方踢腿，脚面向上；②拍右腿回落至左侧后点地；③～⑧拍重复①～②拍动作 3 次。

（2）～（4）同（1）。

（5）～（8）同（1）～（4），换另一条腿。

图 1-34　踢旁腿

动作要求：

（1）身体保持正直，抬头挺胸，双腿伸直。

（2）踢腿要快速有力，绷脚面用脚背力量带动踢腿。踢起时，腿应外旋，膝、踝、足尖绷直成一条线，支撑腿伸直，不能提踵。

（3）髋关节不可侧送、扭动，保持原样，踢起的腿有控制地下落，落地要轻。

6. 踢后腿

预备姿势：面对把杆，双手扶杆，并步站立。节前 4 拍，右腿向前延伸点地。

动作过程如图 1-35 所示：

（1）①拍右腿向后上方踢；②拍右腿回落成前点地；③～⑧拍重复①～②拍动作 3 次。

（2）～（4）同（1）。

（5）～（8）同（1）～（4），换另一条腿。

图 1-35　踢后腿

动作要求：

（1）身体保持正直，双腿伸直。

（2）踢腿要快速有力，绷脚面用脚背力量带动踢腿。踢起时，腿应外旋，膝、踝、足尖绷直成一条线，支撑腿伸直，不能提踵。

（3）髋关节不可后送、扭动，保持原样，踢起的腿有控制地下落，落地要轻。

7. 地面压前腿

预备姿势：练习者身体直角坐于地面，两手前平举。

动作过程如图 1-36 所示：

①～②拍上身缓慢向前压腿，双手顺势向前去抱双脚，再原路返回形成基本坐姿；③～④拍还原成预备姿势；⑤～⑧拍同①～④拍。

图 1-36　地面压前腿

动作要求：

（1）练习中，始终保持抬头、挺胸、立腰、立背的基本形态。

（2）前压时，胸腹尽量贴靠大腿。

8. 地面压旁腿

预备姿势：练习者在地面坐姿的基础上，双腿分别向两旁分开，双手侧平举打开。

动作过程如图 1-37 所示：

（1）①～②拍身体侧面向一条腿压下去，一只手跟随压腿的身体经上弧线触脚，另一只手经下弧线收回在体前；③～④拍还原成预备姿势；⑤～⑧拍同①～④拍。

（2）～（4）同（1）。

（5）～（8）同（1）～（4），动作一样，方向相反。

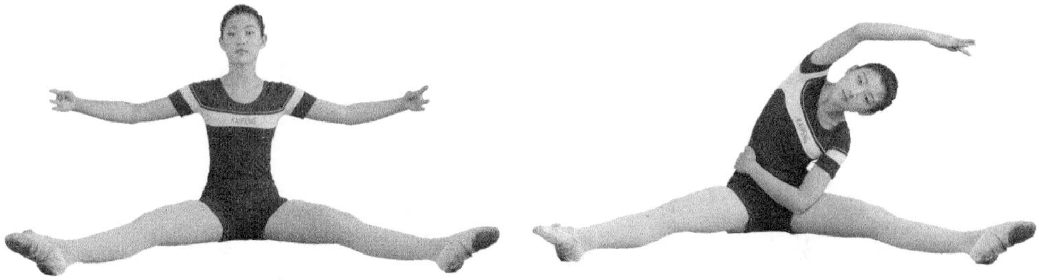

图 1-37　地面压旁腿

动作要求：

（1）练习中，始终保持抬头、挺胸、立腰、立背的基本形态。

（2）侧压时，以肩和腰的侧倒带动上体侧振，尽量以肩和身体外侧贴近大腿。

9. 地面后压腿

预备姿势：右腿单膝跪坐，左腿向后伸直，双手置于体侧，指尖扶地，上体正直。

动作过程如图 1-38 所示：

（1）①～②拍上体后振；③～④拍还原成预备姿势；⑤～⑧拍同①～④拍。

（2）～（4）同（1）。

（5）～（8）同（1）～（4），动作一样，方向相反。

图 1-38　地面后压腿

动作要求：

（1）练习中，始终保持抬头、挺胸、立腰、立背的基本形态。

（2）后压时，动作腿伸直，后下腰时，尽量把头靠近动作腿。

10. 地面踢前腿

预备姿势：练习者上身平躺于地上，双手与肩平放于地上。

动作过程如图 1-39 所示：

（1）①～②拍一条腿绷直向上踢，重拍上踢，快踢慢落，另一条腿保持原样；③～④拍同①～②拍；⑤～⑧拍同①～④拍。

（2）同（1）。

（3）～（4）同（1）～（2），动作一样，换另一条腿做。

图 1-39　地面踢前腿

动作要求：

（1）动作腿出腿迅速，回落要有控制。

（2）臂上举开肩，双腿伸直，绷脚面。

（3）动作幅度由小至大，逐步加大强度。

11. 地面踢旁腿

预备姿势：练习者身体侧面躺于地上，双腿并拢。上身微微立起，双手小臂平放于体前作为支点。

动作过程如图 1-40 所示：

（1）①～②拍位于上方的一条腿直接向上踢起，重拍上踢，快踢慢落，另一条腿保持原样；③～④拍同①～②拍；⑤～⑧拍同①～④拍。

（2）同（1）。

（3）～（4）同（1）～（2），动作一样，换另一条腿做。

图 1-40　地面踢旁腿

动作要求：

（1）动作腿出腿迅速，回落要有控制。

（2）侧卧的手臂至脚成一直线，保持抬头、挺胸的身体姿态。

（3）动作幅度由小至大，逐步加大强度。

12. 地面踢后腿

预备姿势：双手撑地，双膝跪撑。

动作过程如图 1-41 所示：

（1）①拍右腿向后上方踢出；②拍右腿回原；③～⑧拍重复①～②拍。

（2）同（1）。

（3）～（4）同（1）～（2），动作一样，换另一条腿做。

图 1-41　地面踢后腿

动作要求：

（1）动作腿出腿迅速，回落要有控制。

（2）抬头、挺胸、塌腰出最大背弓。

（3）动作幅度由小至大，逐步加大强度。

三、实训方法与步骤

（1）教师完整示范，让学生建立动作的感知认识。讲解示范，集体与教师一起练习。

（2）教师讲解动作方法及要点，并根据不同动作特点进行分解教学，集体练习，老师指导。指出错误，予以纠正。

（3）学生集体模仿完整练习。

（4）学生集体完整练习，教师巡回纠正指导。

（5）优秀学生示范，分组练习，并进行评价。

四、考核与评价办法

形体素质的考核项目与评价内容详见表 1-1。

表 1-1 形体素质考核评价表

考核项目	评价内容	分值/分	自我评价/分	小组评议/分	实际得分/分
参与意识	①喜欢此项目，有强烈的参与意识，积极主动，持之以恒 ②提倡个人风格的表现力	20			
身体的协调性	①全身协调运动 ②动作轻松有弹性 ③动作清晰，无多余动作 ④动作避免过分松弛或过分紧张	30			
动作的正确性	①身体姿势要舒展 ②技术要正确 ③动作范围要适当	30			
节奏感	①动作要充分表现音乐情绪 ②动作和音乐节奏要配合协调	20			

注：1. 实际得分=自我评价×40%+小组评议×60%。

2. 考评满分为 100 分，分为四个级别：60 分以下为不合格；60～74 分为合格；75～84 分为良好；85 分以上为优秀（包括 85 分）。

五、练习与提高

（1）形体素质包括哪些内容？

（2）如何进行身体的柔韧性练习？

（3）选择一些形体素质练习进行每周三次的课后练习，并逐步加大运动量。

第二节 形态控制

【学习目标】 掌握形态控制训练的方法和手段，并结合自己的身体特点选择不同的练习方法，逐步形成优美的动作和良好的身体形态。

一、教学准备

（1）物品准备。教师准备好教学用计算机，投影仪器及教学用 CD 音乐。学生要穿有弹性的紧身服装或宽松的休闲服、体操服、舞蹈鞋或健身鞋。

（2）场地准备。设置训练镜和把杆的形体训练室。

（3）分组安排。将学生分成若干小组，每组 4 ～ 6 人，分组训练，其余人员参照技能考评标准进行互评，而后轮换。

二、学习内容

形态控制是通过徒手、把杆、姿态控制等大量动作的训练，进一步改变身体形态的原始状态，提高形体动作的灵活性。

1. 双手叉腰呼吸

预备姿势：女生双脚呈“v”形，男生双脚平行，呈开立式，两脚间距离不超过肩宽，双手叉腰，两眼平视前方，面带微笑。

动作过程如图 1-42 所示：

（1）①～④拍匀速吸气，吸至气满；⑤～⑧拍均匀呼气。

（2）～（4）同（1）。

动作要求：

（1）吸气与呼气要均匀，通过横隔膜升降来完成。

（2）练习时，保持收腹挺胸姿势，吸气时双肩不可上抬。

图 1-42　双手叉腰呼吸

2. 双脚开立双手叉腰站立

预备姿势：同 1，保持站立时身体的基本姿态，双手叉腰，表情自然。

动作过程如图 1-43 所示：

（1）①～④拍左脚向左迈一步，与肩同宽，开始均匀吸气，吸至气满；⑤～⑧拍均匀呼气。

（2）①～④拍均匀吸气；⑤～⑦拍均匀呼气；⑧拍收回左脚，还原成预备姿势。

动作要求：

（1）双脚开立，保持身体的稳定以及上身的端正挺拔。

（2）吸气、呼气要均匀，通过横隔膜升降来完成，吸气时双肩不可上抬。

3. 双足提踵立

预备姿势：保持站立时身体的基本姿态，双手叉腰，双脚开立，面部表情自然。

动作过程如图 1-44 所示：

（1）①～④拍第 1 拍双脚提踵并开始匀速吸气；⑤～⑧拍均匀呼气。

（2）①～④拍均匀吸气；⑤～⑦拍均匀呼气；⑧拍放下双踵，还原成预备姿势。

图 1-43　双脚开立双手叉腰站立

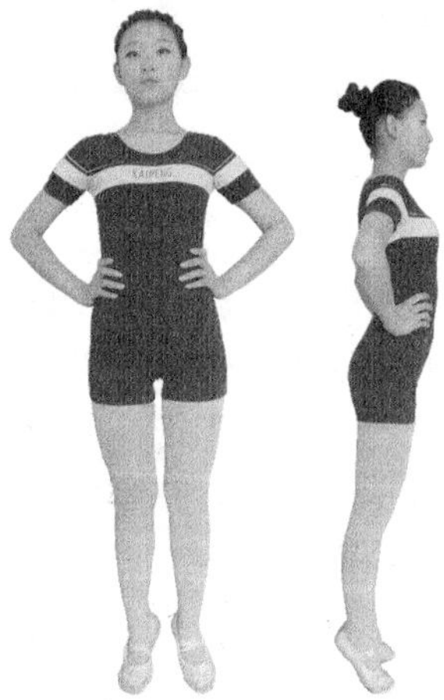

图 1-44　双足提踵立

动作要求：

（1）控制身体重心及双肩位置，双肩可上抬，保持上体端正挺拔。

（2）双踵要尽量提高，双脚开立，距离不超过肩宽。

4. 下蹲控制

预备姿势：保持站立时身体的基本姿态，双手叉腰，双脚开立，面部表情自然。

动作过程如图 1-45 所示：

（1）①～④拍第 1 拍双膝弯曲，下蹲并开始匀速吸气；⑤～⑧拍慢慢起还原，均匀呼气。

（2）～（4）同（1）。

动作要求：

（1）注意控制重心及双肩位置。

（2）收腹挺胸，上体保持正直，双脚开立距离不超过肩宽。

5. 向前、侧、后点地

预备姿势：同 1，保持站立的基本姿态，双手叉腰。

动作过程如图 1-46 所示：

（1）①～②拍重心在右脚，左脚向前擦地至远端点地；③～⑥拍控制不动；⑦～⑧拍收回左脚，双手叉腰，成立正姿势站立。

（2）①～②拍重心在右脚，左脚向左侧擦地至远端点地；③～⑥拍控制不动；⑦～⑧拍收回左脚，双手叉腰，成立正姿势站立。

（3）①～②拍重心在右脚，左脚向后擦地至远端点地；③～⑥拍控制不动；⑦～⑧拍收回右脚，双手自然下垂，成立立正姿势。

（4）～（6）换右脚，动作同（1）～（3）。

图 1-45 下蹲控制

图 1-46 向前、侧、后点地

动作要求：

（1）保持站立基本姿势，重心要稳。

（2）点地时。脚尖要绷直，前后点地时，脚面外翻，侧点地时，脚面向侧。

6. 向前、侧、后快移重心站立

预备姿势：保持站立时身体的基本姿态，双手叉腰；呼吸平稳，眼睛平视，表情自然，面带微笑。

动作过程如图 1-47 所示：

（1）①拍左腿直向前擦地；②拍右腿蹬地，重心迅速前移，成右腿后点地；③～⑥拍控制不动；⑦～⑧拍收回右腿，还原成预备姿势。

（2）①拍左腿直腿向侧擦地；②拍右腿蹬地，重心迅速左移，成右腿侧点地；③～⑥拍控制不动；⑦～⑧拍收回右腿，还原成预备姿势。

（3）①拍左腿直腿向后擦地；②拍右腿蹬地，重心迅速后移，成右腿前点地；③～⑥拍控制不动；⑦～⑧拍收回右腿，还原成预备姿势。

（4）～（6）同（1）～（3），换右腿为动作腿。

图 1-47　向前、侧、后快移重心

动作要求：

（1）保持上体端正挺拔。点地时，脚尖绷直；前后点地时，脚面外翻；侧点地时，脚面向侧。

（2）重心的前、侧、后移动要迅速、平稳。

7. 移重心转体站立姿态控制

预备姿势：同 1，保持站立时身体的基本姿态，双手叉腰，呼吸平稳，表情自然，眼睛平视，面带微笑。

动作过程如图 1-48 所示：

（1）①拍左腿擦地前移；②拍右后转 180°，成右脚前点地，重心在左腿；③～⑥拍控制不动；⑦～⑧拍收回右腿，还原成预备姿势。

（2）①拍左腿擦地侧移；②拍左前转 180°，成右脚侧点地，重心在左腿；③～⑥拍控制不动；⑦～⑧拍收回右腿，还原成预备姿势。

（3）①拍左腿擦地后移；②拍左前转 180°，成右脚后点地，重心在左腿；③～⑥拍控制不动；⑦～⑧拍收回右腿，还原成预备姿势。

（4）～（6）同（1）～（3），换右腿。

动作要求：

（1）保持上体端正挺拔，前后点地时脚面外翻，侧点地时脚面向侧，脚尖绷直。

（2）要注意控制重心，使身体稳定。

图 1-48　移重心转体

8. 芭蕾基本脚位

动作方法如图 1-49 所示：

一位。两腿伸直，两脚跟靠拢，脚尖向两侧成“一”字形，重心在两脚中间。

二位。两脚分开站在一条横线上，脚尖向侧，两脚之间相距约“一脚”距离，重心在两脚中间。

三位。两脚平行，前后并排靠拢，一只脚脚跟位于另一脚的脚心处，脚尖向侧打开。

四位。两脚平行，前后分开站立，相距约“一脚”，两腿伸直，一脚脚跟与另一脚尖相对应，重心在两脚中间。

五位。两脚平行，脚尖对脚跟，紧紧靠拢，两腿并拢，夹紧伸直，重心在两脚中间。

动作要求：

髋、膝关节充分向外打开。

一位　二位　三位　四位　五位

图 1-49　芭蕾基本脚位

9. 芭蕾基本手位

动作方法如图 1-50 所示：

芭蕾基本手形。四指并拢，食指微微向上翘，拇指与无名指相对，虎口自然收紧。

一位手。两臂呈弧形，下垂于体侧，在大腿前约 15 cm 处，掌心稍稍向内，两手中指相距一拳。

二位手。在一位手的基础上，双手保持弧形向上抬起，稍低于肩，手指相对。

三位手。在二位手的基础上，双手保持弧形向上举至头的斜前方（在抬眼便可看见的地方），掌心相对。

四位手。一臂二位，一臂三位。

五位手。一臂三位，一臂呈弧形体侧举，稍低于肩。

六位手。一臂二位，一臂呈弧形体侧举，稍低于肩。

七位手。双臂呈弧形体侧举，稍低于肩。

动作要求：

肩部放松，肘、腕自然微屈，手臂成弧形。

图 1-50　芭蕾基本手位

10. 双手扶把擦地

预备姿势：双手扶把。

动作过程（以右脚为例）如图 1-51 所示：

（1）①～④拍右脚向前擦出，向前擦时，为保证腿部外旋，右脚脚跟尽量向前顶；⑤～⑧拍右脚收回。收回时，右脚脚尖尽量向回带，直至收回。

（2）①～④拍右脚向旁擦出，脚跟尽量向前顶；⑤～⑧拍右脚收回。收回时，脚尖先落下，边落脚边收回，直至收回。

（3）①～④拍右脚以脚尖领先向后擦地，脚跟提起，擦出后大脚趾点地；⑤～⑧拍右脚收回。收回时脚尖下落并带动向回收，边落脚边收回，直至收回。

（4）～（6）同（1）～（3），两拍一动。

（7）～（12）同（1）～（6），换左腿练习。

图 1-51　双手扶把擦地

动作要求：

（1）擦地时支撑腿外开，伸直，立腰顶髋。重心在支撑腿上，身体正直。

（2）擦出时，脚跟主动前顶，向后擦出时脚尖主动后伸，至点地位置时踝关节和脚面充分绷直。

（3）可配合芭蕾脚位进行练习。

11. 单手扶把擦地

动作方法同双手扶把擦地相同。身体侧对把杆，内侧手扶把，另一手由一位先抬起到芭蕾二位，再打开到芭蕾七位。在此基础上做擦地动作。

12. 双手扶把半蹲

预备姿势：在基本站姿的基础上，面对把杆，双手扶把，脚下为芭蕾一位脚站（以一位脚为例，其余脚位做法相同）

动作过程如图 1-52 所示：

①～④拍屈膝慢慢下蹲，至大腿与小腿成 90°，双膝向脚尖的方向打开；⑤～⑧拍慢慢向上起，同时大腿内侧肌肉向里收紧，回到原位。

动作要求：

（1）在做动作蹲起时，上身正直，不塌腰翘臀，重心始终在垂直部位；要保持脚位正确，膝盖、脚尖外开向侧。

（2）蹲起时速度缓慢、均匀，动作连贯柔和。下蹲时被动屈膝，起立时主动伸腿。

13. 双手扶把全蹲

预备姿势：在基本站姿的基础上，面对把杆，双手扶把，脚下为芭蕾一位脚站（以一位脚为例，其余脚位做法相同）。

动作过程如图 1-53 所示：

（1）①～⑧拍在半蹲的基础上，继续慢慢下蹲，直至极限，脚跟顺势立起。

（2）①～⑧拍慢慢向上起，先落脚跟，然后同半蹲一样向上立起。

图 1-52　双手扶把半蹲

图 1-53　双手扶把全蹲

动作要求同半蹲。

14. 单手扶把半蹲

预备姿势：身体侧对把杆，内侧手扶把，外侧手一位准备（以一位脚为例，其余脚位做法相同）。

动作过程如图 1-54 所示：

①～④拍屈膝慢慢下蹲，至大腿与小腿成 90°，双膝向脚尖的方向打开。外侧手由一位慢慢上升到二位；⑤～⑧拍慢慢向上起，同时大腿内侧肌肉向里收紧，回到原位，手由二位打开到七位，到⑧拍时手回一位。

图 1-54　单手扶把半蹲

动作要求：

（1）重心垂直下降，控制上体形态不乱晃，双膝随脚尖方向向两侧分开。

（2）保持立腰、立背、收腹、挺胸。

15. 单手扶把全蹲

预备姿势：身体侧对把杆，内侧手扶把，节前 4 拍，外侧手由一位经二位打开到七位准备（以一位脚为例，其余脚位做法相同）。

动作过程如图 1-55 所示：

①拍双足提踵站立；②～④拍全蹲，女外侧手由七位至一位（男手臂保持七位不变）手心向下；⑤～⑦拍双腿慢慢伸直，女外侧手臂翻腕手心向上，经二位至七位，头随手臂转动；⑧拍双足跟落地成一位，头转向前。

图 1-55　单手扶把全蹲

动作要求：

（1）重心垂直下降，控制上体形态，不乱晃，双膝随脚尖方向向两侧分开。

（2）控制脚跟不回落，并保持立腰、立背、收腹、挺胸。

16. 小弹腿

预备姿势：身体侧对把杆，右丁字步站立，内侧手扶把，外侧手垂于体侧；节前 4 拍，外侧手由一位经二位打开到七位，右腿经直腿脚尖前点后正吸腿准备。

动作过程如图 1-56 所示：

（1）①拍右腿向前弹直；②～④拍保持动作①拍控制不动，最后一拍，还原成正吸腿；⑤～⑧拍动作同①～④拍。

（2）同（1）最后一拍转成右吸腿。

（3）①拍右腿向侧弹直；②～④拍保持动作①拍控制不动，最后一拍，还原成右吸腿；⑤～⑧拍动作同①～④拍。

（4）同（3）。

（5）①拍右腿向后弹直；②～④拍保持动作①拍控制不动，最后一拍，还原成右吸腿；⑤～⑧拍动作同①～④拍。

（6）同（5）。

（7）～（8）同（3）～（4）。

收式：①拍右脚下落成右丁字步，双腿稍屈，手由七位下落到一位，挺胸，略低头。②拍双腿伸直，头右上 45°，换方向练习。

图 1-56　小弹腿

动作要求：

（1）控制立腰、收腹、立背、挺胸、大小腿的姿态。

（2）吸腿时抬腿屈膝、绷脚面。正吸腿时脚踝贴近主力腿的膝关节且膝关节向前；侧吸腿时脚底贴主力腿的膝关节且膝关节向侧；后吸腿时脚踝贴近主力腿的膝窝处且膝关节向侧。

（3）弹腿时，以膝关节为轴，大腿不动，脚背带动小腿迅速向前、侧、后三个方向弹直并控制。

17. 画圈

预备姿势：右手扶把，节前 4 拍，左臂经二位至七位。

动作过程如图 1-57 所示：

（1）①～②拍左腿半蹲，同时右腿伸直前点地；③～⑧拍右腿经侧向后画圈至后点地，同时左腿伸直。

（2）同（1），但最后一拍收回成一位。

（3）～（4）同（1）～（2），但换左腿画圈。

图 1-57　画圈

动作要求：

（1）画圈时，上体要正，保持基本姿态。

（2）髋部要正，动作腿一定要画到极点。

（3）做画圈练习时，可先做直腿画圈 90° 再做直腿画圈 180° ，体会动作腿的移动路线及幅度，可先做双手扶把练习，掌握之后改为单手扶把并加上头手动作配合练习。

18. 擦地小踢腿

预备姿势：右手扶把，左丁字位站立。节前 4 拍，左臂经二位至七位。

动作过程如图 1-58 所示：

（1）①～②拍左脚向前擦地，成前点地；③拍左脚向前踢起 45°，脚尖膝盖绷直，腿外旋；④～⑥拍保持③拍动作不变；⑦～⑧拍左腿伸直落下，经脚尖点地收回。

（2）①～②拍左脚向左侧擦地，成左侧点地；③拍左脚向左侧踢起 45°，腿外旋，膝踝绷直，脚面向上；④～⑥拍保持③拍动作不变；⑦～⑧拍左腿伸直落下，经脚尖点地收回。

（3）①～②拍左脚向后擦地，成左后点地；③拍左脚向后上方踢起 45°，上体正直，左髋展开，膝踝绷直；④～⑥拍保持③拍动作不变；⑦～⑧拍左腿伸直落下，经拇指点地收回。

（4）～（6）同（1）～（3）换右腿做。

图 1-58 擦地小踢腿

动作要求：

（1）踢腿时，上体正直，收腹、立腰、收背、收臀，保持基本姿态。

（2）踢腿要快，动作腿踢起的高度可由 25°～45° 不等，根据学生的具体素质决定。

（3）动作节拍可由两慢拍转为快节拍，脚位可由一位、三位、五位逐步提高。

19. 头手位置配合

预备姿势：右手扶把，左手臂体侧自然下垂，左丁字步站立。

动作过程如图 1-59 所示：

（1）①～④拍左手臂经一位至二位，眼看一点方向；⑤～⑧拍左手臂三位，头后仰，眼看八点方向。

（2）①～④拍左手臂三位，眼看一点方向；⑤～⑦拍左手臂向下经体侧至后斜下 45°，手心向后，低头挺胸，眼看左手；⑧拍还原成预备姿势，右手一位。

（3）①～④拍左手臂由一位经二位至三位，眼看一点方向；⑤～⑧拍左手臂七位，手心向上，头左转稍后仰，展胸。

（4）①～②拍左手由七位翻腕提腕，手心向下，眼看左手，收胸；③～⑧拍左手由左侧七位经三位到右侧肩前继续经一位到左侧七位画一个大立圆，头随手臂位置转动。

（5）同（4）方向相反，最后一拍还原至预备姿势。

（6）～（10）换左手做。

图 1-59　头手位置配合

动作要求：

（1）做动作时，保持立腰、立背、挺胸、收腹的形态。

（2）头和手臂的位置要准确，配合应协调。

20. 手臂波浪组合

预备姿势：脚下小八字位，手一位，站立。

动作过程如图 1-60 所示：

（1）①～②拍左手向前的小波浪一次；③～④拍左手向前的大波浪一次；⑤～⑥拍左手向旁的小波浪一次；⑦～⑧拍左手向旁的大波浪一次。

（2）同（1）换右手做。

（3）①～②拍双手向前的小波浪一次；③～④拍双手向前的大波浪一次；⑤～⑥拍双手向旁的小波浪一次；⑦～⑧拍双手向旁的大波浪一次。

（4）①～④拍左脚向侧移一步，身体重心经半蹲向侧移至右脚尖点地，同时左手向旁右手向前的大波浪一次；⑤～⑧拍身体重心经半蹲向侧移至左脚尖点地，同时左手向前、右手向旁的大波浪一次。

（5）同（4）。

（6）①～④拍身体重心经半蹲向侧移至右脚尖点后成并踵，同时左手由前向下往左经一位和七位到三位、右手由右向下往左到三位；⑤～⑧拍左脚向侧移一步，身体重心回落右移成左脚尖点地，经半蹲再向左侧移至右脚尖点地，同时双手由三位继续向右下画圈后成右手在前左手在旁的波浪。

（7）同（6），方向相反。

图 1-60 手臂波浪组合

图 1-60　手臂波浪组合（续）

动作要求：

（1）手臂以肩、肘、腕、手指各关节依次弯曲，并随之依次伸展。

（2）由靠近躯干的部位开始起动。整个手臂必须放松地将动力传递到手指尖。

（3）波浪完整、连贯、圆滑。

21. 身体波浪组合

预备姿势：练习者身体面对右侧，左手单手扶把姿势站好，节前 4 拍成右脚前点地，右手成七位。

动作过程如图 1-61 所示：

（1）①～④拍左腿蹬地，右腿前擦，双腿屈膝，前移重心，至双腿伸直，左脚后点地。右手臂经一位至二位，肩向前送，上体左转 45°，头向前看；⑤～⑧拍右腿蹬地，双腿屈膝，后移重心，至双腿伸直，右脚前点地。右手臂经一位至七位，头随手臂位置转动，上体稍后倾，挑胸腰。

（2）①～④拍动作同（1）的①～④拍。第⑤拍左腿向前与右腿并拢，双足提踵站立，右手臂三位，抬头看手，做⑥～⑧拍。

（3）①～④拍双足提踵站立，双腿屈膝，上体向前倾；⑤～⑧拍双膝向前顶，上体略后仰，髋、腹、胸依次向前，抬头成最大所背弓，右手臂经下至后回三位，头随手转动，成双腿提踵站立。

（4）～（6）同（1）～（3），换方向做。

图 1-61　身体波浪组合

动作要求：

（1）在向前、后移动重心蹬地时力量要强，要经过蹲移重心，上体垂直升降。

（2）腰波浪以腰为中心，膝、髋、胸、头依次向前起伏，形成波浪。

22. 姿态组合

预备姿势：小八字位站，一位手准备。

动作过程如图 1-62 所示：

（1）①～④拍右脚前擦点地，手臂抬起到二位，重心在左腿；⑤～⑧拍脚不动，手臂从二位拉到三位，看二点方向。

（2）①～④拍脚不动，重心下降，左腿屈膝后坐，手臂从三位落至七位，展胸，眼看右手；⑤～⑧拍保持脚不动，重心下降，左腿屈膝后坐姿势，手臂从七位拉至四位（左手二位，右手三位），眼看左手，上体含胸。

（3）①～②拍右手回落到一位与左手手心相对，重心前移成四位半蹲，③～④拍身体右转，同时右手随转体拉向七位，左手向前至二位（稍低于肩）；⑤～⑥拍身体转正，同时向前上左脚成四位半蹲，双手回落至一位，手心相对；⑦～⑧拍身体左转，同时左手随转体拉向七位，右手向前至二位（稍低于肩）。

（4）①～④拍身体转正，右脚靠左脚成足尖步立，同时左手由七位、右手由二位拉至三位，手心相对；⑤～⑧拍以左脚为心向左前转 360°，同时头向右转，眼看右下方。

收式：双臂从三位向两侧打开经七位放下还原至一位，重心下落成预备姿势。

图 1-62　姿态组合

动作要求：

（1）上体保持挺胸、抬头、立腰、收腹的形态。

（2）眼随手动，转 360° 时，成左肩高于右肩。

三、实训方法与步骤

（1）教师完整示范，让学生建立动作的感知认识。讲解示范，集体与教师一起练习。

（2）教师讲解动作方法及要点，并根据不同动作特点进行分解教学，集体练习，老师指导。指出错误，予以纠正。

（3）学生集体模仿完整练习。

（4）学生集体完整练习，教师巡回纠正指导。

（5）优秀学生示范，分组练习，并进行评价。

四、考核与评价办法

形态控制考核项目与评价内容详见表 1-2。

表 1-2 形态控制考核评价表

考核项目	评价内容	分值/分	自我评价/分	小组评议/分	实际得分/分
表现力	①动作要展示内心的激情，体现一种健康向上的情绪 ②提倡个人风格的表现力	20			
连接动作的流畅性	①动作之间的连接要自然流畅 ②动作的转换及方向变化要干净利落，无多余动作	20			
身体的协调性	①全身协调运动 ②动作轻松有弹性 ③动作清晰，无多余动作 ④动作避免过分松弛或过分紧张	20			
动作的正确性	①身体姿势要舒展 ②技术要正确 ③动作范围要适当	20			
节奏感	①动作要充分表现音乐情绪 ②动作和音乐节奏要配合协调 ③一连串动作的节奏要准确	20			

注：1. 实际得分=自我评价×40%+小组评议×60%。

2. 考评满分为 100 分，分为四个级别：60 分以下为不合格；60～74 分为合格；75～84 分为良好；85 分以上为优秀（含 85 分）。

五、练习与提高

（1）形态控制练习包括哪些内容？

（2）选择一些形态控制的练习进行每周三次的课后练习，并逐步加大运动量。

（3）试根据自己的身体条件自编一套配合音乐节奏的健身操练习。

第二单元 形体训练与舞蹈

形体训练与舞蹈是一种休闲运动，是具有艺术性的健康活动，它以优雅的舞姿，纯熟的技巧，配合完美的音乐来抒发情感，表现自我。形体训练与舞蹈不但能培养人的体态、气质以及保持好的身段等，而且能陶冶人的情操，使人的修养、情操、礼节、品德、艺术品位、鉴赏能力等各方面得以综合提高。本单元主要介绍维吾尔族、蒙古族、傣族三个民族的舞蹈。

第一节 维吾尔族民间舞蹈

【学习目标】

1. 能够理解维吾尔族民间舞蹈的文化特点、运动特点及动作风格要求。
2. 能说出舞蹈的基本手位、脚位的名称及动律的动作要求。
3. 能够表演维吾尔族民间舞蹈的基本体态、基本手位、动律和舞蹈组合。
4. 能够朗诵所学民族民间舞蹈的基本节奏型，辨别音乐特点。

一、实训准备

（1）物品准备：录像资料、多媒体设备，音乐资料，舞蹈服装的准备。
（2）场地准备：能容纳 30 人左右的带镜子的教室。
（3）分组安排：分三组，每组 8～10 人。

二、学习内容

维吾尔族舞蹈强调昂首挺胸、立腰、拔背而产生的立感，给人一种高傲挺拔的感觉。从头、肩、腰、臂、肘、腕、膝部直至脚部动作的充分运用，使其动态多样，造型优美；再配合各种眼神，“移颈”、“打指”、“翻腕”等装饰性动作点缀，形成既热情奔放又开朗风趣的风格特点。

维吾尔族舞蹈的节奏鲜明，音乐轻快、奔放、利落，但又不失其古朴的风格特色。维吾尔族舞蹈对身体的表现力要求非常细致，如脚、膝、腿、躯干、腰、胸、臂、腕、手、颈、头、眼等诸多方面，从而形成维吾尔族舞蹈的挺拔而不僵、微颤而不窜，上身洒得开、脚步不离散，晃身带摇头、耸肩绕手腕，技巧多旋转、节奏多附点的体态动律特点。

（一）动作名称

1. 基本体态

提胯、立腰、拔背、挺胸、垂肩、昂首，目平视或视斜下，双手自然下垂。

2. 动律

点颤动律、摇身动律。

3. 基本手形（图 1-63）

（1）掌形。自然手形，四指并拢，拇指自然张开。
（2）花形手。拇指和中指尖相对（呈捏葡萄状），另外三指自然翘起。
（3）空心拳。握空心拳，拇指自然贴于食指第一关节处。
（4）拇指冲。握空心拳，拇指自然张开。

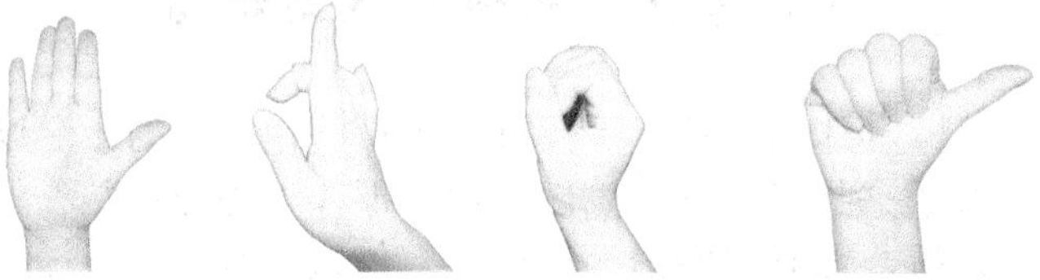

a）　b）　c）　d）

图 1-63　基本手形

a）掌形　b）花形手　c）空心拳　d）拇指冲

4. 基本手位（图 1-64）

叉腰位、提裙位、山膀立腕位、双托位、双按位、托按位、顺风旗位、托帽位、敬礼位。

5. 基本步伐

抬颤步、单抬步、横垫步、三步一抬、三步一点、自由步、进退步、交叉进退步、云步、横移步、滑冲步、蹉步、压颤步、双起单落接两步一踩。

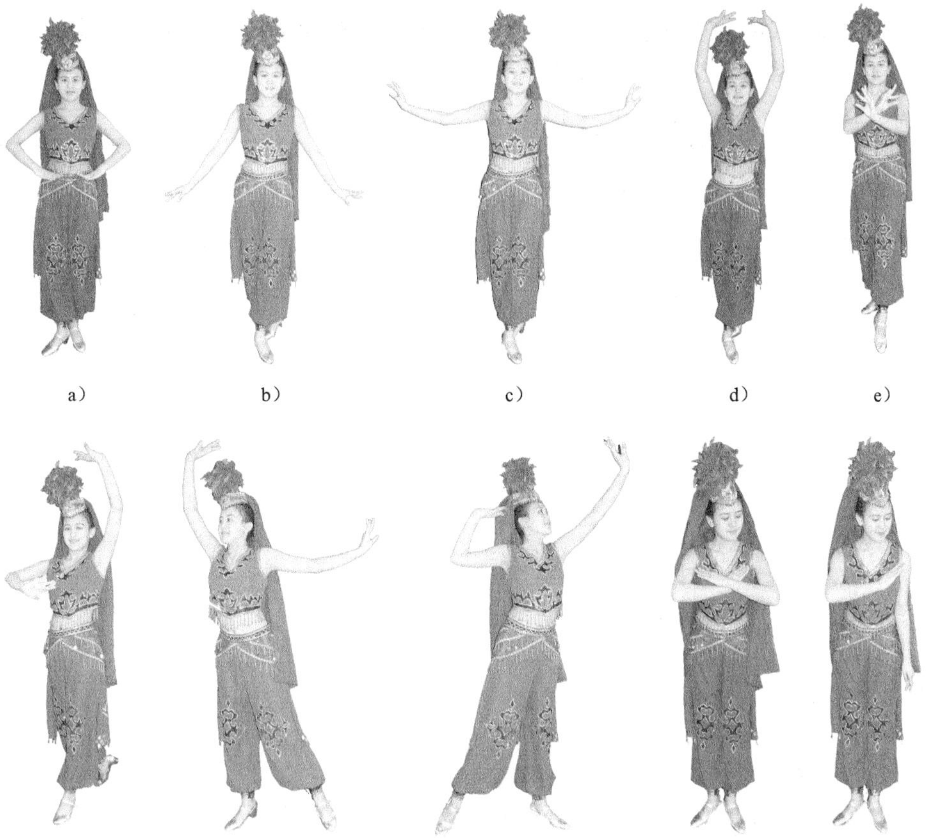

图 1-64　基本手位

a）叉腰位　b）提裙位　c）山膀立腕位　d）双扎位　e）双按位

f）托按位　g）顺风旗位　h）托帽位　i）敬礼位

6. 上肢动作

里绕腕、外翻腕、折臂外翻、击掌、打响指、双推腕、弹指手、掏手、下穿手、摆臂手、盖手、推手、猫洗脸、对腕屈臂、波浪手。

（二）组合练习

1. 手位、脚位、绕腕组合

（1）音乐。

建议选用维吾尔族节奏鲜明的四四拍音乐。

（2）动作组合。

准备（8 拍）站八字位，双臂下垂。

①～4 拍左脚撤步成右前点步位，双手摊绕腕至斜下手位，后两拍舞姿不动；5～8 拍保持舞姿摊绕腕两次。

②～4 拍前移重心成后点步位，双手摊绕腕至横手位，后两拍舞姿不动；5～8 拍保持舞姿摊绕腕两次。

③～2 拍移重心撤右脚成侧后点步位，右托帽式，3～4 拍做③～2 拍的反向动作；5～8 拍后移重心成右前点步位，双手慢落至叉腰。

④～4 拍前移中心成左侧后点步位，双手经横手位绕腕至右遮羞位；5～8 拍上左脚成右后踏步，双手经上绕腕落至插花式。

【温馨提示】 突出维吾尔族舞蹈立腰拔背的体态特点；摊绕腕动作时手摊出要慢，绕腕要快，运动线要圆。

2. 摇身点颤、自由步组合

（1）音乐。

（2）动作组合。

准备（4 拍）站在台后，身体对 1 点方向。

①～8 拍左起自由步两慢三快走两次。

②～8 拍后移重心成右前点步位，斜下手位（稍后背）弹指摇身点颤。

③～4 拍上右脚成左侧后点步位，右上托式，左横手位，后两拍摇身点颤，5～8 拍做③～4 拍的反方向动作。

④～4 拍右起点移步，双手左托帽式，第 4 拍上左脚。5～8 拍上右脚成前点步位，双手慢落至左臂下垂，右扶胸式行礼。

【温馨提示】 摇身点颤动律强调颤而不窜；体态要求胯部上提；膝部既要有控制又要富有弹性，忌僵硬。

3. 动律训练组合

（1）音乐。

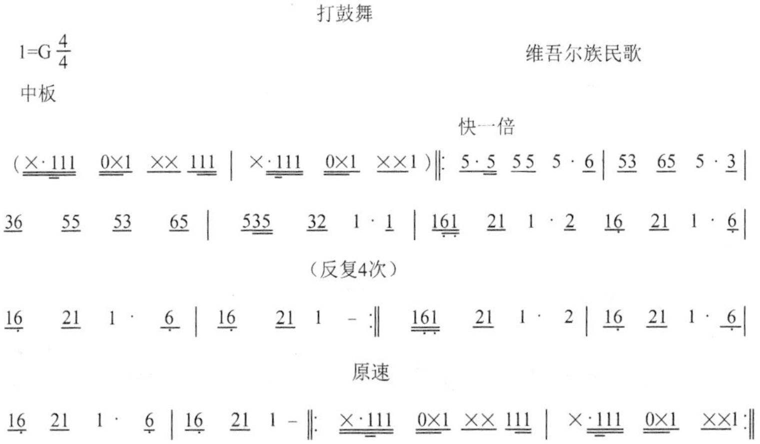

（2）动作组合。

准备（8 拍）分两组，一组在台右后身体对 8 点方向，二组在台左后身体对 2 点方向。

①～8 拍两组出场做左起自由步两慢三快。

②～8 拍做①～8 拍的反方向动作。

③～4 拍左起单步退两步；5～8 拍撤左脚成左侧后点步位，身体对 8 点方向，双手提至右遮羞式，目视左下方，同时点颤两次。

④～8 拍左脚起点移步，双手右托帽式，第 8 拍上右脚成踏步位。

⑤～8 拍左手叉腰，右手平摊手至横手位，移颈四次，目平视由 8 点方向移至 2 点方向。

⑥～4 拍右脚起撤移步，右手扶肩横推，左臂下垂；5～6 拍脚不动，双手提至右遮羞式；7～8 拍保持舞姿，左脚点地向左碾转半圈成对 5 点方向。

⑦～8 拍左脚起撤移步两次，双手由插花式平推至横手位。

⑧～8 拍重复⑦～8 拍的步伐，双手点肩平穿右、左各一次。

⑨～4 拍左转半圈对 1 点方向右腿跪地，双手斜前手位打响指，移颈；5～8 拍上身向左右各拧一次，同时各打响指一次。

⑩～8 拍双手经胸前摊绕腕成双托帽式，目视 2 点方向；5～8 拍边移颈边慢起身。

⑪～8 拍右脚起单步退两步成右前点步位，点颤两次。

⑫～8 拍右点地向右碾转至 3 点方向，双手经上分手，左臂下垂，右手贴体左侧慢提至左耳旁。

⑬～2 拍右脚上至踏步位半蹲，身体对 7 点方向，双手经绕腕平穿至右旁；3～4 拍腿不动，手绕腕至左手上托右手横手位；5～8 拍左后点地向左碾转至身体对 5 点方向。

⑭～8 拍保持舞姿，右脚为重心，左脚点地向左碾转半圈至身体对 1 点方向。

⑮～8 拍右脚起三步一停退两次，右手托帽式，左手提裙。

⑯～4 拍上右脚成踏步，身体对 7 点方向，右手捋辫至上托手位，左臂下垂；5～8 拍保持舞姿做摇身点颤两次。

⑰～8 拍右脚重心左脚点地向右碾转至身体对 2 点方向，右手托帽式，左手提裙。

⑱～2 拍上左脚成踏步半蹲，同时双手胸前击掌后身拧向 8 点方向；3～4 拍起身，右手摊绕腕至横手位，左手叉腰，身拧向 2 点方向，目视 1 点方向；5～8 拍保持舞姿，点颤、移颈两次。

⑲～8 拍右脚起对 1 点方向走自由步两慢三快，双手经胸前平摊至横手位。

⑳～8 拍撤右脚跪地，双手提于斜上手位绕腕落至插花式。

【温馨提示】 要注意维吾尔族舞女性动作特有的留、甩辫子的感觉，以及鼓点节奏与内心节奏的配合。

4. 垫步训练组合

（1）音乐。

建议选用维吾尔族节奏鲜明的四二拍音乐。

（2）动作练习。

1）平均节奏横垫步练习。准备（4 拍）在台右后，身体对 1 点方向双手叉腰。

①～②拍右横垫步向左横移；③～④拍左横垫步向右横移；⑤～⑥拍右横垫步向左横移；

⑦～⑧拍左横垫步向右横移。

【温馨提示】 横垫步的重心在两脚之间；行走中舞姿平稳，胯部上提，切忌上颠或摆胯。

2）切分节奏横垫步练习。准备（4拍）在台右后，身体对1点方向双手叉腰。

①～②拍右横垫步向左横移；③～④拍左横垫步向右横移；⑤～⑥拍左切分横垫步向左横移；⑦～⑧拍右切分横垫步向右横移。

【温馨提示】 脚下要做出切分节奏。

（3）动作组合。准备（4拍）分两组，一组在台左后，身体对5点方向，二组在台右侧，身体对1点方向。

①～②拍一组上场，右横垫步向右横移，左手点帽，右手横手位。

③～8拍一组原地右脚为重心，左脚在斜前、斜后点地共点8次，双手斜上手位弹指8次。同时二组上场，右脚横垫步由蹲渐起向右横移，双手前4拍平摊绕腕至横手位，第5拍绕腕至顶扣手位，第6拍下落至点肩，第7拍双手叉腰。

④～8拍一组1～4拍右横垫步向左转半圈，成身体对1点方向右前点步位，同时双手捋辫至提裙，5～8拍摇身点颤四次。二组重复③～8拍动作。

⑤～8拍一组右横垫步向右横移，双手提裙，下右侧腰，目视2点方向；二组左横垫步向左横移，右托帽式左手提裙，下左侧腰，目视8点方向。

⑥～8拍两组做⑤～8拍的反方向动作。

⑦～8拍一组身体对1点方向，右起单步两步，双手左右交替盖手，第3拍身体对2点方向，右手上托式半握拳，左臂下垂右横垫步，向1点方向行进。二组左转半圈身体对5点方向，动作同一组。

⑧～6拍一组左侧后点步位，右遮羞式，第5拍起撤左脚成后点步位向左辗转一圈。二组左转半圈身体对1点方向，左侧后点步位，右遮羞式，原地点颤两次。7～8拍全体跺右脚，右手上托式半握拳，左臂下垂。

⑨～8拍右起踮脚向左走地圈回原位，身体对1点方向。

⑩～8拍右前点步位，上身前倾，边摇身点颤边渐起身，左横手位，右手于前下方推腕渐起至上托式。

⑪～8拍右切分横垫步向右横移，右手不动，左手收回围腰，目视2点方向斜下，第8拍上左脚右转一圈。

⑫～⑬做⑩～⑪的反方向动作。

⑭～4拍右起踮脚三步一抬后退，右拧身对2点方向，右手托帽式，左手叉腰。5～8拍做⑭～4拍的反方向动作。

⑮～4拍左横垫步，身左拧对7点方向，目视1点方向，向1点方向移动，双手向右平穿。5～6拍右脚起三步一抬右转一圈，左横手位，右斜下穿手；7～8拍重复⑮～4拍动作（做两拍）。

⑯～4拍身体对1点方向，右横垫步向右横移，右横手位，左手猫洗脸。5～6拍做两拍⑯～4拍的反方向动作。7～8拍跺右脚同时双手头上击掌，目视2点方向斜下。

⑰～2拍撤右脚向右转一圈，双手经耳旁穿向斜后下方。3～4拍右前踏步，双手经旁抬起落至折臂手。5～8拍原地点颤两次，双手平摊绕腕至横手位，移颈。

⑱～4拍左起踮脚别步半蹲后退四步上分手至右前围腰，身左拧对8点方向，目视7点方向。5～8拍左横垫步向右转半圈，左横手位，右上托式，转至身体对5点方向。

⑲～8 拍右转半圈做⑱～8 拍的反方向动作。

⑳～4 拍左转半圈身体对 1 点方向左横垫步向右横移，右背手，左斜下手弹指，目视 8 点方向。第四拍右腿吸起，右斜上手位，左上托式手心向下，左转一圈；5～8 拍保持舞姿右横垫步向左横移，目视 8 点方向。

㉑～8 拍做⑳～8 拍的反方向动作。

㉒～4 拍身体对 8 点方向原地右切分横垫步，左扶胸式右上托式绕腕两次；5～8 拍右上步留腰转两次。

㉓～8 拍重复㉒～8 拍动作。

㉔～3 拍身体对 8 点方向，右横垫步向左横移，双斜下手弹指，目视 2 点方向。4 拍撤左脚踏步翻身，上托式扣手翻掌。5～8 拍身体对 2 点方向做㉔～4 拍的反方向动作。

㉕～6 拍重复㉔～6 拍动作。7～8 拍身体对 1 点方向，左起单步走两步翦行，左右交替盖手。

㉖～2 拍身体对 2 点方向，右垫步向 1 点方向行进，右上托式半握拳，左臂下垂。3～4 拍保持舞姿，稍下蹲踩右脚。5～6 拍直膝踮脚。7～8 拍保持舞姿，一组左转半圈成身体对 5 点方向，二组不动。

㉗～8 拍手势不变，一组左转身体对 3 点方向，左拧身，踮脚平步从台右侧走下场。二组身体对 7 点方向，右拧身，踮脚平步从台左侧走下场。

5. 进退步训练组合

（1）音乐。

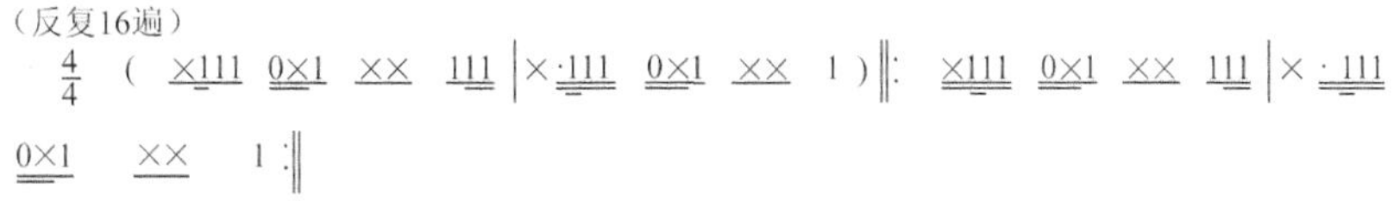

（2）动作组合。

准备在台后站一横排，身体对 5 点方向。

①～②拍右转身体对 1 点方向右脚起进退步八次；双手胸前摊绕腕一次半，第 4 拍至头前高低位绕腕，反复 4 次。（由中间两人带出，每组间隔 4 拍，形成三角队形）

③～2 拍并步半蹲踩右脚，双手成左上托式，右托腮位，身左拧对 8 点方向，再上右、左脚并步对 1 点方向右踅转两圈，双手经横手位收回腰捧手。3～4 拍右后踏步，双手遮阳托腮式弹指，同时先后向 2 点、8 点方向瞟一眼；5～8 拍点颤四次。

④～4 拍左脚起进退步向右横移，双手交替前后围腰手打响指；5～6 拍左后踏步向左转一圈，双手经横手位收至遮阳托腮式；7～8 拍点颤、弹指两次。

⑤～8 拍做④～8 拍的反方向动作。

⑥～8 拍身体对 1 点方向，右进退步，双手经斜下手位慢提至斜后上手位。（形成横竖均为四排的方块队形）

⑦～8 拍右转对 5 点方向，左进退步，波浪手。

⑧～8 拍左转对 1 点方向，第一、三横排右单腿跪，双斜上手位打响指；第二、四横排右进退步，双手上托式折腕打开至斜下手位接体前折腕打开至斜下手位。

⑨～8 拍一、三横排左转对 5 点方向，二、四横排对 1 点方向，各做对方⑧～8 拍动作。

⑩～4 拍转身成一与二竖排、三与四竖排面对面，右进退步，双手左胸前右横手位摊绕腕两次，第四拍左手至上托式；5～6 拍台右侧两竖排身体对 8 点方向，右进退步两次成右后点步位，右掏手摊绕腕接双手互绕腕至右托帽式。台左侧两竖排身体对 2 点方向做反方向动作；7～8 拍摇身点颤。

⑪～4 拍各做⑩～8 拍的反方向动作。

⑫～4 拍全体左转一圈身体对 1 点方向，右起大蹉步腰捧手趱腰转；5～8 拍右起进退步对 8 点、2 点方向各做一次，双手上托式折腕打开至斜下手位接体前折腕打开至斜下手位。

⑬～8 拍做⑫～8 拍的反方向动作。

⑭～⑮拍身体对 8 点方向右交叉进退步，略下左前腰；双手两拍右掏手摊绕腕接互绕腕至右托帽式，两拍上分手至横手位打响指，绕腕至左上托式右横手位，反复进行。

⑯～8 拍右夏克接平转，双手经横手位至腰捧手，再起左脚对 1 点方向上两步，双手身前绕腕至头前高低位，并腿踮脚。

6. 蹉步训练组合

（1）音乐。

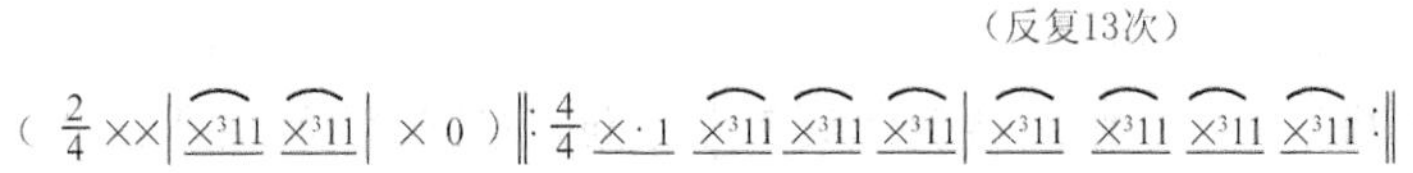

（2）动作组合。

准备（6 拍）分两组，一组在台右侧、二组在台左侧候场。

①～4 拍一组身体对 7 点方向，右起点蹉步两次，右叉腰左托帽式，身右拧，目视 7 点方向，二组身体对 3 点方向，动作同一组，两组同时出场；5～8 拍脚动作同①～4 拍手及上身做反方向动作。

②～8 拍重复①～8 拍动作。

③～8 拍全体左转对 5 点方向，右起点蹉步四次，双手经前慢伸至斜后上位，旁右拧，目视 5 点方向。

④～4 拍右上步留腰转两次；5～6 拍身体对 1 点方向，右后点步位，双手胸前击掌后左叉腰、右摊绕腕至横手位；7～8 拍移颈并点颤。

⑤～4 拍身体对 1 点方向，右起点蹉步，身右拧，双手边打响指边由腋下掏至上托式。5～8 拍重复⑤～4 拍动作，身左拧。

⑥～2 拍身体对 1 点方向右起点蹉步，第一拍双上托式打响指，身上仰，第二拍斜下手位打响指，身前俯；3～8 拍重复⑥～2 拍动作，分别对 7 点、5 点、3 点方向各做一次。

⑦～4 拍身体对 1 点方向右起跳蹉步后退，左托帽式右体前平摆手。5～8 拍步伐不变，双臂左右摆动打响指。

⑧～2 拍右起大蹉步腰捧手趱腰转。3～4 拍身体对 1 点方向，上右脚左旁点步位，向右甩腰，右上托式左横手位；5～8 拍上右脚右转一圈，横手位至腰捧手。

⑨～4 拍身体对 1 点方向，右前点步位，右遮阳左托腮手，点颤四次；5～8 拍双手慢落至横手位，移颈。

⑩～8 拍右点蹉步四次，左走一圈，双臂向上、下、左、右打响指，做两次。

⑪～4 拍重复⑩～4 拍动作；5～8 拍右起跳蹉步前行，右托帽式左斜上手位。

⑫～4 拍右起跳蹉步后退，左扶胸式右背手，上身前俯。5～8 拍重复⑪5～8 拍动作。

⑬～4 拍重复⑫～4 拍动作；5～6 拍并步踅腰转一圈，横手位至腰捧手。7 拍身体对 1 点方向，左脚旁点地，右上托式左胸前立腕，向右甩腰；8 拍做⑬～7 拍的反方向动作。

【温馨提示】

（1）点蹉步动力脚的“点”与主力脚的“蹉”要短促、快速；主力腿要松弛地进行两次颤动。

（2）跳蹉步主力腿以前脚掌为支撑点快速蹭蹉，动力脚快速刨地，快起快落。

7. 三步一抬训练组合

（1）音乐。

建议选用维吾尔族节奏鲜明的四二拍音乐。

（2）动作组合。

准备（4 拍）分两组在台后两侧候场。

①～8 拍一组从台左后出场，右起转体三步一抬，向 3 点方向移动，双手里外绕腕至上托式横手位，左右交替进行；二组从台右后出场，动作同一组，向 7 点方向移动，形成两横排。

②～4 拍全体右起转体三步一抬至 5 点方向成左后踏步蹲，右托帽式左斜下手位；5～8 拍摇身慢起右手渐抬至斜上手位。

③～8 拍身体对 1 点方向右起三步一抬，双手前两拍摊绕腕至横手位，后两拍左手猫洗脸右手托肘位，做两次。

④～2 拍并步跺右脚，左耳旁击掌。3～4 拍撤右脚右转一圈成右前点步位，双手先后撩辫至扶胸式；5～8 拍横手位点颤移颈。

⑤～8 拍右起转体三步一抬回望式四次，向 5 点方向移动，双手左右绕腕。

⑥～4 拍右起转体三步一抬回望式，向 5 点方向移动，左右交替托腮斜上手位；5～6 拍右脚上步翻身，右托帽左斜下手位；7～8 拍右脚斜前斜后各点地一次，双手上托式绕腕右手至斜下手位。

⑦～8 拍右起转体三步一抬，左右交替托帽横手位。

⑧～4 拍左夏克扶膝转，落于左单腿跪地，身体对 2 点方向，目视 1 点方向。5～8 拍右手撩辫摊绕腕至横手位，左叉腰，移颈。

⑨～2 拍身体对 8 点方向，右起小滑冲步，右举手式，目视右斜下方。3～4 拍做⑨～2 拍的反方向动作；5 拍右单腿跪地，左托帽式右手扶膝；6 拍起身向右转一圈，双横手位。7～8 拍做 5～6 拍的反方向动作。

⑩～4 拍重复⑨～4 拍动作；5～8 拍右转体三步一抬至身体对 1 点方向右后踏步位，右点帽左围腰手，移颈。

⑪～8 拍分两组。台左侧人身体对 3 点方向，左起三步一抬后退，前四拍身右拧，右掏手至左叉腰右托帽式，后四拍上身做反方向动作，台右侧人身体对 7 点方向做台左侧人反方向动作，两组相对后退。

⑫～4 拍两组人上身舞姿不变，上步成右后踏步；5～6 拍左夏克，上右脚并步踮脚向右转一圈；7～8 拍左单腿跪地，左叉腰右托帽式；9～10 拍上左脚并步踮脚向左转一圈；11～12 拍继续向左转一圈，双手上穿交叉合掌。

⑬～6 拍右起三步一抬，头前手心相对斜上推式，正反共三次，身体分别对 8 点、2 点、8 点方向；7～8 拍上下穿手向右转一圈。

⑭～8 拍做⑬～8 拍的反方向动作。

⑮～2 拍右大蹉步转身对 5 点方向移动，左扶肩右叉腰，扭头目视 1 点方向；3～4 拍做⑮～

2 拍的反方向动作；5～8 拍重复⑮～4 拍动作。

⑯～8 拍重复③～8 拍动作。

⑰～6 拍右夏克平转接左夏克平转对 1 点方向移动，双手上穿交叉合掌。7～8 拍身体对 8 点方向，左后踏步，右托帽左斜上手位。

【温馨提示】 三步一抬的第二步踩在附点节拍上，第三步要快速的后抬，同时主力腿要有控制地颤动。

三、实训方法与步骤

（1）示范或播放相关录像，让学生整体感知维吾尔族舞蹈，并形成印象，了解所学舞蹈。

（2）教师分步讲解、示范基本体态、元素动律，并进行单一骨干动作的练习，学生跟随反复练习。学生分组进行表演，学生互评，老师及时点评。

（3）短句训练。

（4）组合练习。

（5）学生根据所学舞蹈动作进行简单的创编。

（6）组织开展表演活动，让学生进行实践性的表演。

四、考核与评价办法

维吾尔族民间舞蹈考核项目及评价内容详见表 1-3。

表 1-3 维吾尔族民间舞蹈考核评价表

考核项目	评价内容	分值/分	自我评价/分	小组评议/分	实际得分/分
维吾尔族舞蹈	能说出动作名称	15			
	在音乐的伴奏下，能理解和自信地表演维吾尔族民间舞蹈的基本手位、脚位、体态、组合	25			
	能在音乐的感召下即兴表演	30			
	能准确地朗诵维吾尔族民间舞蹈的节奏型	15			
	能讲述所教的维吾尔族民间舞蹈的风格特点	15			

注：1. 实际得分=自我评价×40%+小组评议×60%。

2. 考评满分为 100 分，分为四个级别：60 分以下为不合格；60～74 分为合格；75～84 分为良好；85 分以上为优秀（含 85 分）。

五、思考与练习

（1）维吾尔族民间舞蹈的风格特点和韵律要求是什么？

（2）试用线条画出维吾尔族民间舞蹈的手位图。

第二节 蒙古族民间舞蹈

【学习目标】

1. 能够理解蒙古族民间舞蹈的文化特点、运动特点及动作风格要求。
2. 能说出蒙古族民间舞蹈的基本手位、脚位的名称及运动特点。
3. 能够表演所学蒙古族民间舞蹈的基本体态、基本手位、动律和舞蹈组合。

4. 能够朗诵蒙古族民间舞蹈的基本节奏型，辨别音乐特点。

一、实训准备

（1）物品准备：录像资料、多媒体设备、音乐资料、舞蹈服装。
（2）场地准备：能容纳 30 人左右的带镜子的教室。
（3）分组安排：分三组，每组 8～10 人。

二、学习内容

蒙古族民间舞蹈的音乐特点是热情奔放、强健有力、节奏欢快，富有草原风格和浓郁的生活气息。调式多为羽调式，音域较宽，音域跳动较大，既有宽广的草原牧歌节奏，也有节奏欢快的短歌、狩猎歌曲和牧骑舞蹈节奏。

（一）动作名称

（1）基本体态。身体对 2 点方向。右踏步，双叉腰、拔背；上身略左拧，重心略偏后呈微靠状，目视 8 点方向远方。
（2）基本脚位。正步、小八字、大八字、踏步、虚丁位。
（3）基本手形（图 1-65）。平掌、自然掌、空握拳。

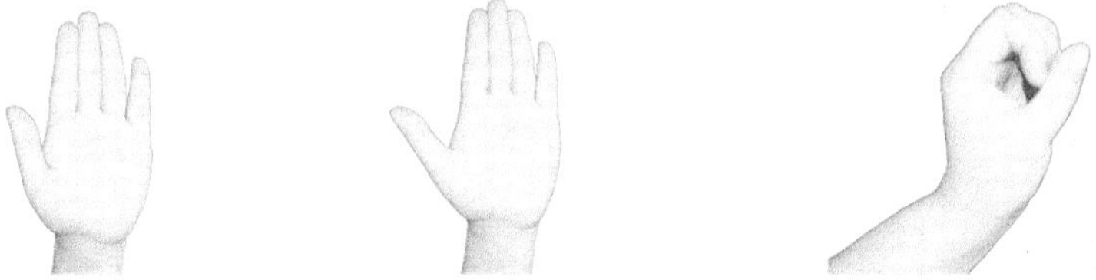

a） b） c）

图 1-65 基本手形

a）平掌 b）自然掌 c）空握拳

（4）基本手位（图 1-66）。叉腰、胯前按手、后背端手、斜下手、胸前按手、平开手、斜上手、肩前折臂、点肩折臂、胸前交叉。

a） b） c） d） e）

图 1-66 基本手位

a）叉腰 b）胯前按手 c）后背端手 d）斜下手 e）胸前按手

f） g） h） i） j）

图 1-66 基本手位（续）

f）平开手 g）斜上手 h）肩前折臂 i）点肩折臂 j）胸前交叉

（5）肩部动作。柔肩、硬肩、双硬肩、绕肩、耸肩、笑肩、碎抖肩。

（二）组合练习

1. 体态动律训练组合

（1）音乐。

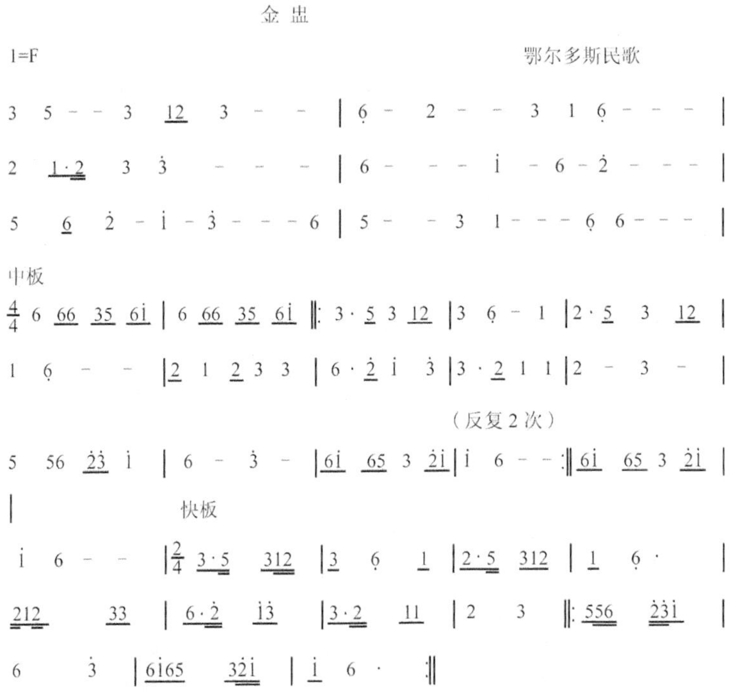

（2）动作组合。

①碎步，上下柔臂。第一组从台右后出场，对 7 点方向走“S”形，最后一个音节停在基本体态，背对 1 点方向。

②第二组从台左后对 3 点方向出场，与第一组动作相同，路线相反。

③第三组从台右前出场，动作、路线均同第一组。

④第四组从台左前出场，动作、路线均同第二组。最后一个音节时，四组同时双手从一位经平开手抬至五位扣手，右转身对 2 点方向，左脚重心，双手从上铲下。

⑤～4 拍右脚对 2 点方向上步，左脚快跟上，双手从体旁铲手渐至斜上手位；5～6 拍左脚对 2 点方向上步，双手扣下至一位；7～8 拍右脚往 4 点方向撤步，双手体旁摊手抬至斜上手位；9～11 拍左脚后撤至踏步位，双手握拳经肩前落下叉腰。

⑥～13 拍做⑤～11 拍的反方向动作。（中板）

⑦～1 拍右脚往 2 点方向上步，左脚快速上至踏步位，双手抬向 2 点方向，提右腕、压左腕，面对 2 点方向；第 2 拍的前半拍提左腕、压右腕，同时稍屈膝，后半拍（da）提右腕、压左腕，立起；3～4 拍慢蹲，头微低行礼；5～8 拍做⑦～4 拍的反方向动作。

⑧～1 拍右脚对 1 点方向上步，双脚踮起，双手经旁至头上搭手；2～7 拍左膝渐屈跪地，双手经胸前落下搭至右膝上，上身前俯，上身立起。

⑨～4 拍左肩起柔肩四次，上身前俯；5 拍快速立起，双手至头上方搭手；6 拍左腿快速跪下，上身前俯，双手向斜前送出；7 拍快速立起，双手至头上方搭手；8 拍左脚对 2 点方向上步成踏步，双手往 8 点方向落至斜前搭手。

⑩～3 拍重心慢移移至右脚，身体经 1 点方向拧向 2 点方向，手随之移向 2 点方向。4 拍左脚对 8 点方向上步，右脚快速跟上、双脚踮起，双手走下弧线对 8 点方向送出。5～6 拍手位不变，右脚起碎步原地右转一圈。7～8 拍右手前腰围手，继续原地碎步转圈，转向 2 点方向；最后半拍（da）撤右脚成左前点步位，双手压至胯前。

⑪～1 拍重心移至左脚成踏步位，双手提腕。2 拍上身左拧对 1 点方向，双手随之移动。3～4 拍上身往 4 点方向后靠，双手压腕至胯前。5～6 拍重心移回右脚，双提腕，上身经 1 点方向拧向 2 点方向。7～8 拍下蹲，双手压至斜下手位。

⑫～4 拍加快一倍重复⑪～8 拍动作；第四拍后半拍（da）时立起提腕。5 拍快拧身对 8 点方向，双手压至胯前。6 拍的前半拍，蹲，压右腕；后半拍（da）立起，提右腕。7～8 拍腰围手，右靠转身成身体对 8 点方向。

⑬～8 拍做⑫～8 拍的反方向动作；最后半拍（da）右转身对 6 点方向，双手胯前端手。

⑭～4 拍右脚起垫步两次，双手慢提腕。5～8 点右脚起对 8 点方向上步，双手压至胯前，上身拧向 1 点方向，第四拍后半拍（da）左转身对 4 点方向，双手胯前端手。

⑮～8 拍做⑭～8 拍的反方向动作，最后半拍（da）右转身对 6 点方向。

⑯～4 拍右脚起垫步一次对 8 点方向上步成踏步位，双手经胸前提腕，右手拨开至体旁，左手胯前压腕。5～8 拍做⑯～4 拍的反方向动作；最后半拍（da）右转身对 5 点方向，双手叉腰。

⑰～2 拍右脚起往 7 点方向横移步。3～4 拍左脚撤至踏步位，双脚踮起。5 拍右脚向旁横移。6 拍左脚往 3 点方向上步。7～8 拍左转身右脚经弧线画圆至 8 点方向前点，左脚重心身体拧转至 1 点方向，右手对 2 点方向斜下提腕，左手压腕。

⑱～4 拍双手交替提压腕一慢两快。5～8 拍重心移至右脚呈踏步位，双手经旁划至胸前搭手。

⑲～8 拍重心移回左脚成右前点步位，双手送出，身体往 6 点方向拧靠。

⑳～2 拍左脚对 1 点方向上步，双脚踮起。3～4 拍右脚起向右碎步转一圈成身体对 1 点方向，右手前的腰围手；最后一拍双手落于体旁。5 拍碎步行进，双手从旁慢提起至平开手位。6 拍双脚踮起，双手提至头上。7～8 拍双膝慢跪地，双手压至胯前手位。（快板）

㉑～1 拍右胸对 2 点方向冲，目视 2 点方向。2 拍左背对 6 点方向靠，目视 2 点方向。3～

4 拍重复㉑～2 拍的动作。5～8 拍做㉑～4 拍的反方向动作。

㉒～1 拍双手胸前绕腕顺势向 2 点方向提起。2 拍双手落至胯前压手 3～4 拍原地呼吸起伏一次 5～8 拍做㉒～4 拍的反方向动作。

㉓～2 拍重复㉒～2 拍动作。3～4 拍做㉓～2 拍的反方向动作。5～6 拍前后冲靠一次。7～8 拍右起旁移小晃手。

㉔～1 拍左脚上步，斜下双推手。2 拍对 1 点方向，碎步行进。3～4 拍原位碎步左转身对 5 点方向，双手慢抬经旁至斜上手位。5～8 拍左脚对 6 点方向上步成踏步位，双手扣压经胸前至胯前压手，目视 4 点方向斜上。

【温馨提示】 动作中由静到动要与呼吸紧密配合，尤其要注意刹那的停顿不是完全静止，要与随后的流动一气呵成。

2. 肩部与步伐组合

（1）音乐。

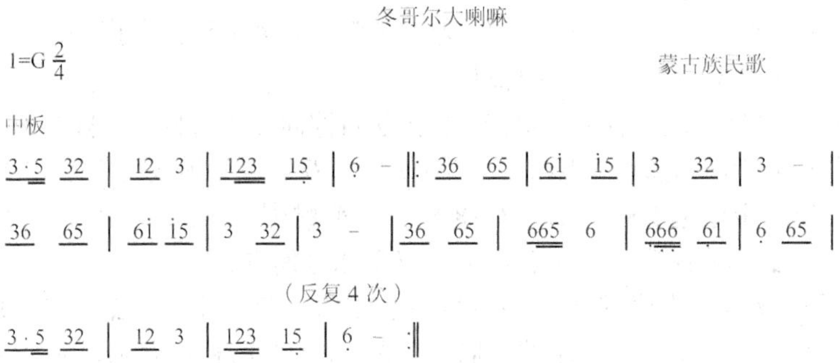

（2）动作组合。

准备：右踏步，双叉腰。

前奏：8 拍。

1～4 拍左踏步，双叉腰；5～8 拍右旁点移步收右踏行，经斜下摊手收双叉腰。

第一遍音乐：

①～8 拍右脚向前跟步一次，左起硬肩三次。

②～8 拍做①～8 拍反方向动作。

③～4 拍重心后移成左虚丁位，左起硬肩四次。5～8 拍撤左脚成虚丁位，左起硬肩四次。

④～6 拍右起左踏点步三次右转一圈，左起硬肩六次，7～8 拍身体对 2 点方向，右半脚掌，左吸腿，左揉肩一次。

第二遍音乐：

①～8 拍左腿向 2 方向落成弓步，上身前倾，右起揉肩两次，目视 1 点方向。

②～8 拍重心后移成左虚丁位，右起揉肩四次。

③～8 拍左起右踏点步八次右转一圈，右起硬肩七次。

④～4 拍右旁点移步收右踏步，耸肩一次，笑肩两次。5～8 拍做④～4 拍反方向动作。

第三遍音乐：

①～8 拍身体对 8 点方向，重心后移左脚收正步，左起交替绕肩四次，上身后靠。

②～8 拍右脚掌为轴，原地左转身至 2 点方向，左起交替绕肩四次。

③～4 拍左脚向 4 点方向撤步成右虚丁位，右绕肩两次，上身后靠；5～8 拍做 3～4 拍反

方向动作。

④～4 拍右转身至 5 点方向，右脚上步成左踏步，双绕肩一次；5～8 拍双绕肩两次。

第四遍音乐：

①～4 拍左转身至 1 点方向，右脚上成左踏步，左起双硬肩两次；5～8 拍左脚上成右踏步，左起双硬肩两次。

②～4 拍右起向前趟步，左起硬肩四次；5～8 拍后退做 2～4 拍动作。

③～6 拍右起趟步右转一圈，左起硬肩六次；7～8 拍左脚为轴，右脚前点，左转身至 5 点方向。

④～6 拍右脚上成左踏步，双手自然平摊，碎抖肩；7～8 拍右起原地倒脚三次成左踏步，同时左转身回 1 点方向，双手右、左依次收回叉腰，目视 2 点方向斜上方。

【温馨提示】 肩部动作要沉肩、松弛，区别是肩部动作的不同节奏特征。

3. 牧民新歌

（1）音乐。

牧民新歌

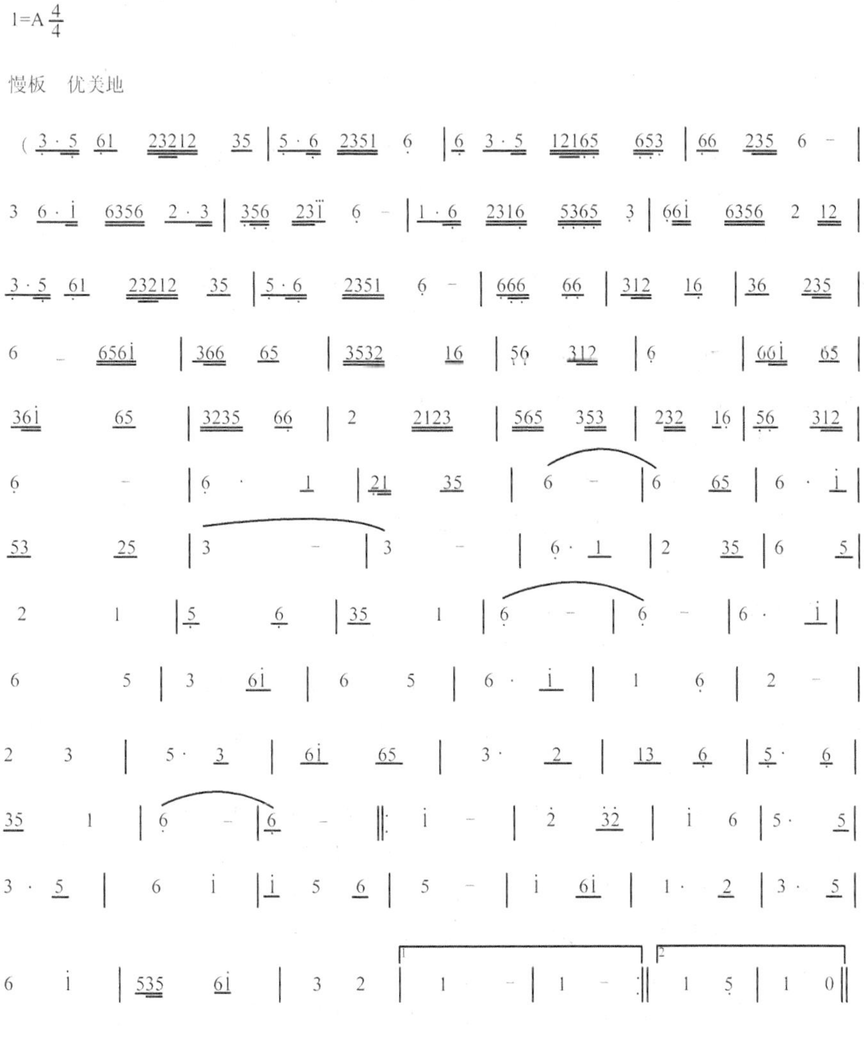

（2）动作组合。

（慢板 4/4）

准备（8 拍）在台左后候场，身体对 2 点方向双手自然下垂。第 5 拍起左脚往 2 点方向缓步走三步，第 8 拍右脚上成正步位并腿蹲。

①～1 拍左吸腿渐踮起脚跟，双手自体前做甩手，右手至斜上手位，左手至平手位，身体对 2 点方向；2 拍舞姿不变，往 2 点方向倾身；3 拍左脚向 2 点方向落下做一次蹉步成左前踏步位蹲，双手至胯旁端手，抖肩甩手；后半拍（da）双腿慢起，双手体旁铲手，右手至斜上方，左手体旁平手。4 拍右转身对 8 点方向，双手经上弧线至斜上手位；后半拍（da）左腿收回正步位，下蹲，双手落至右胯旁端手位。5～8 拍做②～4 拍的反方向动作；最后半拍（da）左腿立起，右腿旁后吸腿，右手从头上半握拳落至体右侧，同时左手半握拳提至头上，身体对 1 点方向，向左倾身，目视 8 点方向斜下方。

②～8 拍右脚起两拍一次向右做四次横移步，双手至叉腰做柔肩，目视 8 点方向经上弧线落至 2 点方向，最后一拍吸左腿。

③～4 拍左脚向 2 点方向上步成大弓步，柔肩四次，身体渐前俯，目视 1 点方向；最后半拍（da）重心移至左脚，吸右腿，双手绕圆至叉腰。5～8 拍右脚后撤，左脚前点，身体后靠，右手至斜上手位，左手至平手位摊掌，同时做柔臂提压腕。

④～8 拍做③～8 拍的反方向动作，最后一拍收右脚起身，双手叉腰。

（快板 2/4）

①～4 拍左脚往 2 点方向上步成右踏步，上身前俯硬肩四次，身体对 2 点方向，目视 1 点方向。5～8 拍左起耸肩四次，身体后仰，目视 2 点方向。

②～4 拍脚位不变，重复①～4 拍动作。5～8 拍耸肩两次，笑肩一次，身体后仰，目视 2 点方向；最后半拍（da）右转身对 8 点方向成左踏步，身体前俯。

③～④拍做①～②的反方向动作；最后半拍（da）左转身对 2 点方向。

⑤～2 拍右脚起往 2 点方向垫步，出左肩（双肩），目视 1 点方向。3～4 拍做⑤～2 拍的反方向动作。5～8 拍右脚起，平步四步，硬肩四次。

⑥～8 拍重复⑤～8 拍动作，往 6 点方向后退。

⑦～⑧拍做⑤～⑥拍的反方向动作。

⑨～2 拍左转身对 5 点方向，双脚踮起，双手至斜上手位提腕。3～4 拍双腿跪下，双手落至体旁平手位。5～8 拍下板腰，柔臂四次。

⑩～8 拍板腰横移柔臂两次。

⑪～4 拍往右屈臂抖手。5～8 拍往左屈臂抖手。

⑫～8 板腰柔臂，两拍一次第 7 拍起身，最后一拍左脚上步站起。

⑬～⑭右脚起，碎步左转一圈成身体对 1 点方向，同时做碎抖肩，双手经体前交叉分手至斜下手摊掌；最后一拍双手至叉腰。

⑮～⑯右脚上步成踏步位，原地垫步左转一圈对 1 点方向，硬肩。

⑰～2 拍左脚往 6 点方向撤步，右脚随之后撤成踏步，双手打开至右手平手位，左手斜上手位，手心向上，身体后靠耸肩两次，身体对 1 点方向，目视 2 点方向。3～4 拍右手经胸前划向 8 点方向。5～8 拍做⑰～4 拍的反方向动作。

⑱～8 拍重复⑰～8 拍动作。

⑲～2 拍左脚往 8 点方向前点步，左手往 8 点方向斜下提压腕，右手往 4 点方向斜上提压

腕，目视 8 点方向斜下。3～4 拍左脚往 4 点方向后撤成踏步，左手往 8 点方向斜上提压腕，右手往 4 点方向平手位提压腕，目视 8 点方向斜上；5～8 拍做⑲～4 拍的反方向动作。

⑳～3 拍左脚起，双脚踮起向 1 点方向行进三步；4 拍落左脚屈膝为重心，右脚旁伸微抬，双手体前交叉分手至斜下手位；5～6 拍并脚左转身踮起，双手经旁至头上合掌；7～8 拍左脚向 1 点方向上步成大弓步，双手经头上分手压腕，右手至斜上手位提腕，左手平开手位提腕。

三、实训方法与步骤

（1）示范或播放相关录像，让学生整体感知蒙古族舞蹈的特点及其文化和历史背景，了解所学舞蹈的风格特点，并形成印象。

（2）教师分步讲解，示范基本体态、元素动律，学生跟随反复练习并掌握单一骨干动作。

（3）短句训练，分组进行表演，学生互评，老师及时点评。

四、考核与评价办法

蒙古族民间舞蹈考核项目与评价内容见表 1-4。

表 1-4　蒙古族民间舞蹈考核评价表

考核项目	评价内容	分值/分	自我评价/分	小组评议/分	实际得分/分
蒙古族民间舞蹈	能说出基本动作的名称	15			
	在音乐的伴奏下，能理解和自信地表演蒙古族舞蹈的基本手位、脚位、体态、组合	25			
	能在音乐的感召下即兴表演	30			
	能准确地念诵所教民间舞蹈的节奏型	15			
	能讲述所教民间舞蹈的风格特点	15			

注：1. 实际得分=自我评价×40%+小组评议×60%。

2. 考评满分为 100 分，分为四个级别：60 分以下为不合格；60～74 分为合格；75～84 分为良好；85 分以上为优秀（含 85 分）。

五、思考与练习

（1）蒙古族民间舞蹈的体态特点是什么？

（2）蒙古族民间舞蹈的动律特点是什么？

（3）蒙古族民间舞蹈的音乐特点是什么？

第三节　傣族民间舞蹈

【学习目标】

1. 通过学习能够理解傣族民间舞蹈的文化特点、运动特点及动作风格要求。
2. 能说出傣族舞蹈的基本手位、脚位的名称及运动特点。
3. 能够表演傣族民间舞蹈的基本体态、基本手位、动律和舞蹈组合。
4. 能够朗诵傣族民间舞蹈的基本节奏型，辨别音乐特点。

一、实训准备

（1）物品准备：录像资料、多媒体设备、音乐资料、舞蹈服装。

（2）场地准备：能容纳 30 人左右的设置镜子的教室。

（3）分组安排：分三组，每组 8～10 人。

二、学习内容

傣族舞蹈姿态富于雕塑感，手臂以及身体多呈现出“S”形弯曲，下肢多保持半蹲，并伴有勾脚、点脚、屈膝、颤等形态，形成了特有的“三道弯”舞姿造型，使舞蹈具有优美、轻盈、朴实、灵活、感情内在含蓄等特点。另外，重拍向下均匀颤动也形成其特有的韵律特征和节奏特征，以及刚柔相济、动静配合等特有的表演风格。

（一）动作名称

1. 基本体态

（1）自然体态。

直立，气息下沉，下颏微收，眼睛平视。

（2）三道弯体态。

1）纵向三道弯。

①顺倒三道弯做法。上身与头向左旁顺倒，下颏微收。

②逆倒三道弯做法。上身向右平移，头松弛左倒，目视左侧。

2）横向三道弯。

收胯翘臀，上身前倾，腆胸、后卷、压腰。

2. 基本脚位

基本脚位有正步、丁字步、点步、小八字步、大八字步、踏步。

3. 基本手形

基本手形（见图 1-67）有掌、冠形、爪形、嘴形、叶形、屈形。

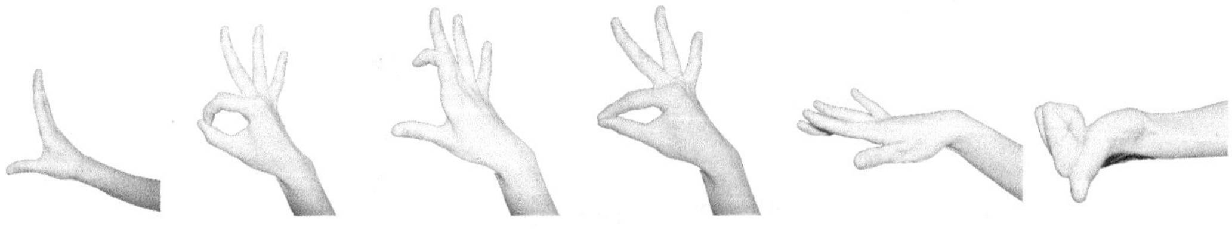

a） b） c） d） e） f）

图 1-67 基本手形

a）掌 b）冠形 c）爪形 d）嘴形 e）叶形 f）屈形

4. 基本手姿

基本手姿（见图 1-68）有按掌、托掌、立掌、领腕、侧提腕。

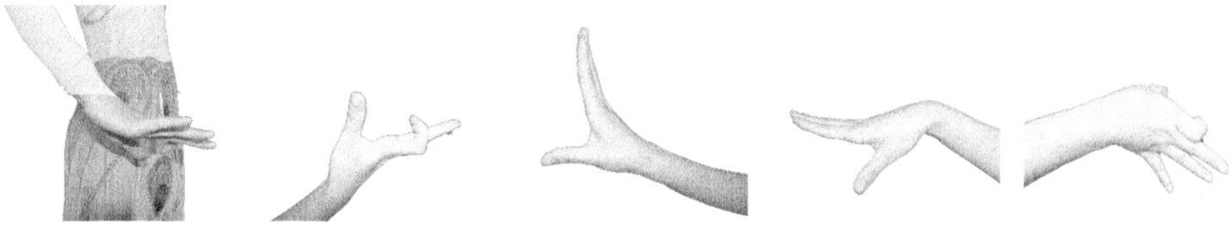

a） b） c） d） e）

图 1-68 基本手姿

a）按掌 b）托掌 c）立掌 d）领腕 e）侧提腕

5. 基本手位

基本手位（见图 1-69）有胯旁叉手、体前领腕、斜上领腕、顶上领腕、平开立掌、胸前交叉立掌、单展翅、点肘侧提腕、忘月手、胸前头旁拖按手、开花手、体后侧合翅、照影、倒叉腰。

6. 基本动作

（1）手的动作。翻腕、盖掏手、晃手翻腕、抡手。

（2）头的动作。雀环头、横扭头、脆点头。

（3）肩的动作。碎抖肩。

a） b） c） d）

c） f） g）

图 1-69 基本手位

a）胯旁叉手 b）体前领腕 c）斜上领腕 d）顶上领腕 e）平开立掌 f）胸前交叉立掌 g）单展翅

h） i） j） k）

l） m） n）

图 1-69 基本手位（续）

h）点肘侧提腕 i）忘月手 j）胸前头旁拖按手 k）开花手 l）体后侧合翅 m）照影 n）倒叉腰

（二）组合练习

1. 起伏动律与步伐训练组合

（1）动作介绍。

起伏步。

准备：自然体态，⑧拍双膝略蹲。打拍动力腿勾脚向臀部甩起后自然下落。

【温馨提示】 动作时注意先起后踢，先落后蹲，可在各种脚位上做此动作。

（2）音乐。

云南舞曲：共饮一江水

1=F $\frac{4}{4}$ 佚名曲

慢板

2 35 2 16 | $\frac{2}{4}$ 1 – ‖: $\frac{4}{4}$ 555 523 · 5 | 535 612 2 – | 1 · 3 15 61 1 |

3 · 6 112 5 · 35 | 656 52 3 – | 5 · 3 1i 6 – | i2i 6i 565 35 |

2 · 3 216 1 – :‖ 112 15 2 3 5 | 121 121 3 – | 112 15 2 3 5 |

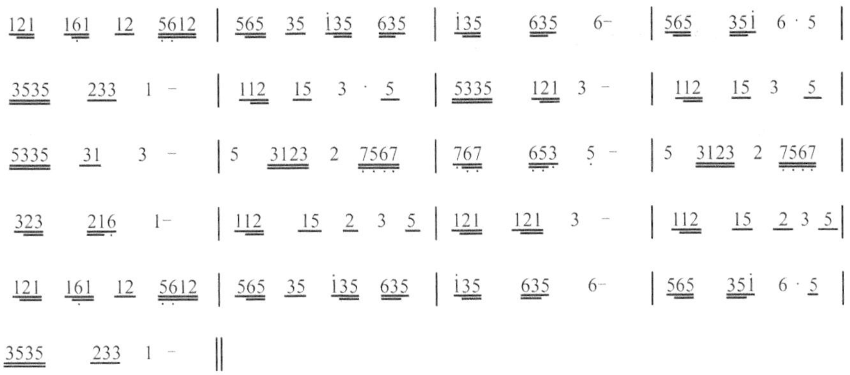

（3）动作组合。

准备：正步。

前奏：6 拍。1～2 拍正步；3～4 拍右脚经后踢落右单跪，双手顶上掸手；5～6 拍左脚撤成双腿正步跪蹲，双手经体前下落外划手成胯旁叉手。

音乐：

①～②起伏动律两次（重拍在上）。

③～8 拍起伏动律两次。

④～4 拍起伏动律两次；5～6 拍小颤两次（重拍在下）；7～8 拍右脚站起，左脚经后踢落旁点。

⑤～8 拍旁点起伏动律两次。

⑥～4 拍旁点起伏动律两次；5～6 拍小颤两次（重拍在下）；7～8 拍左起旁点起伏步一次。

⑦～⑧拍做⑤～⑥拍反方向动作，最后收正步。

⑨～4 拍起伏动律四次；5～8 拍右起横摆动律四次。

⑩～8 拍右起正步起伏步八次。

⑪～⑫拍右起正步起伏步十六次，依次向 3 点、5 点、7 点、1 点方向 4 拍一转身。

⑬～6 拍右起向 2 点方向丁字起伏步六次，第六次落左旁点；⑦～⑧拍保持舞姿，起伏动律一次。

⑭～8 拍向 8 点方向做⑬～8 拍的反方向动作。

⑮～6 拍右起 4 点方向后退前点起伏步三次；⑦～⑧拍起伏动律一次。

⑯～8 拍向 6 点方向做⑮～8 拍的反方向动作。

⑰～4 拍右起向 1 点方向前进做后点起伏步一次，起伏动律一次；5～8 拍左起前进后点起伏步两次。

⑱～8 拍左起前进做⑰～8 拍的反方向动作。

⑲～4 拍右起向斜后做旁点起伏步一次，起伏动律一次；5～8 拍做⑱～4 拍的反方向动作。

⑳～4 拍左起向斜后做旁点起伏步两次；5～8 拍右起向斜前做旁点起伏步一次，起伏动律一次（重拍在上）。

【温馨提示】 动作时气息带动起伏动律，步伐下长上短，动力腿蹲起时要松、灵、巧。

2. 步伐、手位综合训练组合

（1）动作介绍。

各种步伐与手位。

（2）音乐。

（3）动作组合。

准备：身体对 7 点方向双腿侧做跪坐，坐快旁有顶上领腕，指尖分别指向后、前，前俯身。

前奏：8 拍。

第一遍音乐：

①～8 拍保持舞姿轻呼吸两次。

②～8 拍保持舞姿，大呼吸一次，上身起落。

③～1 拍双脚快速收成正步跪蹲，身体对 1 点方向起身抖肩一次，双手经胸前交叉至半握拳平开推手；2 拍气息下落，臀部虚落，右手经上弧线落至胸前立掌，左手至斜上侧提腕；3～4 拍起伏动律一次，右手推出；5～8 拍做③～4 拍的反方向动作。

④～1 拍起伏动律一次（重拍在下）准备手；2 拍起伏动律一次，右脚向旁打开，双手至望月手，目视 2 点方向斜上方；3～4 拍保持舞姿，起伏动律一次（重拍在上）；5 拍做 4～1 拍动作；6 拍起伏动律一次，双手推至胸前头旁托按手；7～8 拍保持舞姿起伏动律一次。

⑤～2 拍右脚站起，右起旁点起伏步一次，向右快转身至 5 点方向旁点照影；3～4 拍保持舞姿起伏动律一次；5～8 拍向右旁点旋转至 1 点方向，右手下穿至腰间指尖带动横穿成按手，左手斜上侧提腕，左侧倒，目视 2 点方向斜上方。

第二遍音乐：

①～4 拍右起向 2 点方向丁字起伏步四次，右单展翅推拉手两次；5 拍右起向旁点起伏步一次，双手体前掸手，小臂外划一圈后，大臂后收成倒叉腰；6 拍胯部向后脆动律，体态慢延伸；7～8 拍保持舞姿起伏动律一次。

②～8 拍向 8 点方向做 1～8 拍的反方向动作。

③～2 拍右起后退前点起伏步一次，双手经准备手至右胸前左斜上领腕，②拍胯部向右逆倒体态、脆动律慢延伸；③～④拍保持舞姿起伏动律一次；5～8 拍做③～4 拍的反方向动作。

④～2 拍右起向前后点起伏步、左点肘侧提腕一次；3～4 拍做④～2 拍的反方向动作；5～6 拍反复④～2 拍动作；7～8 拍保持舞姿起伏动律一次。

⑤～2 拍右转身上至 4 点方向，右起向前做前点起伏步一次，双手经准备手至右胸前左斜上领腕，步伐略大，上身略后靠；3～4 拍右转身对 6 点方向做①～2 拍反方向动作；5～6 拍左转身对 3 点方向后退反复①～2 拍动作，左拧身，向 8 点方向斜下方回望；7～8 拍保持舞姿起伏动律一次。

第三遍音乐：

①～7 拍右起起伏步七次右转一圈；第一步右脚旁迈，双手经准备手从体旁领腕至胸前。

②～8 拍做①～7 拍的反方向动作；7～8 拍右脚后撤成右踏步，双手经体前推至体旁，右辗转一圈，最后一拍左脚后踢。

③～8 拍右起伏步后退八次，右单展翅推拉手四次，上身略后靠，眼睛停留在 1 点方向。

④～4 拍身体对 7 点方向右起后退起伏步四次，双手体前推拉手两次；5～8 拍右起向 2 点方向上两步成右踏步，双手经顶上掸手后，外晃下抹至体后左侧合翅。

⑤～6 拍身体对 3 点方向，做 4～8 拍的反方向动作；7～8 拍保持舞姿，圆场向 7 点方向下场。

三、实训方法与步骤

（1）示范或播放相关录像，让学生整体感知傣族舞蹈的特点及其文化和历史背景，了解所学舞蹈的风格特点，并形成印象。

（2）教师分步讲解，示范基本体态、元素动律，学生跟随反复练习，掌握单一骨干动作。

（3）学生分组进行表演，学生互评，教师及时点评。

四、考核与评价办法

傣族民间舞蹈考核项目与评价内容详见表 1-5。

表 1-5　傣族民间舞蹈考核评价表

考核项目	评价内容	分值/分	自我评价/分	小组评议/分	实际得分/分
傣族民间舞蹈	能说出基本动作的名称	15			
	在音乐的伴奏下，能理解和自信地表演傣族舞蹈的基本手位、脚位、体态、组合	25			
	能在音乐的感召下即兴表演	30			
	能准确地念诵所教的民间舞蹈的节奏	15			
	能讲述所教的民间舞蹈的风格特点	15			

注：1. 实际得分=自我评价×40%+小组评议×60%。

2. 考评满分为 100 分，分为四个级别：60 分以下为不合格；60～74 分为合格；75～84 分为良好；85 分以上为优秀（含 85 分）。

五、思考与练习

（1）傣族民间舞蹈的体态特点是什么？

（2）练习画出傣族舞蹈的各种手形、手位及各种舞姿。

第三单元　形体与健美操

健美操是融合了体操、音乐、舞蹈、体育、美育等多种文化功能于一体，追求人体健与美的运动项目。通过健美操的锻炼可以改善体质、增进健康、塑造体型、控制体重、愉悦精神、陶冶情操等。

第一节　健美操基本步伐

【学习目标】 学习和掌握健美操的五大类基本步伐及上肢的动作方法，为健美操套路学习打下基础。

一、实训准备

（1）物品准备。教师准备好教学用计算机、投影仪器、CD。

（2）场地准备。设置训练镜的形体训练室，并具备多媒体设备。

（3）分组安排。将学生分成若干小组，每组 4 ～ 6 人，分组训练，其余人员参照技能考评标准进行互评，而后轮换。

二、学习内容

健美操基本步伐是组成动作组合的最小单位，根据动作完成形式的不同，可将基本步伐分为两脚交替类、迈步类、点地类、抬腿站立类和双腿站立类五大类。

（一）下肢动作

1. 两脚交替类

两脚始终做依次交替落地的动作。

（1）踏步。动作描述：如图 1-70 所示，两腿原地依次抬起，依次落地。技术要点：下落时，踝、膝、髋关节依次有弹性地缓冲。

（2）走步。动作描述：如图 1-71 所示，迈步向前走时，脚跟先落地，过渡到全脚掌；向后走时则相反。技术要点：落地时，踝、膝关节有弹性地缓冲。

图 1-70　踏步

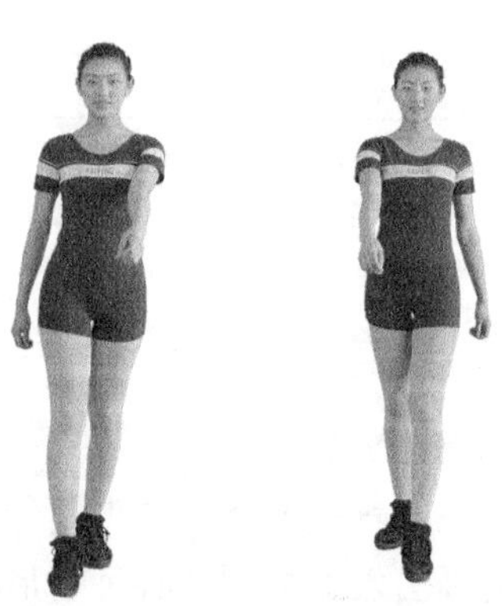

图 1-71　走步

（3）一字步。动作描述：如图 1-72 所示，一脚向前一步，另一脚并于前脚，然后再依次还原（先上的脚先回）。技术要点：向前迈步时，前脚跟着地，过渡到全脚掌；前后均要有并腿过程；每一拍动作膝关节始终有弹性地缓冲。

图 1-72　一字步

（4）V 字步。动作描述：如图 1-73 所示，一脚向前侧方迈一步，另一脚随之向另一方迈一步，成两脚开立，屈膝，然后再依次退回原位。技术要点：两腿膝、踝关节始终保持弹动状态，分开后成分腿半蹲，重心在两腿之间。

图 1-73　V 字步

（5）漫步。动作描述：如图 1-74 所示，一脚向前迈出，重心随之前移，另一脚稍抬起，然后原地落下；或向后撤一步，重心后移，另一脚稍抬起，然后原地落下（先上的脚后回）。技术要点：身体重心随动作前后移动，但始终在两脚之间。

（6）跑步。动作描述：如图 1-75 所示，两腿经过腾空，依次落地缓冲，两臂屈肘摆臂。技术要点：落地屈膝缓冲，脚跟尽量落地。

图 1-74　漫步

图 1-75　跑步

2. 迈步类

一条腿先迈出一步，重心移到这条腿上，另一条腿用脚跟、脚尖点地或吸腿、屈腿、踢腿等，然后做向另一个方向迈步的动作。

（1）侧并步。动作描述：如图 1-76 所示，一脚迈出，另一脚随之并拢屈膝点地；再向反方向迈步。技术要点：两膝始终保持弹动，动作幅度和力度依据具体情况而定。

图 1-76　侧并步

（2）迈步点地。动作描述：如图 1-77 所示，一脚向侧迈一步，两脚经屈膝移重心，另一腿在前、侧或后用脚尖或脚跟点地。技术要点：两膝同时有弹性地屈伸，重心移动轨迹呈弧形；上体不要扭转。

（3）迈步吸腿。动作描述：如图 1-78 所示，一脚迈出一步，另一腿屈膝抬起，然后向反方向迈步。技术要点：经过屈膝半蹲，抬膝时支撑腿稍屈膝。

（4）迈步后屈腿。动作描述：如图 1-79 所示，一脚迈出一步，另一腿后屈，然后向相反方向迈步。技术要点：经过屈膝半蹲，支撑腿稍屈膝，后屈腿的脚跟靠近臀部。

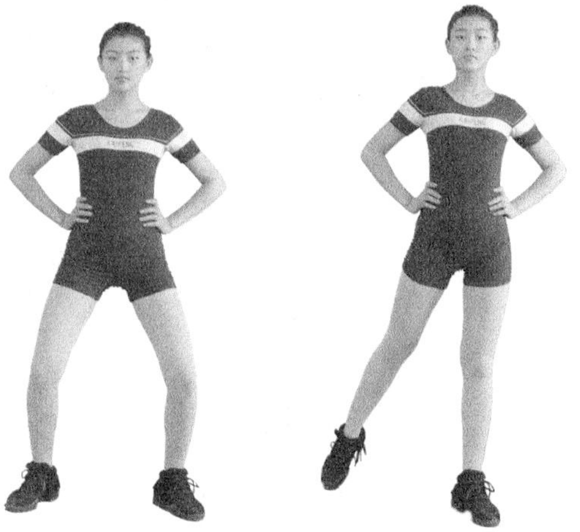

图 1-77　迈步点地

图 1-78　迈步吸腿

图 1-79　迈步后屈腿

（5）侧交叉步。动作描述：如图 1-80 所示，一脚向侧迈一步，另一脚在其后交叉，随之前脚再向侧迈一步，另一脚并拢，屈膝点地。技术要点：第一步脚跟先落地，身体重心快速随着脚步而移动，保持膝、踝关节的弹动。

图 1-80　侧交叉步

3. 点地类

一腿屈膝站立，另一腿伸出，用脚尖或脚跟点地后还原到并腿位置的动作。

（1）脚尖点地。动作描述：如图 1-81 所示，一腿稍屈膝站立，另一腿伸出，脚尖点地，然后还原到并腿姿势。技术要点：支撑腿始终保持屈膝站立，并且随动作有弹性的屈伸。

a）　　b）　　c）

图 1-81　脚尖点地

a）脚尖前点　b）脚尖侧点　c）脚尖后点

（2）脚跟点地。动作描述：如图 1-82 所示，一腿稍屈膝站立，另一腿伸出，脚跟点地，然后还原到并腿姿势。只可做向前和向侧的脚跟点地。技术要点：支撑腿始终保持屈膝站立，并且随动作有弹性的屈伸。

4. 抬腿站立类

一腿站立，另一腿抬起的动作。

（1）吸腿。动作描述：如图 1-83 所示，一腿屈膝抬起，落下还原。技术要点：支撑腿保持屈膝弹动，大腿上抬超过水平，上体保持正直。

图 1-82　脚跟点地

图 1-83　吸腿

（2）摆腿。动作描述：如图 1-84 所示，一腿稍屈膝站立，另一腿做摆动。技术要点：摆腿时上体顺势前倾、后倒或侧倾。

（3）踢腿。动作描述：如图 1-85 所示，一腿稍屈膝站立，另一腿抬起，然后还原。技术要点：抬起腿不需要太高，但要有控制；保持上体正直。

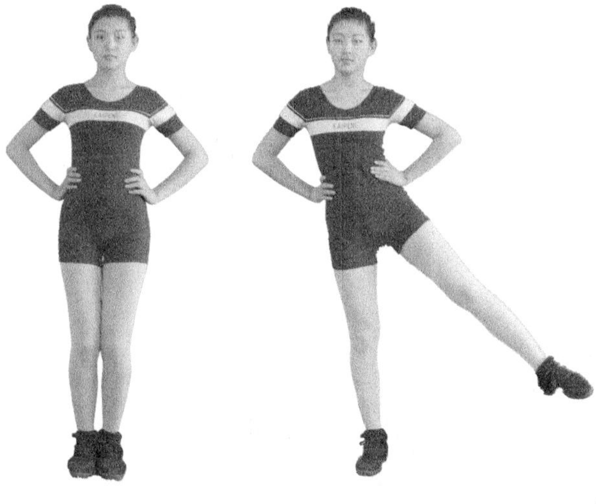

图 1-84　摆腿

图 1-85　踢腿

（4）弹踢腿跳或弹踢跳。动作描述：如图 1-86 所示，一腿站立（跳起），另一腿先向后屈，再向前下方弹踢，还原。技术要点：腿弹出时要有控制，保持上体正直。

（5）后屈腿或后屈腿跳。动作描述：如图 1-87 所示，一腿站立（跳起），另一腿向后屈膝，放下腿还原。技术要点：支撑腿保持弹性，两膝并拢，脚跟靠近臀部。

图 1-86　弹踢跳

图 1-87　后屈腿跳

5. 双腿站立类

双腿站立，身体重心在两腿之间的动作。

（1）并腿跳。动作描述：如图 1-88 所示，两腿并拢跳起。技术要点：落地缓冲有控制。

（2）分腿跳。动作描述：如图 1-89 所示，分腿站立屈膝半蹲，向上跳起，分腿落地屈膝缓冲。技术要点：屈膝半蹲时，大、小腿夹角不小于 90°，空中注意身体的控制。

图 1-88　并腿跳

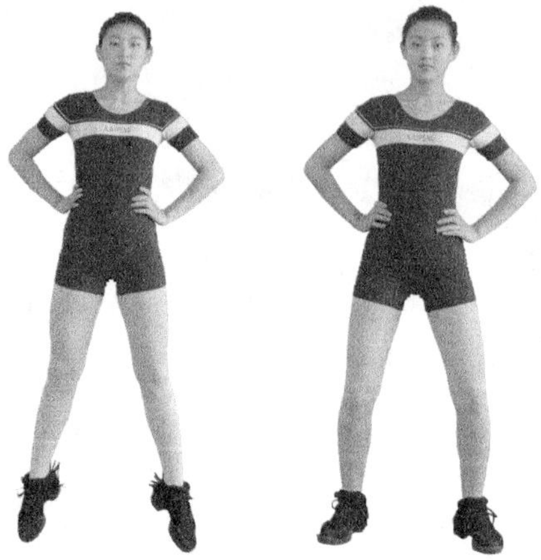

图 1-89　分腿跳

（3）开合跳。动作描述：如图 1-90 所示，并腿起跳，分腿落地，然后，再由分腿起跳，并腿落地。起跳时候身体要有向上提的感觉，分腿屈膝蹲时，两脚自然分开，膝关节沿脚尖方向屈，双脚在同一水平线上，脚掌先着地。

（4）半蹲。动作描述：如图 1-91 所示，两腿有控制地屈和伸。可分为并腿半蹲和分腿半蹲。技术要点：分腿半蹲时，两腿左右分开稍大于肩（或与肩同宽），脚尖稍外开，屈膝时关节角度不得小于 90°，膝关节对准脚尖方向，臀部向后 45°方向下蹲，上体保持直立。

图 1-90　开合跳

（5）弓步。动作描述：如图 1-92 所示，两腿前后分开，两脚平行站立；蹲下、起来。技术要点：下蹲时后腿膝关节向下，大腿垂直于地面，重心始终在两脚之间。

（6）提踵。动作描述：如图 1-93 所示，两腿脚跟抬起，落下脚稍屈膝。技术要点：两腿夹紧，重心上提时，收紧腹部；下落时屈膝缓冲。

图 1-91　半蹲

图 1-92　弓步

图 1-93　提踵

（二）上肢动作

上肢动作是由手臂的自然摆动、力量练习以及基本体操的徒手动作和舞蹈组成，其目的是丰富健美操动作内容。这里主要介绍有氧健美操常用的上肢动作和手型。

1. 上肢动作

上肢动作包括：自然摆动（见图 1-94）、臂屈伸（见图 1-95）、屈臂提拉（见图 1-96）、直臂提拉（见图 1-97）、冲拳（见图 1-98）、推掌（见图 1-99）。

a）　b）

图 1-94　自然摆动

a）单臂摆动　b）双臂摆动

图 1-95　臂屈伸

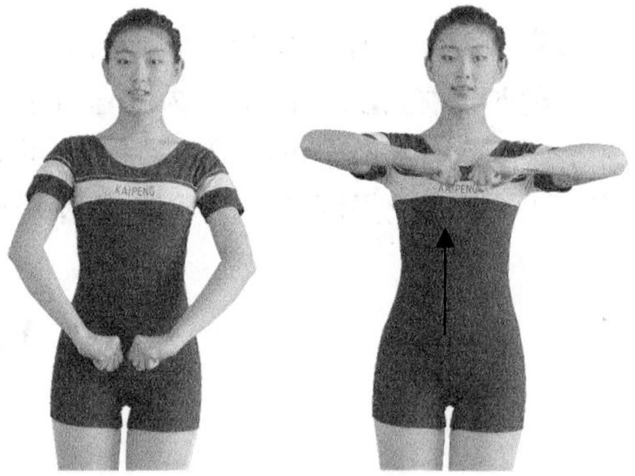

图 1-96　屈臂提拉

a）　b）

图 1-97　直臂提拉

a）向前直臂提拉　b）向侧直臂提拉

a） b）

图 1-98 冲拳

a）向前冲拳 b）向上冲拳

a） b）

图 1-99 推掌

a）向上推掌 b）向前推掌

2. 手型（见图 1-100）

（1）掌：并掌、开掌、花掌、立掌。

（2）拳：平拳、立拳。

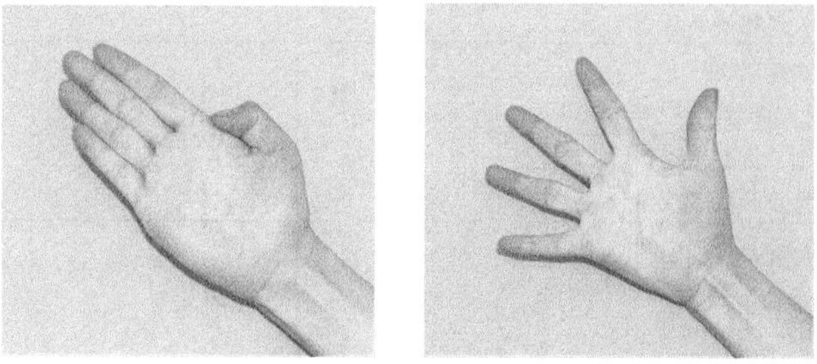

a） b）

图 1-100 手型

a）并掌 b）开掌

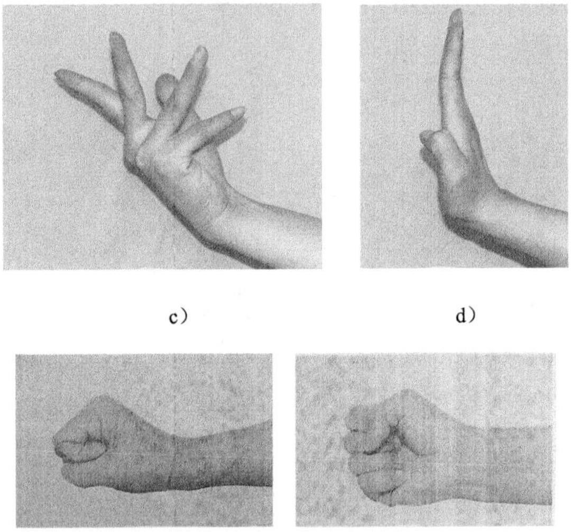

c）　d）

e）　f）

图 1-100　手型（续）

c）花掌　d）立掌　e）平拳　f）立拳

三、实训步骤

（1）视频观看建立健美操的整体印象。

（2）介绍上肢动作和手型。

（3）讲解并示范健美操基本步伐的动作及要点，学生集体模仿练习。

（4）分解动作练习，教师作示范，及时纠错。

（5）学生集体完整练习及分组完整练习，学生互评和教师点评健美操的基本步伐。

四、考核与评价办法

健美操基本步伐考核项目与评价内容详见表 1-6。

表 1-6　健美操基本步伐考核评价表

考核项目	评价内容	分值/分	自我评价/分	小组评议/分	实际得分/分
表现力	①动作要展示内心的激情，体现一种健康向上的情绪 ②提倡个人风格的表现力	20			
身体的协调性	①全身协调运动 ②动作轻松有弹性 ③动作清晰，无多余动作 ④动作避免过分松弛或过分紧张	30			
动作的正确性	①身体姿势要舒展 ②技术要正确 ③动作范围要适当	30			
节奏感	动作和音乐节奏要配合协调	20			

注：1. 实际得分=自我评价×40%+小组评议×60%。

2. 考评满分为 100 分，分为不合格、合格、良好、优秀四个级别。60 分以下为不合格；60～74 分为合格；75～84 分为良好；85 分以上为优秀（含 85 分）。

第二节 健美操套路

【学习目标】 学习和掌握健美操套路的动作方法，培养学生美的姿态，提高学生的观察力、鉴赏力、表现力及灵活应变能力。

一、实训准备

（1）物品准备。教师准备好教学用计算机、投影仪器、教学用 CD、第二套健美操大众锻炼二级标准规定动作视频、第三套健美操大众锻炼二级标准规定动作视频。

（2）场地准备。设置训练镜的形体训练室，并具备多媒体设备。

（3）分组安排。将学生分成若干小组，每组 4 ～ 6 人，分组训练，其余人员参照技能考评标准进行互评，而后轮换。

二、学习内容

健美操套路是在基本步伐的基础上，通过科学地改变身体姿势、动作方向、动作路线、动作频率、动作速度和动作节奏而组合成的成套的动作组合。

（一）第二套健美操大众锻炼二级标准规定动作

1. 组合一

（1）第 1 个 8 拍动作如图 1-101 所示。

①～④拍下肢步伐：右脚开始的一字步。上肢动作：①拍右臂胸前平屈，右手握拳，拳心向下；②拍左臂胸前平屈，左手握拳，拳心向下；③拍双手胸前击掌一次；④拍双臂还原至体侧。

⑤～⑧拍下肢步伐：身体向右转 45°，右脚开始的一字步。上肢动作：①拍右臂胸前平屈，右手握拳，拳心向下；②拍左臂胸前平屈，左手握拳，拳心向下；③拍双手胸前击掌一次；④拍双臂还原至体侧。

图 1-101

（2）第 2 个 8 拍动作如图 1-102 所示。

①～④拍下肢步伐：右脚向前走 3 步，第 4 步左脚屈膝并于右脚；上肢动作：双臂由下经前举屈肘拉回至腰间两次，双手握拳。

⑤～⑧拍下肢步伐：左脚向后退 3 步，第 4 步右脚屈膝并于左脚，同时身体向左转 45°面对前方；上肢动作：双臂由下经前举屈肘拉回至腰间两次，双手握拳。

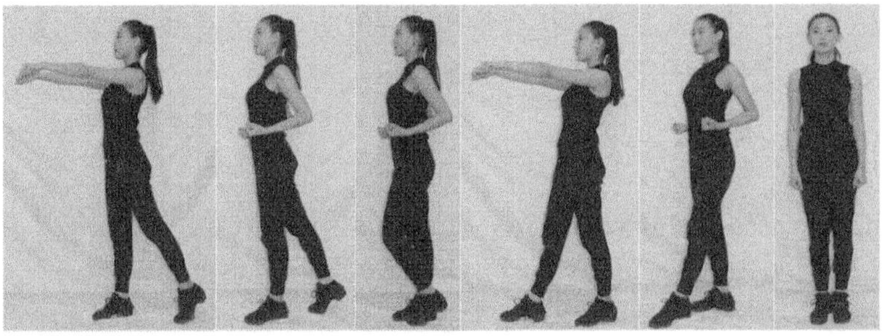

1,3　2　4　5,7　6　8

图　1-102

（3）第 3 个 8 拍动作如图 1-103 所示。

①～④拍下肢步伐：右脚开始为 V 字步。上肢动作：①拍右臂屈肘，右手开掌，掌心贴于后脑勺；②拍左臂屈肘，左手开掌，掌心贴于后脑勺；③～④拍双臂由上经前至下，双手握拳；⑤～⑧拍同①～④拍。

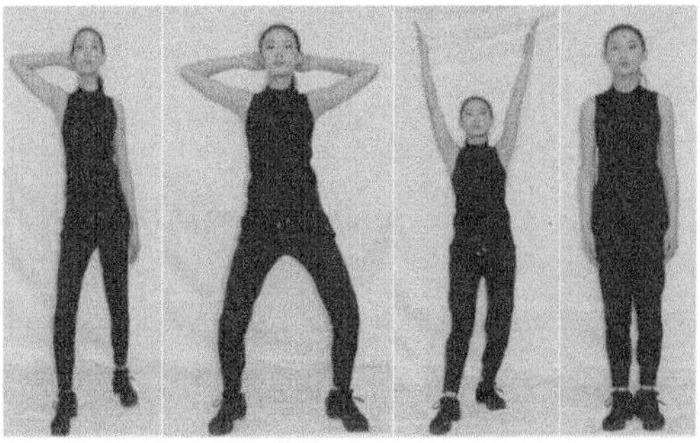

1,5　2,6　3,7　4,8

图　1-103

（4）第 4 个 8 拍动作如图 1-104 所示。

①～④拍下肢步伐：向右的交叉步。上肢动作：双臂由下经前举屈肘拉回至腰间两次，双手握拳。

⑤～⑥拍下肢步伐：向左侧并步一次。上肢动作：双臂经胸前平屈下压，双手握拳，拳心向下。

⑦～⑧拍下肢步伐。向右侧并步一次。上肢动作：双臂经胸前平屈下压，双手握拳，拳心向下。

第 5～9 个 8 拍同第 1～4 个 8 拍，动作相同，以左脚开始。

2. 组合二

（1）第 1 个 8 拍动作如图 1-105 所示。

①～②拍下肢步伐：右、左脚依次向右斜前方、左斜前方迈一步；上肢动作：双臂屈肘

于体侧前后自然摆动，双手握拳。

③～⑥拍下肢步伐：右、左摆髋各两次；上肢动作：第③、⑤拍双臂屈肘由下经右侧向侧上方摆动，双手握拳，第④、⑥拍双臂屈肘由下经左侧向斜下方摆动，双手握拳。

⑦～⑧拍下肢步伐：右、左脚依次退回原位，第⑧拍身体向右转 45°；上肢动作：双臂屈肘于体侧前后自然摆动，双手握拳。

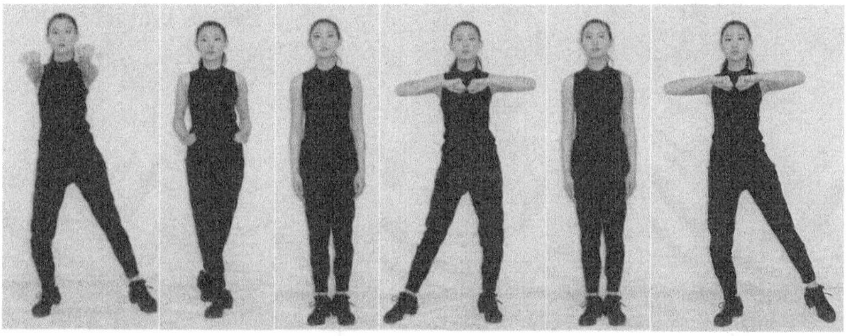

图 1-104

图 1-105

（2）第 2 个 8 拍动作如图 1-106 所示。

①拍下肢步伐：右脚向斜前方迈一步；上肢动作：左臂前举，右手收于腰间，双手握拳，拳心向下。

②拍下肢步伐：踢左腿；上肢动作：右臂前举，左手收于腰间。

③拍下肢步伐：左脚向斜后方退一步；上肢动作：左臂前举，右手收于腰间。

④拍下肢步伐：右脚继续向斜后方退一步成前弓步；上肢动作：右臂前举，左手收于腰间。

⑤～⑧拍同①～④拍，第⑧拍身体向左转 45°，面对前方。

（3）第 3 个 8 拍动作如图 1-107 所示。

①～④拍下肢步伐：向右的交叉步；上肢动作：双臂由侧平举经体前交叉至侧平举，双手握拳，拳心向下。

⑤～⑥拍下肢步伐：左脚侧点地；上肢动作：双臂左斜下举，双手握拳，拳眼朝前。

⑦～⑧拍下肢步伐：右脚侧点地；上肢动作：双臂右斜下举，双手握拳，拳眼朝前。

1,3,5,7　2,6　4　8

图 1-106

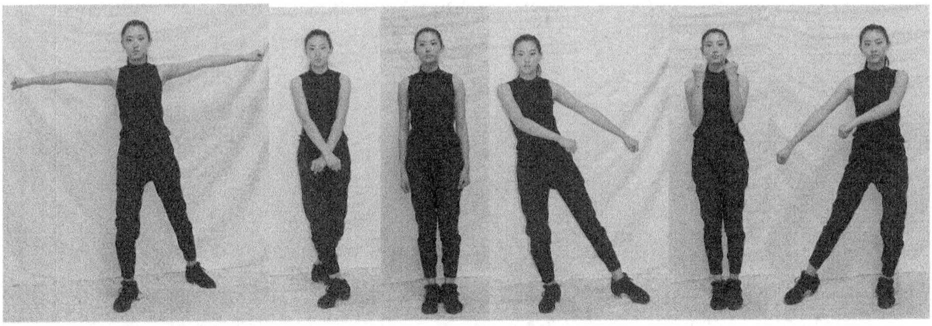

1,3　2　4,8　5　6　7

图 1-107

（4）第 4 个 8 拍动作如图 1-108 所示。

①～④拍下肢步伐：左腿吸腿跳两次。上肢动作：第①、③拍双臂胸前平屈，双手握拳，拳心向下，第②拍双臂上举，双手开掌，掌心朝前；第④拍双臂还原至体侧。

⑤～⑧拍下肢步伐：右腿吸腿跳两次。上肢动作：第⑤、⑦拍双臂胸前平屈，双手握拳，拳心向下；第⑥拍双臂上举，双手开掌，掌心朝前；第⑧拍双臂还原至体侧。

1,3　2　4,8　5,7　6

图 1-108

（5）第 5 至 9 个 8 拍同第 1 至 4 个 8 拍，动作相同，以左脚开始。

3. 组合三

（1）第 1 个 8 拍动作如图 1-109 所示。

①～④拍下肢步伐：向右侧并步跳一次，第④拍身体右转 90°；上肢动作：①～③拍双手握拳，双臂逆时针环绕一圈；第④拍双臂屈肘收至身体右侧。

⑤～⑧拍下肢步伐：向左侧并步跳一次。上肢动作：第⑤～⑦拍双手握拳，双臂顺针环绕一圈，第⑧拍双臂屈肘收至身体左侧。

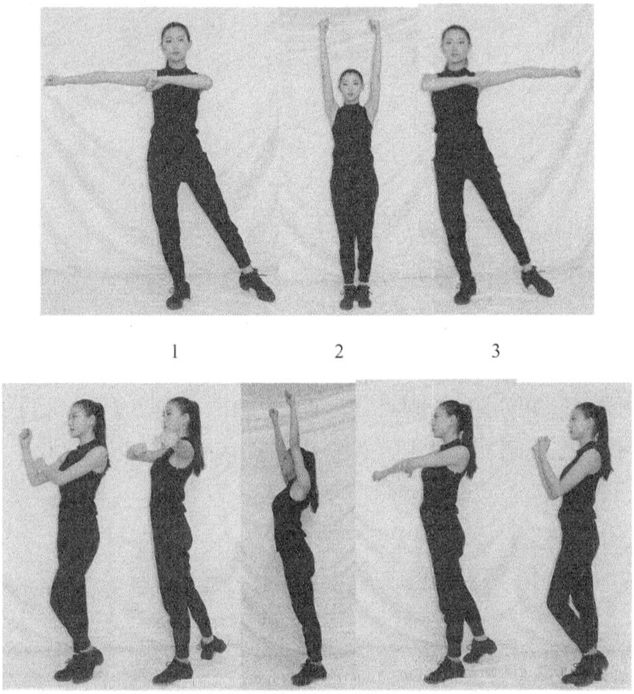

1 2 3

4 5 6 7 8

图 1-109

（2）第 2 个 8 拍动作基本同于第 1 个 8 拍。

①～④拍下肢步伐：向右侧并步跳一次，第④拍身体向左转 90°，面对前方；上肢动作：第①～③拍双手握拳，双臂逆时针环绕一圈；第④拍双臂屈肘收至身体右侧。

⑤～⑧拍下肢步伐：向左侧并步跳一次；上肢动作：第⑤～⑦拍双手握拳，双臂顺针环绕一圈；第⑧拍双臂屈肘收至身体左侧。

（3）第 3 个 8 拍动作如图 1-110 所示。

①～④拍下肢步伐：右脚开始做漫步；上肢动作：①～②拍双臂前上举屈伸两次，双手握拳，拳心朝前，③～④拍双臂由上经前至下，双手握拳。

⑤～⑧拍同①～④拍。

（4）第 4 个 8 拍动作如图 1-111 所示。

①～⑧拍下肢步伐：右脚向右斜前方迈一步，左腿吸腿 4 次。上肢动作：双手握拳，第①、③、⑤、⑦拍双臂前上举，拳心朝前，第②、④、⑥、⑧拍双臂屈肘收于腰间，拳心向上。

（5）第 5～9 个 8 拍同第 1～4 个 8 拍，动作相同，以左脚开始。

1,5　2,6　3,7　4,8

图　1-110

1,3,5,7　2,4,6,8

图　1-111

4. 组合四

（1）第 1 个 8 拍动作如图 1-112 所示。

①～④拍下肢步伐：右脚开始向前走 4 步；上肢动作：双臂屈肘于体侧前后自然摆动，双手握拳。

⑤～⑥拍下肢步伐：右腿向前弹踢腿一次；上肢动作：双臂前举，双手撑掌。

⑦～⑧拍下肢步伐：左腿向前弹踢腿一次；上肢动作：双臂前举，双手撑掌。

1,3　2,4　5　6　7　8

图　1-112

（2）第 2 个 8 拍动作如图 1-113 所示。

①～②拍下肢步伐：右脚向右斜后方侧并步跳一次；上肢动作：①拍双臂侧平举，双手立掌，②拍双手胸前击掌一次。

③～④拍下肢步伐：左脚向左斜后方侧并步跳一次；上肢动作：③拍双臂侧平举，双手立掌，④拍双手胸前击掌一次。

⑤～⑥拍同①～②拍。

⑦～⑧拍同③～④拍。

1,5　　2,4,6,8　　3,7

图 1-113

（3）第 3 个 8 拍动作如图 1-114 所示。

①～②拍下肢步伐：右脚向侧迈一步成摆腿跳；上肢动作：右臂侧上举，左臂侧平举，双手并掌，掌心向下。

③～④拍下肢步伐：左脚向右斜前方做漫步；上肢动作：双手握拳收于腰间。

⑤～⑥拍下肢步伐：左脚向侧迈一步成摆腿跳；上肢动作：左臂侧上举，右臂侧平举，双手并掌，掌心向下。

⑦～⑧拍下肢步伐：左脚向右斜前方做漫步；上肢动作：双手叉腰。

1,2　　3　　4　　5,6　　7　　8

图 1-114

（4）第 4 个 8 拍动作如图 1-115 所示。

①～②拍下肢步伐：右脚向侧迈一步，左腿后屈腿一次；上肢动作：两臂体侧屈肘前后摆动。

③～④拍下肢步伐：左脚向侧迈一步，右腿后屈腿一次；上肢动作：两臂体侧屈肘前后摆动。

⑤～⑧拍下肢步伐：右脚向侧迈一步，左腿后屈腿两次；上肢动作：两臂体侧屈肘前后摆动。

（5）第 5～9 个 8 拍同第 1～4 个 8 拍，动作相同，以左脚开始。

1,3,5　　2,6,8　　4　　7

图　1-115

（二）第三套健美操大众锻炼二级标准规定动作

1. 组合一

（1）第 1 个 8 拍动作如图 1-116 所示。

①～④拍下肢步伐：右脚十字步；上肢动作：①拍右臂侧举，②拍左臂侧举，③拍双臂上举，④拍下举。

⑤～⑧拍下肢步伐：向后走 4 步；上肢动作：屈臂自然摆动。

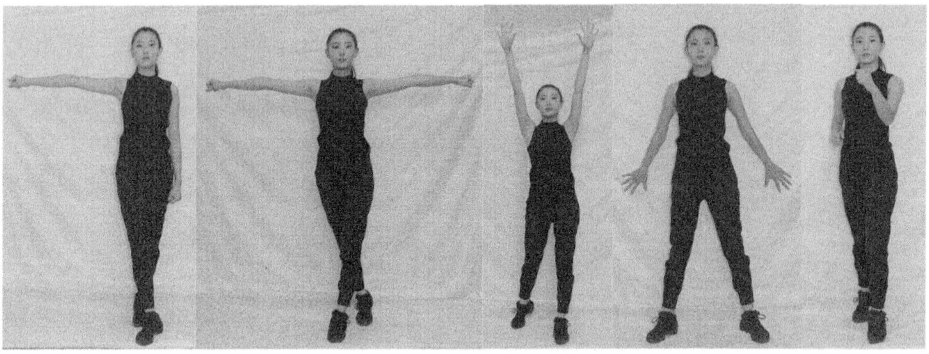

1　　2　　3　　4　　5

6　　7　　8

图　1-116

（2）第 2 个 8 拍动作。

①～⑧拍动作同第 1 个 8 拍，但向前走 4 步。

（3）第 3 个 8 拍动作如图 1-117 所示。

①～⑥拍下肢步伐：右脚开始 6 拍漫步；上肢动作：①～②拍右手前举，③拍双手叉腰，④～⑤拍左手前举，⑥拍双手胸前交叉；⑦～⑧拍下肢步伐：右脚向后 1/2 后漫步；上肢动作：双臂侧后下举。

1,2　3　4,5　6　7,8

图 1-117

（4）第 4 个 8 拍动作如图 1-118 所示。

①～②拍下肢步伐：右脚向右并步跳；上肢动作：屈左臂自然摆动。

③～⑧拍下肢步伐：左脚向右前方做前、侧、后 6 拍漫步；上肢动作：③～④拍前平举弹动 2 次，⑤～⑥拍侧平举，⑦～⑧拍后斜下举。

1　2　3　4

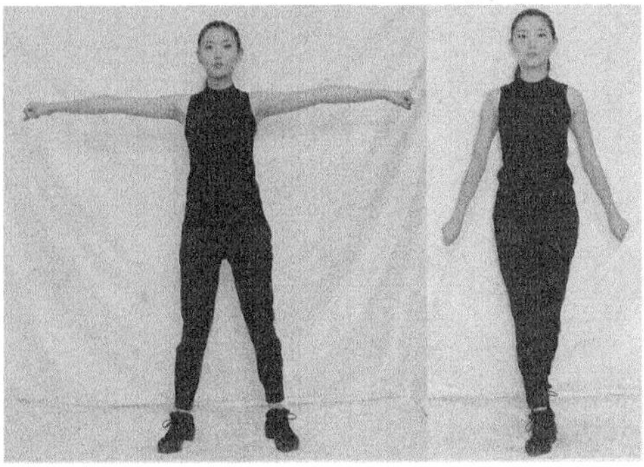
5,6　7,8

图 1-118

（5）第 5～8 个 8 拍，动作相同，但方向相反。

2. 组合二

（1）第 1 个 8 拍动作如图 1-119 所示。

①～②拍下肢步伐：右脚向右侧滑步；上肢动作：右臂侧上举 左臂侧平举。

③～④拍下肢步伐：1/2 后漫步；上肢动作：双臂屈臂后摆。

⑤～⑥拍下肢步伐：左脚开始向左前方做侧并步；上肢动作：⑤～⑥拍击掌 3 次。

⑦～⑧拍下肢步伐：右脚开始向右后方做并步；上肢动作：双手叉腰。

1,2　　3,4　　5　　6　　7　　8

图 1-119

（2）第 2 个 8 拍动作如图 1-120 所示。

①～②拍下肢步伐：左脚开始向左后方做侧并步；上肢动作：击掌 3 次。

③～④拍下肢步伐：右脚开始向右前方做并步；上肢动作：双手叉腰。

⑤～⑥拍下肢步伐：左脚向左侧滑步；上肢动作：左臂侧上举，右臂侧平举。

⑦～⑧拍下肢步伐：1/2 后漫步；上肢动作：双臂屈臂后摆。

1　　2　　3　　4　　5,6　　7,8

图 1-120

（3）第 3 个 8 拍动作如图 1-121 所示。

①～④拍下肢步伐：右转 90°，右脚上步吸腿 2 次；上肢动作：双臂向前冲拳、向后下冲拳 2 次。

⑤～⑧拍下肢步伐：左脚 V 字步左转 90°；上肢动作：双臂由右向左水平摆动。

1　2　3　4

5　6　7　8

图 1-121

（4）第 4 个 8 拍动作如图 1-122 所示。

①～④拍下肢步伐：左腿吸腿（侧点地）2 次；上肢动作：①拍双臂胸前平屈，②拍左臂上举，③拍同①拍，④拍还原。

⑤～⑧拍同①～④拍，但方向相反。

1　2　3　4　5　6

图 1-122

7　　8

图　1-122（续）

3. 组合三

（1）第 1 个 8 拍动作如图 1-123 所示。

①～④拍下肢步伐：右脚侧并步跳；上肢动作：双臂上举、下拉。

⑤～⑧拍下肢步伐：左脚右转 90° 侧交叉步；上肢动作：双臂屈臂自然摆动，第⑧拍，双臂侧下举，上体向左扭转 90°，朝正前方。

1　2　3　4　5　6　7　8

图　1-123

（2）第 2 个 8 拍动作如图 1-124 所示。

①～④拍下肢步伐：向右侧并步跳 4 拍时左转 90°；上肢动作：双臂上举、下拉。

⑤～⑧拍下肢步伐：左转 90° 左脚开始侧并步 2 次；上肢动作：⑤～⑥拍右臂前下举，⑦～⑧拍左臂前下举。

（3）第 3 个 8 拍动作如图 1-125 所示。

①～④拍下肢步伐：左脚向前一字步；上肢动作：①拍双臂肩侧屈，②拍双臂下举，③～④拍双臂胸前屈。

⑤～⑧拍下肢步伐：左、右依次分并腿 2 次；上肢动作：⑤～⑥拍双臂上举掌心朝前，⑦～⑧拍双手放膝上。

（4）第 4 个 8 拍动作如图 1-126 所示。

①～④拍下肢步伐：向后一字步；上肢动作：①～②拍手侧下举，③～④拍胸前交叉。

⑤～⑧拍下肢步伐：依次分并腿 2 次；上肢动作：双臂经胸前交叉 1 次侧上举，1 次侧下举。

5 6 7 8

图 1-124

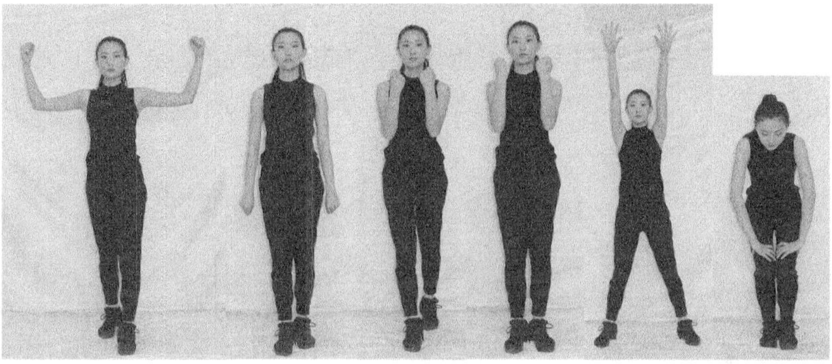

1 2 3 4 5,6 7,8

图 1-125

1 2 3 4 5 6 7 8

图 1-126

（5）第 5～8 个 8 拍，动作相同，但方向相反。

4. 组合四

（1）第 1 个 8 拍动作如图 1-127 所示。

①～⑧拍下肢步伐：右脚开始小马跳 4 次，向侧向前呈梯形；上肢动作：①～②拍右臂体侧向内绕环，③～④拍换左臂，⑤～⑧拍同①～④拍。

1 2 3,4

图 1-127

（2）第 2 个 8 拍动作如图 1-128 所示。

①～④拍下肢步伐：右脚向右后弧形跑 4 步，右转 270°；上肢动作：屈臂自然摆动。

⑤～⑧拍下肢步伐：开合跳 1 次；上肢动作：⑤～⑥拍双手放腿上，⑦拍击掌，⑧拍放于体侧。

1 2 3 4 5,6 7 8

图 1-128

（3）第 3 个 8 拍动作如图 1-129 所示。

①～④拍下肢步伐：右脚向右前上步后屈腿；上肢动作：①拍双臂胸前交叉，②拍右臂侧举、左臂上举，③拍同①拍，④拍双手叉腰。

⑤～⑧拍下肢步伐：右转 90°，左脚向前上步后屈腿；上肢动作：动作同①～④拍，但方向相反。

1 2 3 4 5 6 7 8

图 1-129

（4）第 4 个 8 拍动作如图 1-130 所示。

①～④拍下肢步伐：右、左侧点地各一次；上肢动作：①拍右手左前下举，②拍双手叉腰，③～④拍动作相同，但方向相反。

⑤～⑧拍下肢步伐：右脚上步向前转脚跟，转髋，还原；上肢动作：⑤拍双臂胸前平屈，⑥拍前推，⑦拍同⑤拍，⑧拍放于体侧。

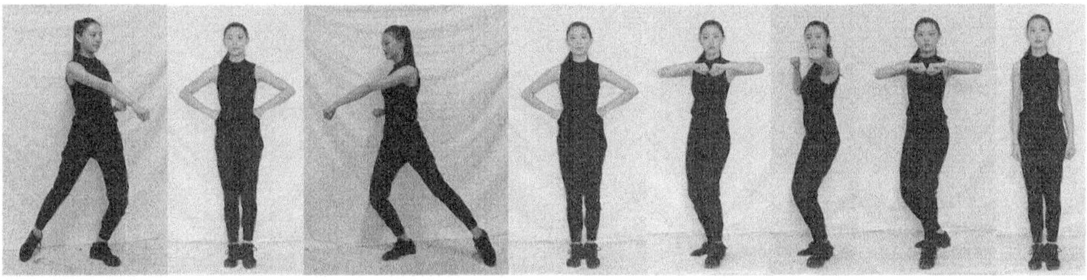

1 2 3 4 5 6 7 8

图 1-130

（5）第 5～8 个 8 拍，动作相同，但方向相反。

5. 力量训练部分

开始动作 4 拍：①～②拍右脚向右迈步，左臂前平举，右臂上举；③～④拍左脚右后交叉迈步，双臂胸前交叉。

6. 过渡动作

（1）第 1 个 8 拍动作如图 1-131 所示。

①～②拍右脚向前迈步，同时屈膝内扣，再打开成双腿半蹲，同时右手左下冲拳，右手侧下冲拳；③～④拍身体右转 90° 成弓步，双手撑地；⑤～⑧拍成俯撑。

1,2 3,4 1 2 3,4 5-8

图 1-131

（2）第 2 个 8 拍动作如图 1-132 所示。

①～⑧拍左、右脚依次点地，保持俯撑。

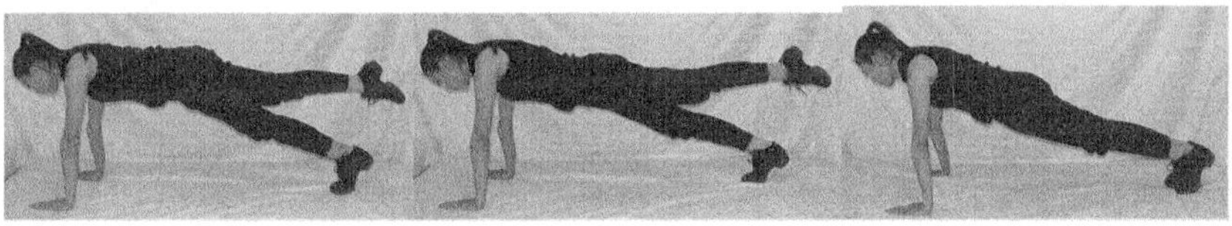

1 2 3-8

图 1-132

（3）第 3 个 8 拍动作如图 1-133 所示。

①～⑧拍左、右腿依次屈膝着地，成跪撑。

1　　2-8

图 1-133

（4）第 4 个 8 拍动作如图 1-134 所示。

①～⑧拍屈肘依次撑地，成肘撑。

1　　2-8

图 1-134

（5）第 5 个 8 拍动作如图 1-135 所示。

①～⑧拍左、右腿依次伸直，保持肘撑。

1,2,5,6　　3,4,7　　8

图 1-135

（6）第 6 个 8 拍动作如图 1-136 所示。

①～⑧拍向左转体 180° 成分腿屈膝仰卧，双臂放于体侧。腹肌练习。

1,2　　3,4

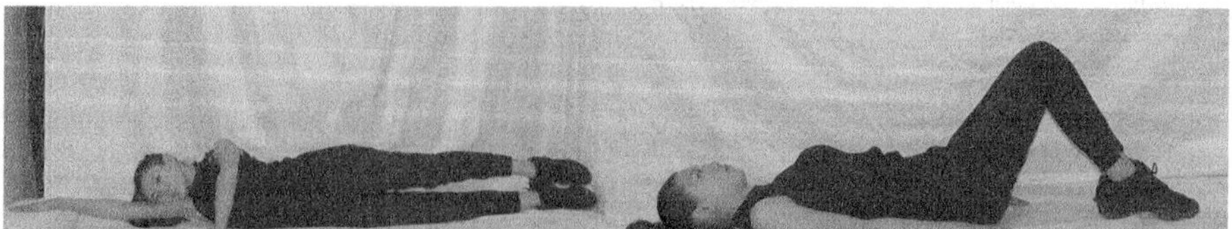

5,6　　7,8

图 1-136

（7）第 7～10 个 8 拍动作如图 1-137 所示。

①～④拍收腹抬上体：①拍屈左臂，②拍屈右臂，③～④拍双臂伸直交叉。⑤～⑧拍还原，双臂经上举至体侧。

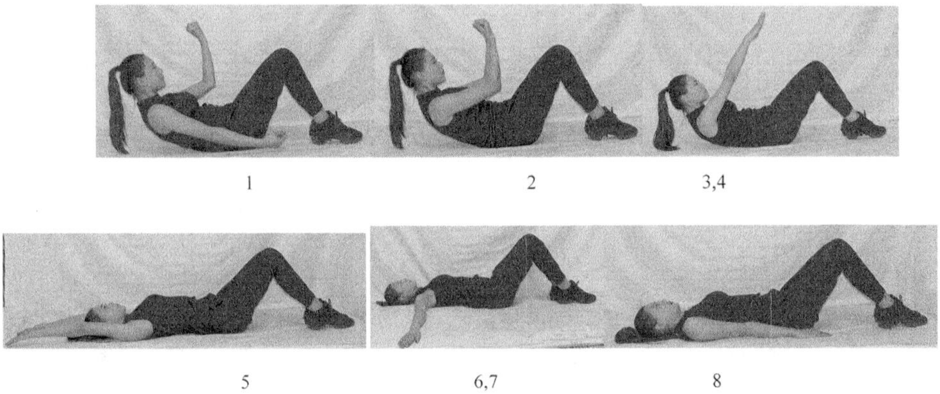

图 1-137

（8）第 11 个 8 拍动作如图 1-138 所示。

①～⑧拍依次吸左、右腿，向左转体 180° 成俯卧，双臂屈臂放于肩侧。背肌练习。

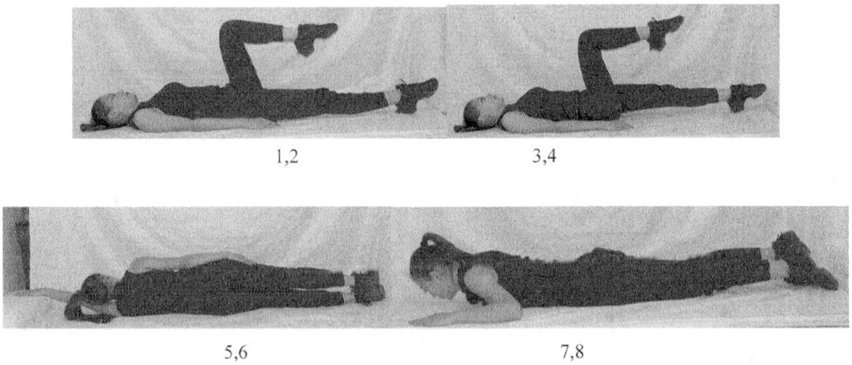

图 1-138

（9）第 12 个 8 拍动作如图 1-139 所示。

①～②拍抬起上体和手臂；③～④拍伸直右臂，转头向左看；⑤～⑧拍还原。

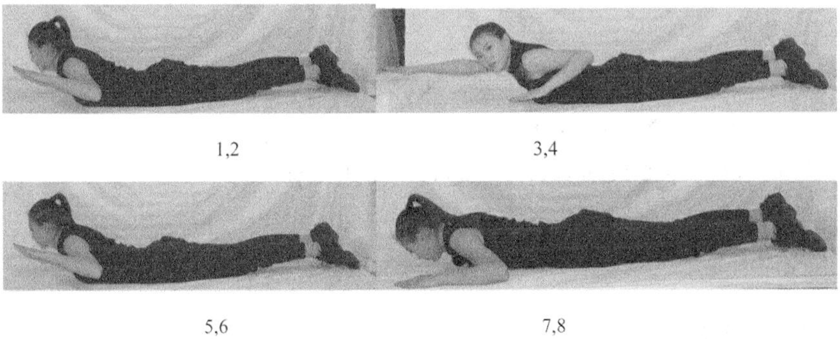

图 1-139

（10）第 13 个 8 拍动作。

①～⑧拍动作同上，但方向相反。

（11）第 14～15 个 8 拍动作同第 12～13 个 8 拍。

（12）第 16 个 8 拍动作如图 1-140 所示。

①～④拍撑起成俯卧撑； ⑤～⑧拍左转 90°，左脚放到右脚后，右手支撑，左手上举，保持身体平衡。

1,2　　3,4　　5-8

图　1-140

（13）第 17 个 8 拍动作如图 1-141 所示。

①～②拍双人撑地，左腿屈膝撑地；③～⑧拍向右转体 270°，左脚向前迈步站起。

（14）结束动作一拍如图 1-142 所示。

右脚支撑站立，左脚屈膝侧点地，同时右臂侧上举，左臂扶右髋。

1,2　　3　　4,5　　6,7　　8

图　1-141

图　1-142

三、实训步骤

（1）观看第二套健美操大众锻炼二级标准规定动作视频或第三套健美操大众锻炼二级标准规定动作视频，建立健美操的整体印象。

（2）讲解并示范健美操套路的动作及要点，学生集体模仿练习。

（3）分解动作练习，教师、学生示范，及时纠错。

（4）学生集体完整练习及分组完整练习，学生互评和教师点评健美操套路的学习与掌握。

四、考核与评价办法

健美操套路考核项目与评价内容，见表 1-7。

表 1-7 健美操套路考核评价表

考核项目	评价内容	分值/分	自我评价/分	小组评议/分	实际得分/分
表现力	①动作要展示内心的激情，体现一种健康向上的情绪 ②提倡个人风格的表现力	20			
连接动作的流畅性	①动作之间的连接要自然流畅 ②动作的转换及方向变化要干净利落，无多余动作	20			
身体的协调性	①全身协调运动 ②动作轻松有弹性 ③动作清晰，无多余动作 ④动作避免过分松弛或过分紧张	20			
动作的正确性	①身体姿势要舒展 ②技术要正确 ③动作范围要适当	20			
节奏感	①动作要充分表现音乐情绪 ②动作和音乐节奏要配合协调 ③一连串动作的节奏要准确，基本符合即为通过	20			

注：1. 实际得分=自我评价×40%+小组评议×60%。
2. 考评满分为 100 分，分为不合格、合格、良好、优秀四个级别： 60 分以下为不合格；60～74 分为合格；75～84 分为良好；85 分以上为优秀（含 85 分）。

五、练习与提高

（一）瑜伽动作练习

1. 祈祷式

做法如图 1-143 所示，挺身直立，双脚并拢，双手胸前合掌，放松全身，调匀呼吸。

功效：建立集中和宁静的状态，做好准备工作。

2. 展臂式（双臂向上举）

做法如图 1-144 所示，上臂向上举过头，双臂分开与肩同宽。稍朝后仰头和上身，双臂上举时吸气。

功效：伸展腹部脏器，因此消除过多的脂肪，并改善消化。锻炼手臂和肩部肌肉。加强脊神经，开阔肺叶。

图 1-143 祈祷式

图 1-144 展臂式

3. 前屈式（手触脚式）

做法如图 1-145 所示，身体向前屈直到双手或手指触到脚的任何一侧，或脚前的地上。使用前额触到双腿，但不要拉伤。双膝保持伸直。身体前屈时呼气。在最后位置时试收缩腹部，最大量地呼气。

功效：有助于消除或预防胃部或腹部疾病，减少腹部多余脂肪；改善消化；有助于消除便秘，使脊柱柔软，加强脊神经。

4. 骑马式

做法如图 1-146 所示，尽量向后伸出右腿。同时屈左腿，但左脚要保持原位。两臂保持伸直，在原位上。动作末尾时，身体重量应当由两手、左脚、右膝和右脚趾来支撑。在最后姿势时，头应向后仰起，背成弓形，向上凝视。右腿向后伸展时吸气。

功效：按摩腹部器官，改善其活动功能。加强两腿肌肉，得到神经平衡。

图 1-145　前屈式

图 1-146　骑马式

5. 山岳式

做法如图 1-147 所示，伸直双腿，双脚并拢，身体向前俯卧，臀部翘在半空，头低下，使它位于两臂之间。身体应成为三角形的两条边。在最后位置时，双腿和双臂应伸直，在此姿势时试将两脚跟着地。伸直双腿和弯曲躯干时呼气。

功效：加强双臂和两腿神经和肌肉。与前一姿势相反的方向弯曲脊柱，因此进一步有助于脊柱的柔软，加强脊神经，并向它们供应新鲜血液。

6. 八体投地式

做法如图 1-148 所示，身体放低及地，以至在此姿势的最后位置时只有双脚脚趾、双膝、胸部、双手和下巴触地。髋部和腹部应稍微抬离地面。呼尽后再行屏气。

功效：加强大腿和手臂肌肉，发展胸部肌肉。

7. 眼镜蛇式

做法如图 1-149 所示，伸直双臂，从腰部抬起身体。头朝后仰，这个阶段与眼镜蛇式的最后位置相同。抬起身体和弓背时吸气。

功效：腹部受到压缩，有助于从腹部器官挤出淤血。这个动作对治疗胃病，包括消化不良和便秘非常有用。弓背锻炼脊柱，使肌肉柔软，使最重要的脊神经重新焕发活力。

图 1-147 山岳式

图 1-148 八体投地式

图 1-149 眼镜蛇式

8. 龟式

做法如图 1-150 所示，①坐在瑜伽垫上，弯曲膝盖，将双脚的脚心相对，膝盖尽可能压低，将双手扶住脚背，吸气抬头看向前方，脊柱延伸向前；②呼气，上身向下压低，额头触向脚趾，感受背部肌肉拉伸和放松的感觉，保持 5 个呼吸，吸气起身，呼气还原放松。

功效：主要可以锻炼颈椎灵活性，还可以塑造脖子的线条，对消除双下巴有很大的帮助。

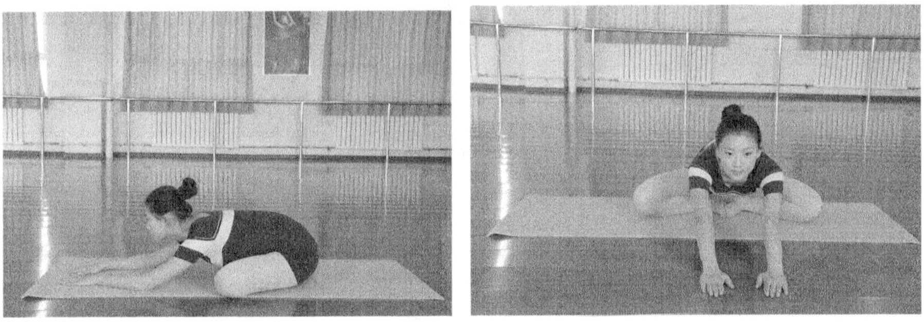

图 1-150 龟式

9. 鱼式

做法如图 1-151 所示，①仰卧，两手放于臀部下面；②吸气，用头顶顶地面，双脚逐渐向上抬起，双臂托住将背部抬离地面，尽量抬高，自然呼吸；③吸气，双臂缓慢往后尽力伸直，手掌并拢，下半身保持不变；④呼气，双手逐渐从头部往上伸直，直至和双腿达到平行状态，持续 5 秒，再缓缓将背部放下，用后脑勺贴地，放松全身。

功效：这个瑜伽动作可以使肠脏和其他内部器官得以伸展，刺激胰脏，促进消化系统。

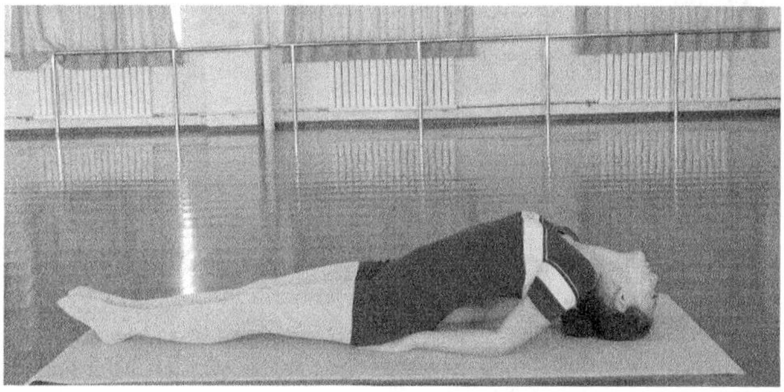

图 1-151 鱼式

10. 鸽子张开式

做法如图 1-152 所示，①坐于瑜伽垫，缓慢让身体转向右前方，尽量让左小腿和左脚背贴地，伸直；②右小腿弯曲放在身体前方，脚背放平，身体重心向下，拉伸右腿小胯，双手放在膝盖上方；③打开双臂，双手平举体侧，保持身体稳定，舒展胸肺；④呼气头部后仰，胸部扩张开来，保持平稳的 5 个呼吸。

功效：这个瑜伽动作可以修正腰椎的扭曲，使荷尔蒙得以正常作用。治疗经痛、月经不调，消除腹部、腰部和臀部多余的脂肪，有束臀的功效。

11. 下犬式

做法如图 1-153 所示，①首先俯卧在瑜伽垫上，双手放在胸部两侧，双手比肩膀略宽。中指或食指正对前方，互相平行；②慢慢抬起上半身，脚趾压地，双手缓慢撑起，昂首抬头，小腿紧贴地面，吸气，双手保持笔直平行，呼气，骨盆和躯干抬起；③手掌撑开五指，均匀地垂直向下用力，压下整个手掌和每个指关节根部，尤其是拇指和食指根部必须咬住地面，脚趾带动整个下半身往上挺，做俯卧撑式；④双手缓慢往前（但避免肘关节消极的向内过度压迫），收紧手臂肌肉，头部往后压，臀部继续向上伸展，呼气；⑤头部继续往后，直至触地，双臂贴地往前伸展，深深地吸气时张开两侧的肋骨，呼气时在每根肋骨之间放松，持续 8 秒；⑥膝盖和下半身往下，采取跪姿，双臂往后收，直至和双脚平行，整个体式和婴儿式接近。

功效：瑜伽下犬式可以很好地消除一天的疲劳，减慢心率，强化腿部，而且还可以加强腿部伸展，缓解肩胛部僵硬感，缓解肩关节炎，缓解失眠和头痛。

12. 推磨式

做法如图 1-154 所示，①坐在地板上，两腿伸展在你面前，两脚相距一大步的距离，膝盖一定不要弯曲，保持两腿笔直，挺直背部，两手十指交叉握于体前；②上身前倾，手臂带动身体做水平圆周运动。

功效：瑜伽推磨式可以很好地锻炼腹部各个部位的肌肉，并且可以按摩腹腔的器官，有效缓解腹部疼痛等功效。

13. 扭转式

做法如图 1-155 所示，坐姿准备，右手放在左脚脚背上，右手肘顶住左腿外侧膝盖，左手置于左髋处，呼气，上身向左扭转，肩膀放松，每次呼气让身体扭转得更多，放松还原。做反侧练习。

功效：可以减少肩部、腹部的脂肪，缓解便秘，拉长腿部韧带。

图 1-152　鸽子张开式

图 1-153　下犬式

图 1-154　推磨式

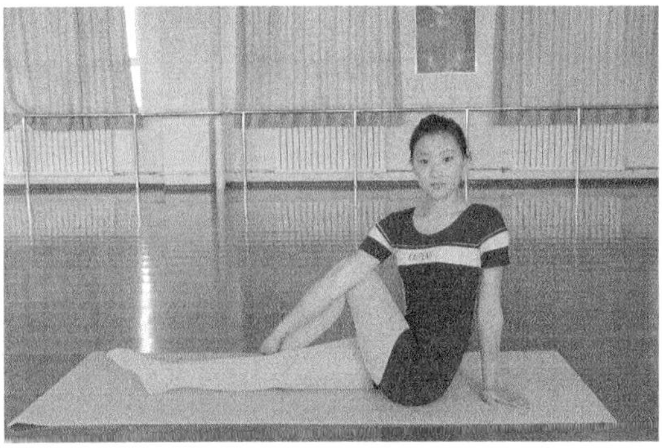

图 1-155　扭转式

14. 肩倒立式

做法如图 1-156 所示，仰卧准备，双腿并拢向上伸直，双手曲肘托于腰部，呼气缓缓将双腿伸向头顶后方。腹式呼吸 60 秒，慢慢还原。

功效：可以减少腿部和腰部脂肪；消除小腿肿胀；排除毒素，治疗便秘；缓解月经失调和贫血。

15. 莲花盘坐

做法如图 1-157 所示，双腿伸直，腰背挺拔地坐着；将左脚放在右大腿根部，脚跟抵右侧小腹。将右脚脚心向天，尽量放在左大腿根部，脚跟抵左侧小腹；请尽量将双膝贴向地面，并在极限边缘尽量长时间保持姿势。

交换双腿位置，先将右脚放在左大腿根部，重复练习。

功效：莲花坐姿可以使头、躯干自然地保持直线，并可以长时间保持身体的坐姿稳固。腿部的血流减慢，血液大量供应到腹、胸所有脏器，腰椎和骶骨处的神经最先受益，从而使中枢神经被滋养，焕发整个神经系统的活力。它可以缓解肌肉紧张，降低血压。

图 1-156　肩倒立式

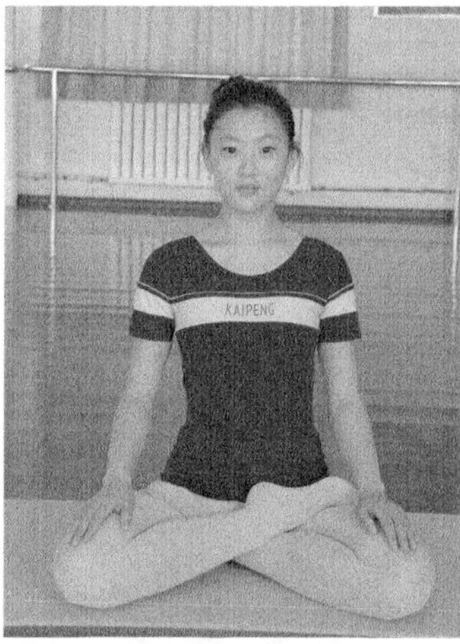

图 1-157　莲花盘坐

16. 弓式

做法如图 1-158 所示，①俯卧地面上，弯曲双膝，用双手抓两脚处（如果抓不到，可抓住小腿），目视前方；②吸气，将上身及两腿抬离地板，尽量向上抬起，整个人成“u”形，手臂伸直；③呼气，头颈部后仰，收紧背部。保持 6～10 秒，均匀呼吸，身体回落到地板，至第一步。

图 1-158　弓式

功效：紧缩大腿肌肉，美化臀部线条，预防臀部下垂，强化大腿力量，并消除背部赘肉。改善呼吸病症，增强消化功能，并且有减肥的作用。这个姿势对于妇女有特殊的益处，能够治疗月经不调和生殖器官的疾病。

（二）拉拉操练习——花球舞蹈拉拉操（一级）

预备动作：两手握花球，左手扶臂，右臂侧平举，两腿屈膝外开，右脚点地，面向 1 点。

（1）节前半拍如图 1-159 所示。上肢动作：双手握花球于胸前；下肢动作：右脚上前锁步。

①～④拍上肢动作：双臂成下 V 形；下肢动作：右脚上前锁步。

⑤～⑧拍上肢动作：⑤～⑦拍双臂向上成上 V 形，⑧拍双手握花球于胸前；下肢动作：⑤～⑦拍双脚开立，⑧拍双腿跳成并步。

（2）第 1 个 8 拍动作（面向 1 点）如图 1-160 所示。

①～④拍上肢动作：①～③拍手臂垂直于大腿前侧，④拍举成上 H 形；下肢动作：①～③拍左、右、左依次向前上步，④拍并步提踵。

⑤～⑧拍上肢动作：双手抱于胸前，成上 V 形，两拍一动；下肢动作：上左脚成弓步，右膝微屈，脚跟提起。

（3）第 2 个 8 拍动作（面向 1 点）如图 1-161 所示。

①～④拍上肢动作：①～③拍手臂垂于大腿前侧，④拍上举成 H 形；下肢动作：①～③

拍右、左、右依次退步，④拍并步提踵。

⑤～⑧拍上肢动作：双手抱于胸前，成下V形，两拍一动；下肢动作：左脚后退成弓步，左膝微屈，脚跟提起。

预备 哒 1-4 哒 5-7 8

图 1-159

1-3 1-3 侧面示范 4 5,6 7,8

图 1-160

1-3 1-3 侧面示范 4 5,6 7,8

图 1-161

（4）第 3 个 8 拍动作如图 1-162 所示。

①～④拍上肢动作：①～③拍手臂垂于大腿前侧，④拍双臂屈肘于胸前；下肢动作：①～③拍左、右、左依次踏步向左面向 7 点转体 360°，④拍成并步。

⑤～⑧拍上肢动作：⑤～⑥拍上臂成K形，身体面向 7 点，头面向 1 点，⑦～⑧拍双臂

屈肘于胸前；下肢动作：⑤～⑥拍迈左腿成屈弓步，⑦～⑧拍收左腿，并腿站立。

1　2　3　4　5,6　7,8

图　1-162

（5）第 4 个 8 拍动作如图 1-163 所示。

①～④拍上肢动作：①～③拍手臂垂于大腿前侧，④拍双臂屈肘于胸前；下肢动作：①～③拍右、左、右依次踏步向右面向 3 点转体 360°，④拍成并步。

⑤～⑧拍上肢做动作：⑤～⑥拍上臂成 K 形，身体面向 3 点，头面向 1 点，⑦～⑧拍双臂屈肘于胸前；下肢动作：⑤～⑥拍迈右腿成屈弓步，⑦～⑧拍收右腿，并腿站立。

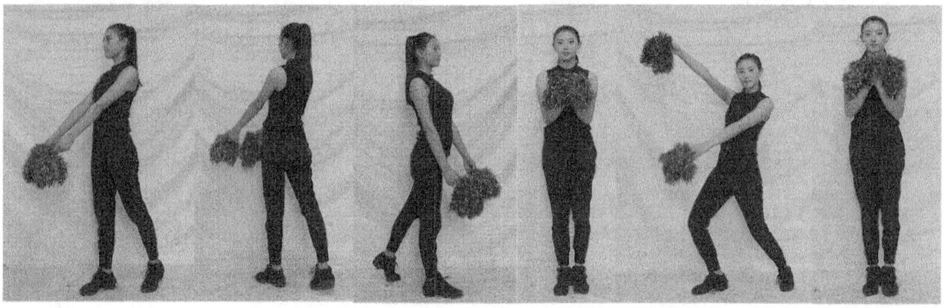

1　2　3　4　5,6　7,8

图　1-163

（6）第 5 个 8 拍动作（面向 1 点）如图 1-164 所示。

1　2　3　4　5　6　7　8

图　1-164

①～④拍上肢动作：①拍右上 L 形，②拍双臂屈肘于胸，③～④拍动作相同，方向相反；

下肢动作：①拍左脚向左侧迈步同时半蹲，②拍收左脚成并步，③～④拍动作相同，方向相反。

⑤～⑧拍上肢动作：⑤拍右臂前L形，⑥拍双臂成上H形，⑦拍左臂前L形，⑧拍双臂垂直于大腿前方；下肢动作：⑤拍左脚上步成前弓步，⑥拍并步双脚提踵，⑦拍左脚向左侧迈步同时半蹲，⑧拍双脚跳成并步。

（7）第6个8拍动作如图1-165所示。

①～④拍上肢动作：①～②拍成右上斜线，③～④拍成左上斜线；下肢动作：①～②拍迈右脚成右弓步，③～④拍重心左移成左弓步。

⑤～⑧拍上肢动作：⑤～⑥拍含胸双手收于胸前，⑦～⑧拍两手并拢，前伸双臂前举；下肢动作：⑤～⑥拍跳成屈膝并步，⑦～⑧拍前迈左脚，成屈腿弓步，右脚跟提起。

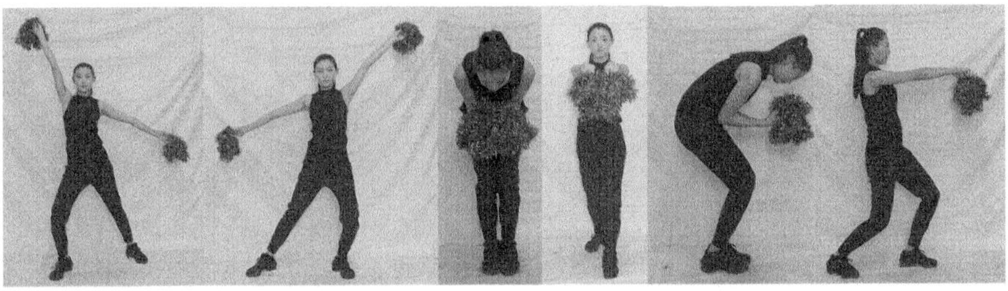

1,2　3,4　5,6　7,8　5,6 侧面示范　7,8 侧面示范

图 1-165

（8）第7个8拍动作如图1-166所示。

①～④拍上肢动作：①～②拍成右臂高冲拳，③～④拍点抬头一次；下肢动作：左脚向后左侧迈出，成分腿站立。

⑤～⑧拍上肢动作：⑤拍成右斜下冲拳，⑥拍由右下方摆至左上方成左侧冲拳，⑦～⑧拍动作相同，方向相反；下肢动作：⑤～⑧拍保持不动。

1,2　3　4　5　6　7　8

图 1-166

（9）第8个8拍动作如图1-167所示。

①～⑥拍上肢动作：双臂垂直于大腿前方；下肢动作：左右脚依次踏步。

⑦～⑧拍上肢动作：双手抱于胸前（在加油手位）；下肢动作：成并步。

（10）第9个8拍动作如图1-168所示。

①～④拍上肢动作：①～②拍双手上举成上A形手位，③～④拍双手向下成H形手位；

下肢动作：①～②拍双脚大分腿站立，③～④拍屈膝俯身，眼随手走。

⑤～⑧拍上肢动作：⑤拍双臂平行向右上方斜冲拳，⑥拍双手下压扶右膝，向 2 点低头，⑦拍垂直于大腿前方，面向 7 点，⑧拍屈臂收于腰间，面向 1 点；下肢动作：⑤拍身体右转后靠，两腿分立半蹲，重心移至左脚同时左脚跟提起，⑥拍保持体位重心移至两腿之间，⑦拍跳成并步直立，⑧拍右脚在前成锁步。

1,3,5 2,4,6 7,8

图 1-167

1,2 3,4 5 6 7 8

图 1-168

（11）第 10 个 8 拍动作如图 1-169 所示。

1 2 3-7 8

图 1-169

①～⑦拍上肢动作：①拍双手上举成 H 形，②拍面向 2 点，两臂经体侧由上向下压，③～⑦拍扶右膝；下肢动作：①拍右脚支撑，左腿向侧摆腿，②拍成左腿前锁步，③～⑦拍身体右转面向 3 点前俯身，两腿分立半蹲，重心在两脚之间同时左脚跟提起。

⑧拍上肢动作：面向 1 点双臂垂于大腿前方；下肢动作：双腿并立。

（12）第 11 个 8 拍动作如图 1-170 所示。

①～④拍上肢动作：①～③拍双臂成H形上举，分别向左前（面向 2 点）、正前（面向 1 点）、右前（面向 8 点）三个方位各敲击一次，眼随手走，④拍右前上方（面向 8 点）垂直下压扶膝低头；下肢动作：①～③拍分腿站立，④拍身体左转前俯身，两腿分立半蹲，重心于两脚之间，同时右脚跟提起。

⑤～⑧拍上肢动作：⑤～⑦拍保持双手扶膝低头，⑧拍面向 1 点垂直于大腿前方；下肢动作：⑤～⑦拍同④拍，⑧拍双腿并直立。

第一组　1　2　3　4-7　8

第二组　1-4　5　6　7　8

图 1-170

（13）第 12 个 8 拍动作如图 1-171 所示。

①～④拍上肢动作：两臂屈肘于胸前；下肢动作：①～④拍左右脚依次踏步。

⑤～⑧拍上肢动作：⑤～⑥拍两臂屈肘成短 T 形手位于胸前，⑦～⑧拍垂直于大腿前方；下肢伐动作：⑦～⑧拍双腿并立。

（14）第 13 个 8 拍动作如图 1-172 所示。

①～④拍上肢动作：①拍双臂由体侧摆至腹前，哒拍两臂屈肘收于腰侧，②拍两臂向前冲，③拍两臂屈肘成短 T 形手位于胸前，④拍成右手斜上冲拳，左手贴于腰际身体稍向左倾斜；下肢动作：①拍右腿经地面向前踹，哒拍屈膝收腿，②拍成马步，③～④拍保持马步小跳三次。

⑤～⑧拍上肢动作：⑤拍成左手斜上冲拳，右手贴于腰际身体稍向右倾斜，⑥拍双臂侧下举，同时身体面向 2 点右转前俯低头，⑦～⑧拍向前振胸两次，同时抬起上体；下肢动作：⑥～⑧拍两腿分立半蹲，重心于两脚之间，同时右脚跟提起。

1,3　　2,4　　5　　6　　7,8

图 1-171

1　　哒　　2　　3　　4

5　　6　　7　　哒　　8

图 1-172

（15）第 14 个 8 拍动作如图 1-173 所示。

①～④拍上肢动作：①拍右手扶臀，左臂侧平举，②拍左手扶臀，③拍双臂斜下举，头右侧屈，④拍两臂交叉于胸前，头左侧屈；下肢动作：①拍分腿半蹲，左脚尖点地，②拍动作相同方向相反，③拍同①拍动作，④拍两脚分立，右脚屈膝起踵。

⑤～⑧拍上肢动作：⑤～⑥拍面向 8 点两臂分开于身体两侧，⑦～⑧拍双臂前举平移经 8 点、1 点至 2 点于胸前；下肢动作：⑤～⑥拍身体面向 8 点左转前俯身，两腿分立半蹲，重心于两脚之间，同时右脚跟提起，⑦～⑧拍分腿开立。

1 2 3 4

5，6 7 哒 哒 8

图 1-173

（16）第 15 个 8 拍动作如图 1-174 所示。

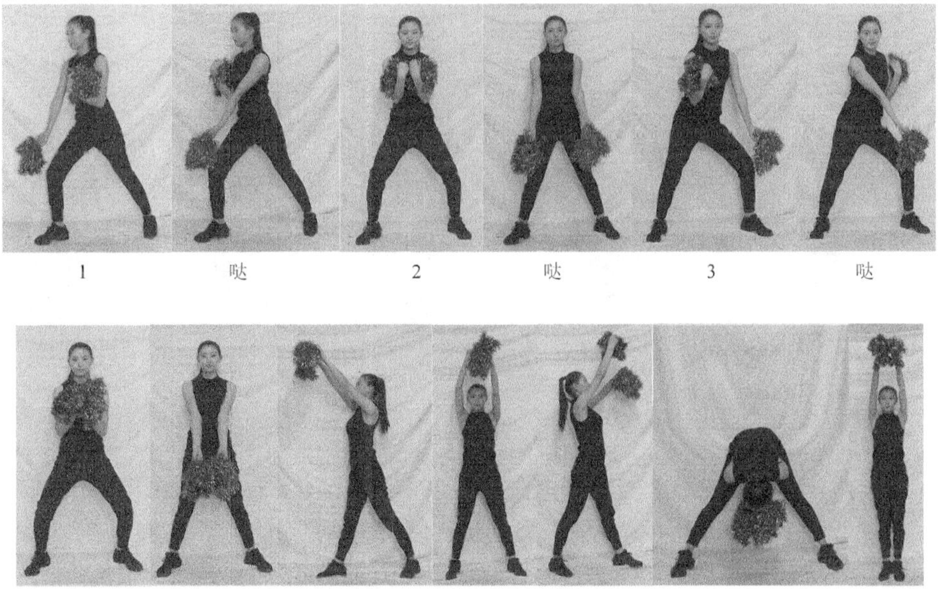

1 哒 2 哒 3 哒

4 哒 5 哒 6 7 8

图 1-174

①～④拍上肢动作：①拍面向 2 点右臂下伸，左臂屈肘于胸前，哒拍左臂下伸，右臂屈肘于胸前，②拍面向 1 点双臂成“加油”手位，哒拍成 H 形手位下伸，③拍面向 8 点，动作同①拍，方向相反，④拍同②拍动作；下肢动作：①拍双腿分立，重心移至右脚，②拍重

心移至两腿之间分腿站立，③拍双腿分立，重心移至左脚，④拍重心移至两腿之间分腿站立。

⑤～⑧拍上肢动作：⑤～⑥拍小臂上举内绕环，经右侧由 2 点向 8 点平移至左侧，眼随手，⑦拍面向 1 点含胸低头双臂屈于胸前，⑧拍双臂成上 A 形手位，眼随手动；下肢动作：⑤～⑥拍分腿站立，⑦拍屈膝前俯身，⑧拍跳成并步。

（17）第 16 个 8 拍动作如图 1-175 所示。

①～④拍上肢动作：①、③、④拍右手屈肘扶于右胯，左手屈肘外摆于体侧，②拍、哒拍动作同①、③拍，方向相反；下肢动作：①～④拍左、右脚依次前走锁步。

⑤～⑧拍上肢动作：⑤～⑦拍成下 M 形手位，⑧拍屈肘于胸前；下肢动作：⑤～⑦拍右、左脚依次上步，⑧拍并步。

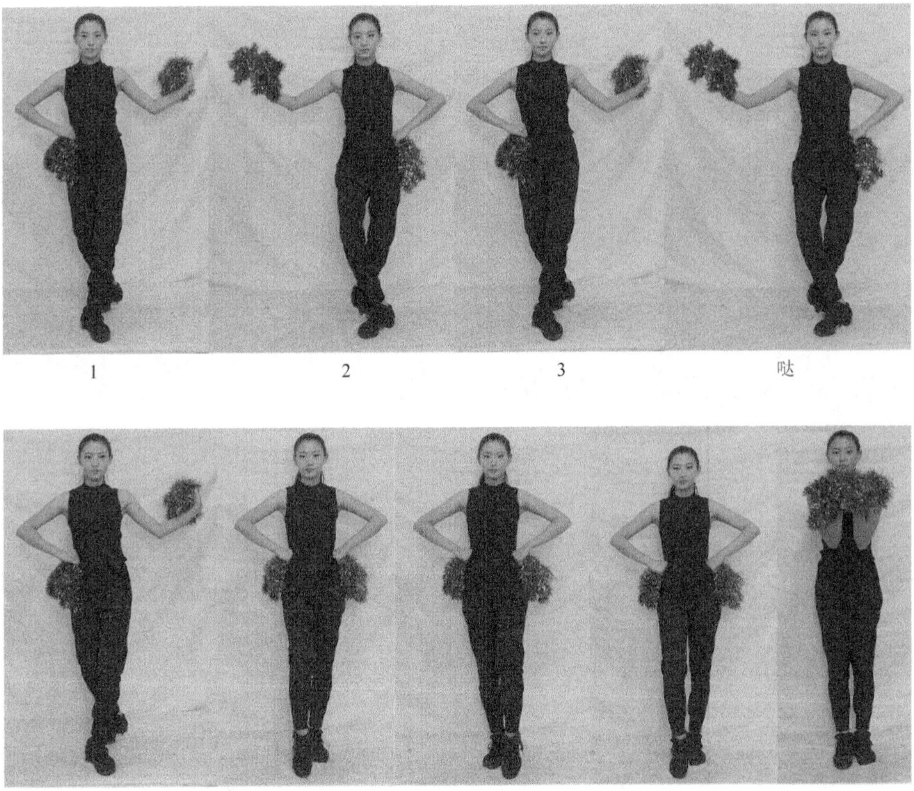

1　　2　　3　　哒

4　　5　　6　　7　　8

图 1-175

（18）第 17 个 8 拍动作如图 1-176 所示。

①～④拍上肢动作：①～②拍侧下举，③～④拍屈肘于胸前（“加油”手位）；下肢动作：①～④拍直立。

⑤～⑧拍上肢动作：同上；下肢动作：同上。

（19）第 18 个 8 拍动作如图 1-177 所示。

①～⑦拍上肢动作：①拍左臂上举，右臂下垂，②～⑦拍左臂带动右臂做风火轮；下肢动作：①～⑦拍屈膝并腿弹动，一拍一动。

⑧上肢动作：成胸前屈臂重叠；下肢动作：⑧拍站立。

1,2 3,4 5,6 7,8

图 1-176

1 2 3 4

5 6 7 8

图 1-177

（20）第 19 个 8 拍动作如图 1-178 所示。

①～⑥拍上肢动作：双臂垂于大腿前方；下肢动作：左、右脚依次踏步向左逆时针转 360°。

⑦～⑧拍上肢动作：面向 1 点成侧平举；下肢动作：双脚并立。

（21）第 20 个 8 拍动作如图 1-179 所示。

①～⑧拍上肢动作：双臂侧平举；下肢动作：①拍左腿前吸跳，②拍并腿跳，③拍左腿前踢跳，④拍并腿跳，⑤拍右腿前踢跳，⑥拍并腿跳，⑦拍左腿前踢跳，⑧拍双脚并立。

1　　2　　3　　4　　5　　6　　7,8

图　1-178

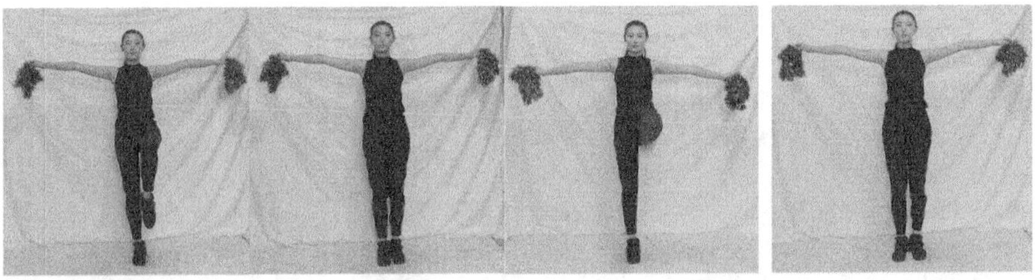

1　　2　　3　　4

5　　6　　7　　8

图　1-179

（22）第 21 个 8 拍动作如图 1-180 所示。

①～④拍上肢动作：①～②拍面向 7 点双手扶髋，头看 1 点，②～③拍体前屈低头向前抛花球（③～④拍两臂前平举）；下肢动作：分腿站立。

⑤～⑧拍上肢动作：⑤～⑥拍一人接花球、另外一人向后递花球，⑦～⑧拍一人上举花球、另外一人俯身捡花球；下肢动作：同上。

1,2　　3,4　　5,6　　7,8

图　1-180

（23）第 22 个 8 拍动作如图 1-181 所示。

①～④拍上肢动作：右臂高冲拳；下肢动作：①、③拍左脚上步，②、④拍右脚上步。

⑤～⑧拍上肢动作：左手叉腰，右手随胯左右依次摆动，一拍一动；下肢动作：⑤拍左脚向左移动成开立，双腿屈膝，右脚点地，⑥～⑧拍脚跟随髋部左、右摆动。

图 1-181

（24）第 23 个 8 拍动作如图 1-182 所示。

①～④拍上肢动作：双臂依次向左斜下、右斜上、左斜上、右斜上推动，身体面向 1 点经 8 点到 2 点，眼随手；下肢动作：左脚迈出十字步。

⑤～⑧拍上肢动作：⑤拍侧平举，哒拍屈肘外绕环，⑥拍侧平举，⑦拍面向 6 点，双臂垂于体侧，⑧拍面向 7 点成 X 形手位；下肢动作：⑤～⑥拍左侧身并步走，⑦拍迈右脚右后转体 180°，⑧拍左脚在前成弓步。

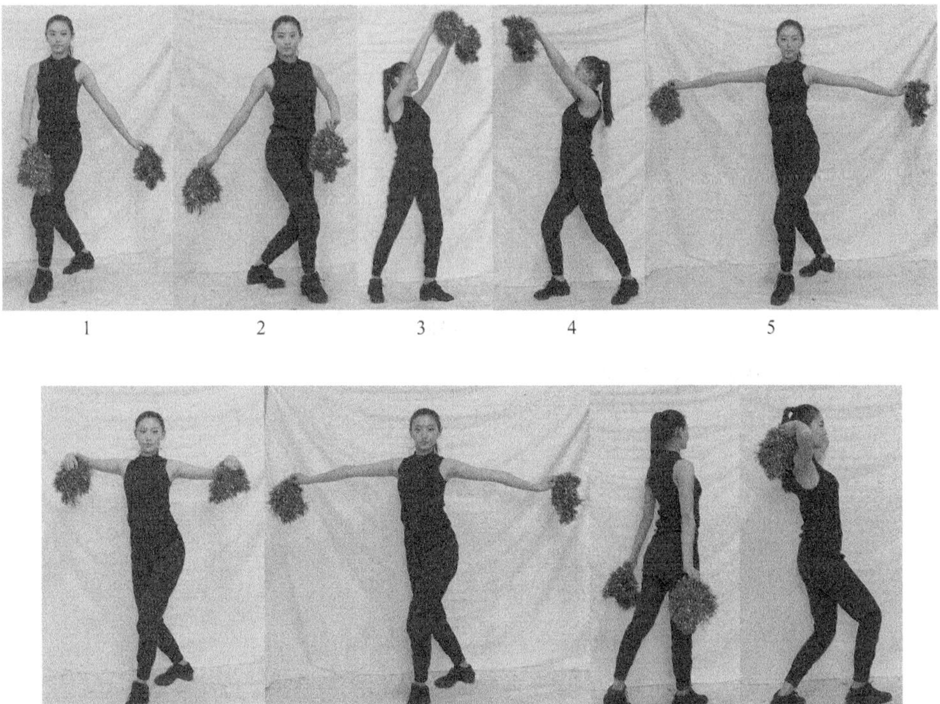

图 1-182

（25）第 24 个 8 拍动作如图 1-183 所示。

①～②拍上肢动作：①拍上举成高 V 形，哒拍屈臂于胸前，②拍双臂下举成倒 V 形；下肢动作：右腿侧并步走。

③～⑧拍上肢动作：③～⑥拍双臂垂直于大腿前方，⑦拍双手握持花球于胸前，⑧拍双臂上举；下肢动作：③～⑥拍向左后方迈步转体 180°，⑦拍并步团身半蹲，⑧拍并步提踵。

1　　哒　　2　　3

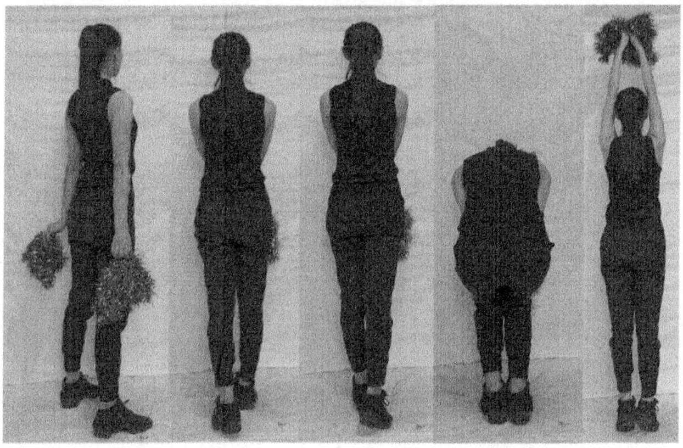

4　　5　　6　　7　　8

图　1-183

（26）结束动作如图 1-184 所示。

上肢动作：身体面向 7 点，右臂于斜前下方，左臂屈肘于头部后方；下肢动作：分腿站立并屈膝，左脚前掌点地屈膝外开。

图　1-184

第四单元 仪容、仪表、仪态的塑造

仪容、仪表、仪态直接反映一个人的道德修养、文化水平、审美情趣和文明程度。注重仪容、仪表、仪态的塑造，不但是个人的需要，同时也是单位、企业管理水平和服务水平的需要，因此，作为组成社会的最基本单位——个体，学习和掌握仪容、仪表、仪态塑造的基本知识和技能是必不可少的。

第一节 仪容、仪表的塑造

【学习目标】

1. 了解塑造仪容、仪表、仪态礼仪的意义，并养成注重仪容、仪表、仪态的意识与习惯，提高自身素质，做到内外兼修。

2. 掌握服装穿着、发型梳理的基本原则和礼仪要求；掌握 2～3 种男士领带的打法；掌握化妆的基本步骤和基本的化妆技巧。

一、教学准备

（1）物品准备。化妆盒、化妆工具、领带、各色不同的服装、毛戈平的《现代美容化妆技法》录像、多媒体设备。

（2）场地准备。能容纳 30 人左右的带镜子的教室。

（3）分组安排。分三组，分别进行化妆、领带打法及服饰搭配实训。

二、学习内容

仪容、仪表指由人的容貌、姿态、服饰打扮、言谈举止、卫生习惯等先天和习惯性因素构成的外在特征。在政务、商务、事务社交场合，一个人的仪表不但可以体现他的文化修养，也可以反映他的审美趣味。仪表即一个人的外表，总体形象，包括服饰、身材、姿态等。仪容是指一个人的容貌，包括五官的搭配和适当的发型衬托。

爱美之心人皆有之。仪容美是社交礼仪对个人仪容的首要要求，先天的自然美是人人都想拥有的，但经过后天的仪容修饰，扬长僻短，实现仪容美的要求已成为人们关注的重点，最终形成内外兼修的整体美，是大家追求的最高境界。

（一）着装

1. 着装应遵循的基本原则——“TPO”原则

“TPO”是英文“time”（时间）、“place”（地点）、“ objective”（目的）三个单词的缩写。“TPO”原则是指人们的穿着打扮要兼顾时间、地点、目的并与之相适应。

（1）T——时间。要求人们着装随着时间的变化而变化。一年之中有四季，一天之中有早晚，着装应各不相同。这对女士尤其重要。男士出席各类活动有一套质地上乘的深色西装或中山装足矣，而女士的着装则要随一天时间的变化而变换。出席白天活动时，女士一般可着职业正装，而出席晚宴则需加一些修饰，如换一双高跟鞋、戴上有光泽的佩饰、围一条漂亮的丝巾等。

（2）P——地点。从地点上讲，置身在室内或室外，驻足于城市或乡村，停留在国内或国外，身处于单位或家中，在不同的地点，着装的款式应当有所不同，切不可以不变而应万变。例如，穿泳装出现在海滨、浴场，是人们司空见惯的；但若是穿着它去上班、逛街，则会令人哗然。在国内，一位少女可以穿小背心、超短裙，但她若是以这身行头出现在着装保守的阿拉伯国家，就显得有些不尊重当地人了。

（3）O——目的。着装的目的可以从两个方面考虑：一是做事的目的，如果去运动就要穿运动装，去进行商务谈判就要穿正装；二是想给人留下什么印象，是严谨可信，还是随意自然，不同的着装可以给人留下不同的印象。

2. 男士西装

西装是一种国际性服装。一套合体的西装，可以使穿者显得风度翩翩。人们常说“西服七分在做，三分在穿”。穿着西装必须配套，如西装所要搭配的领带、衬衫、袜子、鞋子等，都要搭配适宜。

（1）西装的规范穿着要求。男性西装的颜色最好是深蓝色、铁灰色、藏青色，既符合职场的礼节，也足以应付各种场合的需要。款式越经典越好。男性西装要讲究规格，应穿同一面料、同一颜色的西服套装，且要注意剪裁和做工，因为质量决定了穿着者的层次。

男士在穿西装时，务必拆除衣袖上的商标，西装要干净，熨烫平整；西装口袋内应不装或少装东西，同时要注意纽扣的扣法。一般而言，站立时，特别是在大庭广众下起身而立，西装上衣的纽扣应当系上，以示庄重；就座之后，西装上衣的纽扣则要解开，以防西装扭曲走样。系西装上衣纽扣时，单排扣上衣与双排扣上衣又有以下区别。

1）单排两颗扣，扣上不扣下。

2）单排三颗扣，只扣中间那颗或上面两颗。

3）双排扣，则全扣上。

（2）衬衫的规范穿着要求。一般来说，正装衬衫与西装配套，应选择单色无任何图案为宜，白色最佳。衬衫必须挺括整洁无皱折，尤其是领口和袖口。正式场合男士不宜穿色彩鲜艳的格子或花色衬衣。衬衣袖口应长出西服袖口 1～2 厘米。在正式庄重场合穿西装必须打领带，其他场合不一定都要打领带。打领带时衬衫领口扣子必须系好，不打领带时衬衣领口扣子应解开。

（3）领带的规范佩戴要求。领带颜色要注意与西装、衬衫颜色搭配，尤其是领带应该与衬衫颜色协调。衬衫上有条纹或格子，领带上就不要有条纹或格子，或仅有含蓄的条纹与格子。

领带打结要求挺括、端正，外观呈倒三角形，领带的长度以到皮带扣处为宜。一般来说，常见的领带打法有以下几种。

1）平结（四手结）。如图 1-185 所示，平结又称为四手结，是男士选用最多的领结之一，在所有领结中是最简单易学的，它适用于各种款式的浪漫系列衬衫及各种材质的领带。

平结打法要诀：领结下方所形成的凹洞要两边均匀且对称。

2）交叉结。如图 1-186 所示，这是对于单色素雅质料且较薄领带适合选用的领结。对于喜欢展现流行感的男士不妨多加使用交叉结。

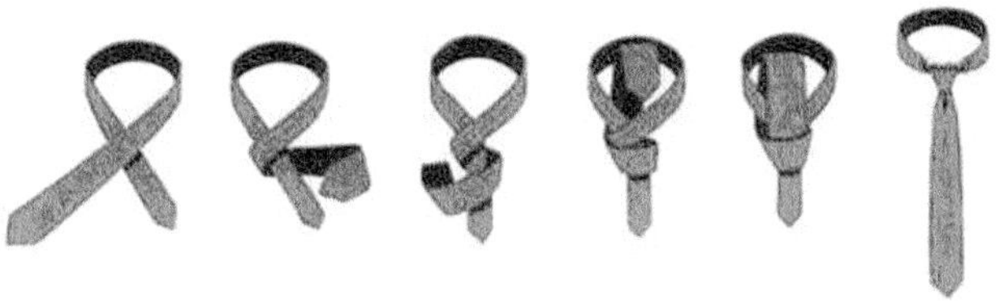

图 1-185　平结

图 1-186　交叉结

3）双环结。如图 1-187 所示，适合用于浪漫扣领及尖领系列衬衫，搭配浪漫质料柔软的细款领带。一条质地细致的领带再搭配上双环结能够营造出时尚感，适合年轻的上班族选用。双环结打结要求：在宽边先预留较长的空间，并在绕第二圈时尽量贴合在一起，双环结完成的特色就是第一圈会稍露出于第二圈之外，注意不要刻意将其盖住。

图 1-187　双环结

4）温莎结。如图 1-188 所示，适合用于宽领型的衬衫，该领结应多往横向发展。该种领结应避免使用材质过厚的领带，领结也勿打得过大。

图 1-188　温莎结

5）双交叉结。如图 1-189 所示，双交叉结十分优雅，其打法也比较复杂，使用细款丝质领带较容易上手。此款结型很容易给人留下高雅且隆重的感觉，最适合搭配浪漫的尖领及标准式领口系列衬衫，适合正式活动场合选用。

6）浪漫结。如图 1-190 所示，浪漫结是一种完美的结型，适合用于各种浪漫系列的领口及衬衫。完成后将领结下方宽边压以褶皱可缩小其结型，窄边亦可将它往左右移动使其小部分出现于宽边领带旁。

图 1-189　双交叉结

图 1-190　浪漫结

7）简式结。如图 1-191 所示，适用于质料较厚的领带，最适合打在标准式及扣式领口的衬衫。将其宽边以 180° 由上往下翻转，并将折叠处隐藏于后方，待完成后可再调整其领带长度，是最常见的一种结型。

图 1-191　简式结

（4）鞋袜的规范穿着要求。与西装相配只能是皮鞋，并且以黑色的牛皮鞋最好。袜子应选纯棉或棉毛混纺的深色袜子为宜，不要穿白袜。

（5）男子穿着西装“三个三”原则。

1）三色原则。正式场合，着西装套装全身上下不超过三种颜色。

2）三一定律。着西装正装，腰带、皮鞋、公文包应保持同一颜色——黑色。

3）三大禁忌。西装左袖的商标没有拆；穿白色袜子、尼龙袜子出现在正式场合；领带的打法出现错误。

3. 女士套裙

（1）套裙的规范穿着要求。职业女性在选择套裙时最好选择比较保守、经典的款式，而重要的是面料要好、做工精细、剪裁合体。同时，套裙适当地搭配一些饰物，如丝巾、胸针、领花等也可以收到很好的效果。

职业女性着套裙时应注意套裙大小适度，穿着到位，并要注意场合，可根据年龄、形体、性格、肤色等加以选择。年轻一些的职业女性配职业装的时候尽可能线条简单、简洁些，不要有过多的装饰；成熟一些的女性则可以选华丽的颜色；身材胖一些的女性穿上、下颜色一致的套装最典雅，上身较胖的不要穿浅色的或横条纹的上装，上身清瘦的可以选择硬面料，或用开领、翻领、垫肩使自己显得丰满。

（2）鞋袜的规范穿着要求。穿套裙一般搭配黑色的皮鞋或与套裙颜色相近的皮鞋为宜，装饰不宜过多。袜子以单色的肉色最佳，高筒袜和连裤袜为标准搭配。穿着鞋袜应当注意大小适宜、完好无损，不可当众脱下，袜口不可暴露在外，丝袜要无皱、无脱丝。

4. 职业着装六禁忌

职业着装六禁忌：过分杂乱、过分鲜艳、过分暴露、过分透视、过分怪异、过分紧身。

（1）忌过分杂乱。生活中，有一些人虽然穿了一身很高档的套装或套裙，看上去的确是正式的职业装，可是给人的感觉却非常别扭。主要原因就在于他（她）的穿着过分杂乱，不够协调。比如，男士穿西装配布鞋、运动鞋，也有个别女士穿很高档的套裙，却光脚穿露脚趾的凉鞋，这些都不合职业场合着装规范。

（2）忌过分鲜艳。制服也好，套装也好，需要遵守三色原则，就是全身颜色不多于三种，不能过分鲜艳。重要场合套装或制服尽量没有图案，或者是规范的几何图案，比如领带应选择条纹的、格子的、带点的，但是不能过分花哨。

（3）忌过分暴露。无论男士或女士，在职业场合着装都要注意不能过分暴露——不暴露胸部、肩部、腰部、背部、脚趾、脚跟。

（4）忌过分透视。重要场合注意，内衣不能让人透过外衣看到颜色、款式、长短、图案。

（5）忌过分怪异。商务人员不能过分追求新奇古怪、招摇过市。

（6）忌过分紧身。衣服过于紧身，甚至显现出内衣、内裤的轮廓既不雅观也不庄重。

（二）发型

发型，即头发的整体造型。美丽的头发是展示良好交际形象的前提。修饰仪容应从头做起，一头柔顺、乌黑、闪亮的头发能给人增添不少美色，再加上美观大方，高雅干练的发型，会使人显得更潇洒动人。发型不但反映个人修养和品位，还关乎年龄、身材和服装，因此在选择发型时要掌握一定规范要求。

1. 男士头发的规范要求

男士的头发要清洁，长度要适宜，前不及眉，旁不遮耳，后不及衣领；不能留长发、大鬓角；不留络腮胡子或小胡子。

2. 女士头发的规范要求

工作场合女士头发不可挡盖眼睛，不留怪异的新潮发型；头发过肩的，工作时要扎起，宜拢在脑后，或束或挽或盘，以深色的发夹网罩为好。

3. 发型的选择及护理

发型的选择要符合自己的职业，符合自己的内在气质和风度，符合自己的年龄、身材和脸型，显示和谐之美。同时，要慎重染色。

4. 头发的护理

头发应经常梳洗，保持头发无异味、无异物。

（三）化妆

俗话说“三分人才，七分打扮”。美容化妆，就是通过丰富的化妆品和工具，采用合乎规则的步骤和技巧，对脸部、五官及其他部位进行描画、渲染和整理，以强调和突出个人所具有的自然美，遮盖和弥补面部存在的缺陷和不足，达到美容的目的。

化妆种类很多，如宴会妆、舞会妆、演出妆、工作妆、休闲妆等。不同的目的、要求，可以选择不同的装扮。

1. 工作妆的基本要求

工作时，适当的化妆，是一种礼貌行为和自信的表现，展示尊敬人的良好的个人素质；是出席正式场合的礼仪要求，如正式社交、公关活动场合；展现组织管理水平，是组织管理完善的表现。工作妆可以使人更年轻、有朝气、更自信。工作淡妆的基本原则为自然、美化、协调、避人。

2. 男士的化妆

男士妆容以整洁和反映男子自然具有的肤色、五官轮廓和气质为佳。

特别注意男士面部、手部的清洁护理。男士应注意清洁面部，勤刮胡须，勤剪鼻毛；勤洗手、勤修剪指甲，保持指甲清洁卫生；清洁脸部，清洗后用护肤品护理。

3. 女士职业淡妆的化妆技巧及步骤

（1）洁面。用洗面奶清洗面部，擦干后用少量的护肤乳液滋润皮肤。

（2）打粉底。将粉底霜放在手背上，用海绵蘸霜打匀，在脸上从里向外薄薄地涂一层，同时在脖子上搽一点，使其与面部协调，然后从上往下轻扑一层干粉，显得透明自然。

（3）描眼睛。由眼角开始轻轻地涂上深色的眼影，较大范围地涂在上眼睑上，重点放在眼尾，在下眼睑的外 1/3 也要扫上眼影。然后用黑色眼线笔勾画出上下眼线。

（4）画眉毛。眉应画得轻松自然，画眉最好选用眉刷，蘸上眉粉，一点一点刷上去。眉粉的重点应放在眉长的 1/3 处。眉的长短和形状要根据脸型而定。

（5）抹腮红。用刷子轻蘸腮红，一点一点地涂。涂的范围高不过眉，低不过嘴角，且不过眼长的 1/2 处。肤色不好者宜用。

（6）涂口红。先用唇笔勾出唇线、唇形。要在唇边涂深些，唇内涂浅些；唇红要与自己的肤色、服装相配，不宜太深。

总之，高明的化妆，既要显出漂亮的仪表，又要几乎不露人工痕迹，美丽淡雅。

（四）仪容与良好的卫生习惯

1. 注意公共场合的良好卫生习惯

（1）不当众梳洗。特别注意在别人面前不要梳理头发、修指甲和化妆、清理耳朵、眼睛、鼻子、牙齿。最好带面巾纸擦汗，擦眼、鼻，且不乱丢，整理好、放好。

（2）避免从身体发出异响、异味。打喷嚏、咳嗽，应转头避人，用手绢捂口鼻，并在面对时，回头先向人轻声说对不起。打嗝，应小声说请原谅。打呵欠，无论用什么方式，都是失礼。出声，动作夸张，更失礼。

（3）不用手抓挠身体的任何部位。最好不摸手、抠弄手指、碰双膝、敲打桌椅、抠鼻、抠耳、剔牙等。

（4）禁止吸烟。公共场合，应自觉禁烟。若地方允许，应注意标识，且考虑是否会影响他人。不乱吹烟，烟灰要弹入灰缸内，注意防火。

（5）不当众整理自己衣物。忌穿脱随意、拉领带、松腰带、拉裤腿、松鞋放风等。

2. 定期检查仪容

保持良好的仪容还应经常检查牙缝里是否嵌有异物；妆容是否走样；口气是否清新；香水、剃须水是否适量；肩上有无头皮屑；拉链是否拉好；衬裙、袜口是否露出；丝袜是否挑线；衣服是否弄脏等。

3. 注意指甲的修饰

指甲应定期修剪，不宜太长，保持干净。女性应格外注意，精心修饰的指甲或指甲过长，可能会分散他人的注意力，降低职业可信度。

总之，塑造良好的职业形象，展示仪表风度之美，离不开仪容美。

三、实训方法与步骤

（1）讲解着装的基础知识及要点。

（2）教师采用分步讲解、示范的方法打领带，学生跟随反复练习。同时对比学生打领带的三种以上不同方法，及时点评。

（3）让学生根据自身特点设计服装搭配，如根据肤色、高矮、胖瘦、个人气质搭配等。

（4）示范或播放相关录像，让学生整体感知穿着技巧和化妆步骤，并形成印象。如组织观看专业化妆师毛戈平的《现代美容化妆技法》录像，学习日妆及晚妆的化妆技法。

（5）备齐化妆品的种类，对学生进行实际操作示范，并指导学生进行自我化职业淡妆的练习。鼓励学生大胆化妆，并让学生相互化妆以熟悉化妆步骤并对比指导。

（6）组织开展服饰表演活动，培养学生的审美情趣。

四、考核与评价办法

仪容、仪表的塑造考核项目与评价内容详见表 1-8。

表 1-8 仪容仪表礼仪考核评价表

考核项目	评价内容	分值/分	自我评价/分	小组评议/分	实际得分/分
服饰	西装的规范着装展示（男士）	15			
	套裙的规范着装（女士）				
	领带的基本系法（任选 3 种）	15			
	根据自身特点设计个性着装	20			
化妆	化妆的基本步骤和方法	25			
	根据服饰设计合适的化妆	25			

注：1. 实际得分=自我评价×40%+小组评议×60%。
2. 考评满分为 100 分，分为四个级别：60 分以下为不合格；60～74 分为合格；75～84 分为良好；85 分以上为优秀（含 85 分）。

五、思考与练习

1. 什么是 TPO 原则？
2. 什么是“三色原则”？

3. 案例分析

（1）一外商考察团来某企业考察投资事宜，企业领导高度重视，亲自挑选了公司几位漂亮女职员来做接待工作，并特别指示她们身着紧身上衣，黑色的皮裙，领导说这样才显得对外商的重视。

但考察团来见了面，还没有座谈，外商就找借口匆匆走了，企业领导摸不着头脑。后来通过翻译才知道，他们说通过接待人员的着装，认为这是个工作以及管理制度极不严谨的企业，完全没有合作的必要。

为什么外商认为这个企业的工作和管理不严谨？

（2）小黄去一企业进行最后一轮总经理助理的面试。为确保万无一失，这次她做了精心的打扮。一身前卫的衣服、时尚的手环、造型独特的戒指、亮闪闪的项链、新潮的耳坠，简直是无与伦比、鹤立鸡群。况且她的对手是一个学历一般、相貌平平的女孩，所以小黄觉得胜券在握。但结果却出乎意料，这家企业录用了她的对手。主考官抱歉地说："你确实很漂亮，你的服装配饰确实使我赏心悦目，可我觉得你并不适合助理这份工作。实在很抱歉。"

为什么小黄会失败？

（3）某公司要招聘一位市场部经理，一位名校硕士的简历深深吸引了老总。他有相关理论著作，而且在两家单位任过职，有一定经验。于是通知他三天后来公司面试，面试是他亲自主持。面试时，这位应聘者始终锁着双眉，没有微笑，显示出很沉闷的样子。虽然他所有问题的回答都让老总满意，但还是没有通过这次面试。

试分析公司老总没有录取该名硕士的原因。

（4）一家大型国有企业的总经理获悉有一家著名的德国企业的董事长正在本市进行访问，并有寻求合作伙伴的意向。于是他想尽办法，请有关部门为双方牵线搭桥。

让总经理欣喜若狂的是，对方也有兴趣同他的企业进行合作，而且希望尽快与他见面。到了双方会面的那一天，总经理对自己的形象刻意地进行一番修饰。他根据自己对时尚的理解，上穿夹克衫，下穿牛仔裤，头戴棒球帽，足蹬旅游鞋。无疑，他希望自己能给对方留下精明强干、时尚新潮的印象。

然而事与愿违，总经理自我感觉良好的这一身时髦的"行头"，却偏偏坏了他的大事。

总经理的错误在哪里？他的德国同行对此有何评价？

第二节　仪态塑造

【学习目标】

1. 熟练掌握各种站姿、坐姿、走姿、蹲姿及手势的礼仪规范及正确的微笑和眼神礼仪，并能灵活运用，体会运用微笑和眼神进行交流的好处。

2. 要求学生根据正确姿态的基本要领进行训练，在平时也能尽量做到姿势正确，改正不良的行为习惯，塑造体态美。

一、教学准备

（1）物品准备。计算机、投影仪、教学课件、影像视频。

（2）场地准备。设置训练镜和多媒体设备的形体训练室。

（3）分组安排。分三组，分别进行站姿、走姿、坐姿、蹲姿、手势及表情的实训。

二、学习内容

仪态即姿态，包括站立、行走、坐姿、蹲姿、手势等方面，姿态是人体的一种无声语言，不同的姿态显示着人们不同的精神状态和礼仪教养。旅游服务人员必须十分注意自己的站姿、走姿、坐姿等，以体现良好的素质和教养。

（一）站姿

站姿是生活中以静为造型的动作，站立不仅要挺拔，还要优美典雅，良好站姿是优美举止的基础。

1. 站姿要领

站姿的基本要求是站得端正、自然、亲切、稳重。站姿的具体要领：上身正直、头正目平、面带微笑、微收下颚、平肩挺胸、直腰收腹、两臂自然下垂、两腿相靠直立、肌肉略有收缩感。

2. 站姿的种类

俗话说“站有站相，坐有坐相”。这是对人的姿态的最基本的要求。就实际而言，由于男女性别的差异，对其基本站姿又有不同的要求。男士要求稳健，女士要求优美。

（1）男士的基本站姿。男士的站姿，根据不同的场合有标准式、前腹式和后背式三种。

1）标准式（见图 1-192）。身体立直，抬头挺胸，下颌微收，双目平视，嘴角微闭，面容平和自然，双手放在腿部两侧，手指稍弯曲。双膝并拢，两腿直立，脚跟靠紧，脚掌分开呈“V”形，适用于隆重集会的场合，如升旗、庆典、剪彩等仪式。

2）前腹式（见图 1-193）。身体立直，抬头挺胸，下颌微收，双目平视，嘴角微闭，面容平和自然，脚位平行，两脚之间距离不超过肩宽，两手手指自然并拢，双手轻贴在腹部，不要挺腹或后仰。

3）后背式（见图 1-194）。身体立直，抬头挺胸，下颌微收，双目平视，嘴角微闭，面容平和自然，脚位平行，两脚之间距离不超过肩宽，两手手指自然并拢，右手搭在左手上叠放在背后。

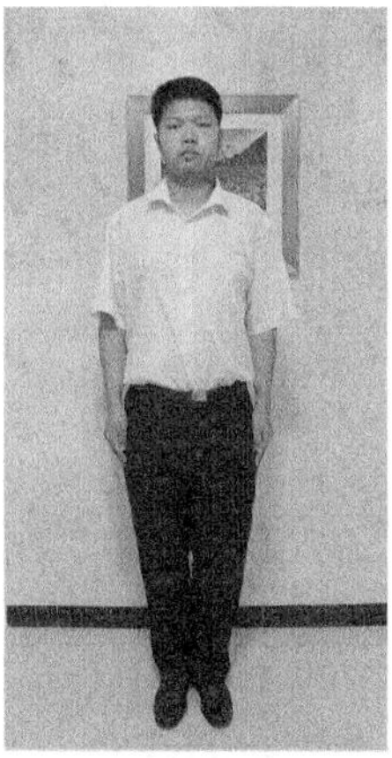

图 1-192　标准式

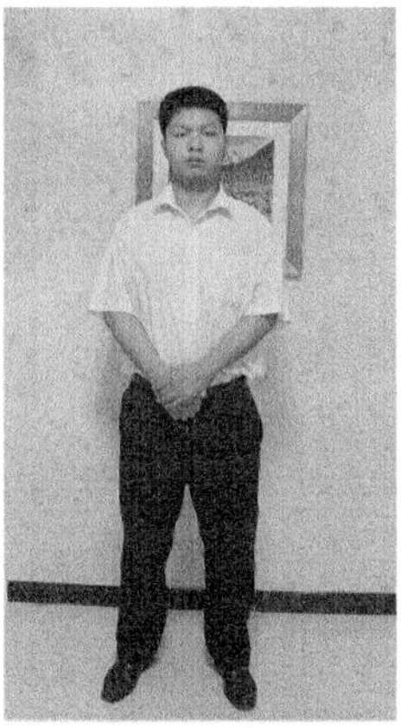

图 1-193　前腹式

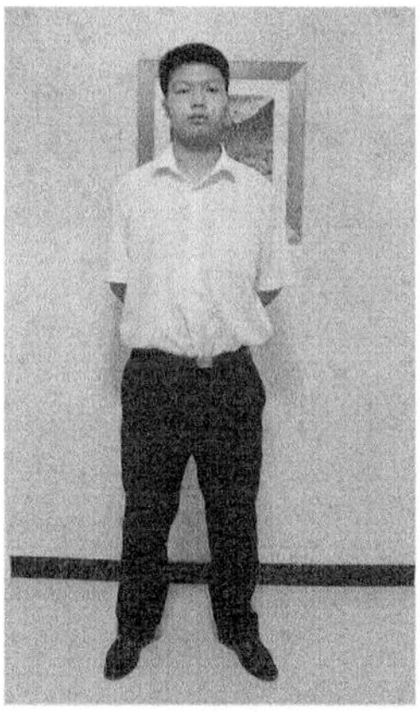

图 1-194　后背式

（2）女士的基本站姿。

女士的站姿一般分为一位站姿、二位站姿、三位站姿和四位站姿四种。

1）一位站姿（标准式）（见图 1-195）。身体立直，抬头挺胸，下颌微收，双目平视，嘴角微闭，面带微笑，双手放在腿部两侧，手指稍弯曲；双膝并拢，两腿直立，脚跟靠紧，脚掌分开呈“V”形，适用于隆重集会的场合，如升旗庆典、剪彩等仪式。

2）二位站姿（见图 1-196）。身体立直，抬头挺胸，下颌微收，双目平视，嘴角微闭，面带微笑，两手自然并拢，大拇指交叉，右手放在左手上，轻贴在腹前，双膝并拢，两腿直立，脚跟靠紧，脚掌分开呈“V”形。

3）三位站姿（见图 1-197）。身体立直，抬头挺胸，下颌微收，双目平视，嘴角微闭，面带微笑，两手自然并拢，大拇指交叉，右手放在左手上，轻贴在腹前，左脚向前，脚跟靠于右脚内侧中间位置，成左丁字步。

图 1-195　一位站姿（标准式）

图 1-196　二位站姿

图 1-197　三位站姿

4）四位站姿（见图 1-198）。身体立直，抬头挺胸，下颌微收，双目平视，嘴角微闭，面带微笑，左脚向前，脚跟靠于右脚内侧中间位置，成左丁字步，右手背后，左手下垂。

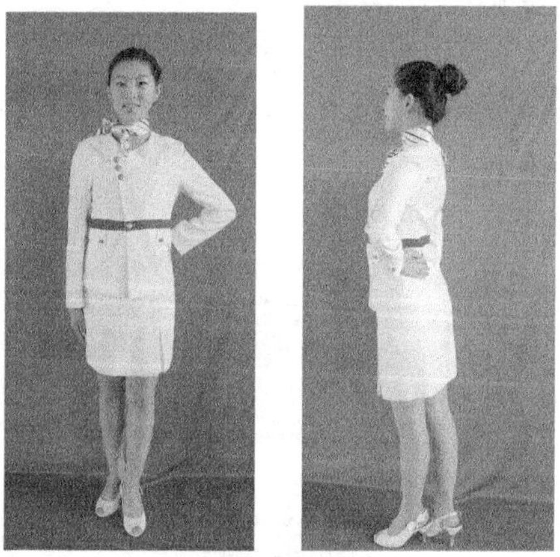

图 1-198　四位站姿

3. 站立注意事项

站姿是一切仪态之首。站姿不正确会严重影响到个人的形象，因此站立时要注意以下事项。

1）站立时，切忌东倒西歪，无精打采，懒散地倚靠在墙上、桌子上。

2）不要低头、歪脖子、含胸、端肩或驼背。

3）不要将身体的重心明显地移到一侧，只用一条腿支撑着身体。

4）身体不要下意识地做小动作。

5）在正式场合，不要将手叉在裤袋里面，切忌双手交叉抱在胸前，或是双手叉腰。

6）男子双脚左右开立时，注意两脚之间的距离不可过大，不要挺腹翘臀。

7）不要两腿交叉站立。

（二）坐姿

正确的坐姿要求“坐如钟”，即坐相要像钟那样端正，坐姿要求要坐得端正、稳重、自然、亲切，给人一种舒适感。

1. 坐姿的基本要领

坐下后，腰背挺直，稍向前倾，双肩放松；小腿与地面垂直，双脚自然着地；臀部坐于椅子的 2/3 处，背部不要靠在椅背上。如果不是坐在桌前办公，男性膝部可分开，不超过肩宽，双手自然弯曲，置于大腿中前部，或双手相握置于下腹部，体现出男子汉的自信、豁达；女性膝盖以上并拢，表现出庄重与矜持，右手搭在左手上，置于大腿中部。女性穿裙装入座，应用手将裙后摆稍稍拢一下，再慢慢坐下。如果坐在桌前办公，上身挺直前倾，前臂自然伏于桌上。

根据坐姿的要求，又将坐姿分为入座、落座、端坐和离座四个环节。

（1）入座。左进左出，动作轻盈舒缓，从容自如。动作过程：左脚向左侧迈一步使身体移出椅子的纵切面（见图 1-199b）；右脚经与左脚相遇后向左脚前迈一步（见图 1-199c）；左脚继续向前迈步（见图 1-199d）；右脚向右横迈一步到椅子前（见图 1-199e）；左脚并右脚（见图 1-199f）。

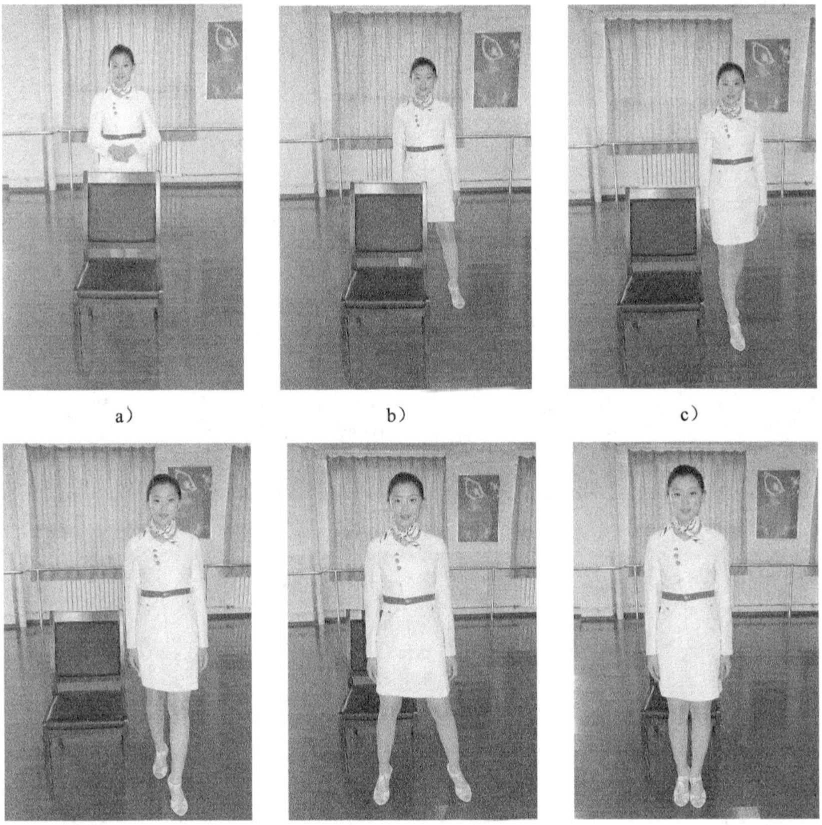

a） b） c）

d） e） f）

图 1-199 入座

（2）落座。保持上身平直，不耸肩膀、含胸驼背、前俯后仰。动作过程：右脚后撤半步，脚尖点地，上体稍向右后转看（椅子的位置），同时双手拢裙（见图 1-200a）；坐到椅子的 2/3 处，同时双手虎口相握放于大腿上（见图 1-200b）；右脚并左脚成标准坐姿（见图 1-200c）。

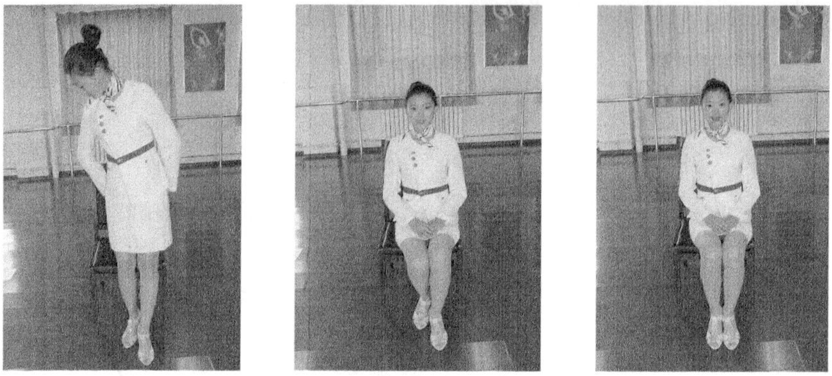

a)　　b)　　c)

图 1-200　落座

（3）端坐。无其他多余动作。

（4）离座。右脚后退一步，起身轻稳。动作过程同入座，但顺序及方向相反。

2. 坐姿的种类

根据性别、使用场合及座位的不同，男女坐姿是有区别的。

（1）女士坐姿。女士坐姿分为标准式、侧点式、前交叉式、后点式、曲直式、侧挂式和重叠式 7 种（见图 1-201）。

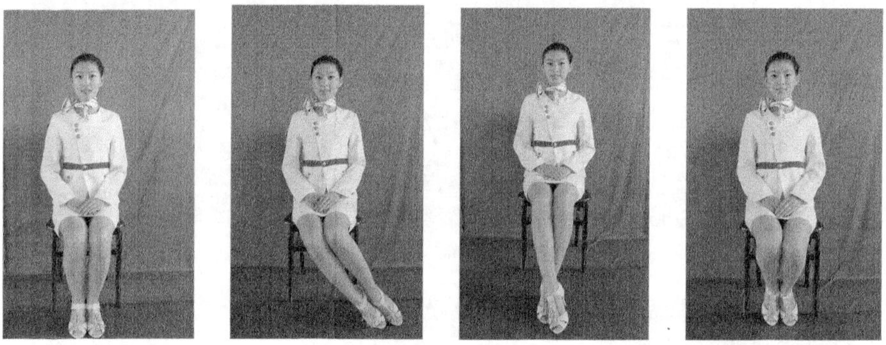

a)　　b)　　c)　　d)

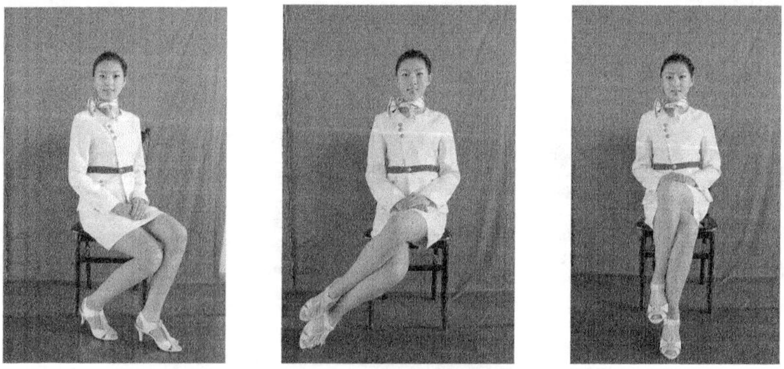

e)　　f)　　g)

图 1-201　女士的 7 种坐姿

a）标准式　b）侧点式　c）前交叉式　d）后点式　e）曲直式　f）侧挂式　g）重叠式

（2）男士坐姿。男士坐姿分为标准式、前伸式、前交叉式、交叉后点式、曲直式和重叠式6种（见图1-202）。

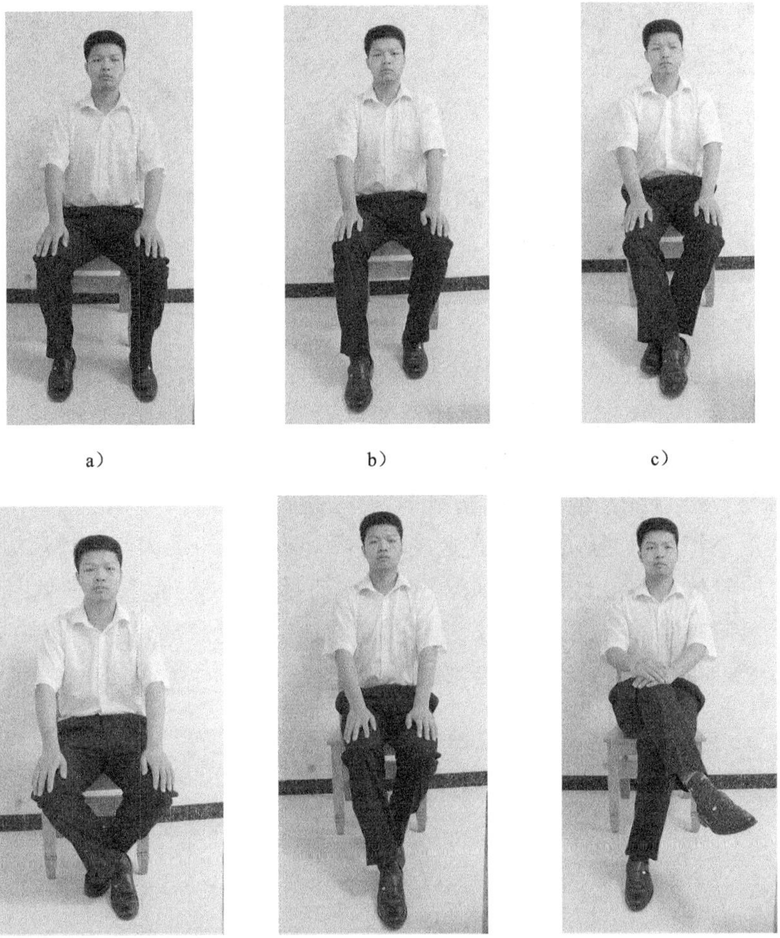

a） b） c）

d） e） f）

图1-202 男士6种坐姿

a）标准式 b）前伸式 c）前交叉式 d）交叉后点式 e）曲直式 f）重叠式

3. 坐姿注意事项

坐姿要注意以下几个事项：

（1）不要猛坐猛起；坐下后不可随意挪动椅子；坐时不可前倾后仰，或歪歪扭扭。

（2）双腿不可过于叉开，或长长地伸出；也不可将大腿并拢，小腿分开；或双手放于臀部下面。

（3）不要高架“二郎腿”或“4”字形腿，或不停抖动腿、脚。

（4）与人谈话时不要用手支着下巴。

（5）坐沙发时不应太靠里面，不能呈后仰状态；不要把脚架在椅子、沙发扶手或茶几上。

（6）双手不要放在两腿中间或双手撑椅。

（7）脚尖不要指向他人，不要脚跟落地、脚尖离地。

（三）走姿要领

走姿是人体所呈现出的一种动态，是站姿的延续。走姿是展现人的动态美的重要形式。走姿是最能体现一个人精神面貌的姿态。良好的步态应该自如、轻盈、矫健、敏捷。

1. 正确的走姿要求

行走时要求头正、肩平、躯挺、步位直、步幅适度、步速平稳，如图 1-203 所示。具体要求如下：

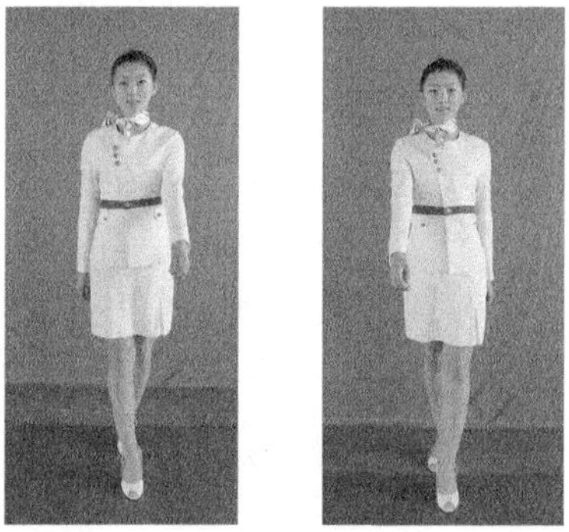

图 1-203　走姿

（1）行走时，上身基本保持站立的标准姿势，挺胸收腹，腰背笔直；两臂以身体为中心，前后自然摆动，前摆约 35°，后摆约 15°，手掌朝向体内；起步时身子稍向前倾，重心落前脚掌，膝盖伸直；脚尖向正前方伸出，行走时双脚踩在一条线缘上。

（2）走路的步伐要坚定有力。男性走路要显示出阳刚之美；女性则要款款轻盈，显出阴柔之美。女性穿裙子或旗袍时要走一条直线，使裙子或旗袍下摆与脚的动作显示出优美的韵律感。穿裤装时，宜走成两直线，步幅稍微加大，显得活泼潇洒。

（3）上楼时身体自然向上挺直，头平正，整个身体的重心一起移动（见图 1-204）；下楼时，最好走到楼梯前略停一停，片刻扫视楼梯后，运用感觉来掌握行走的快慢高低，沿梯而下（见图 1-205）。

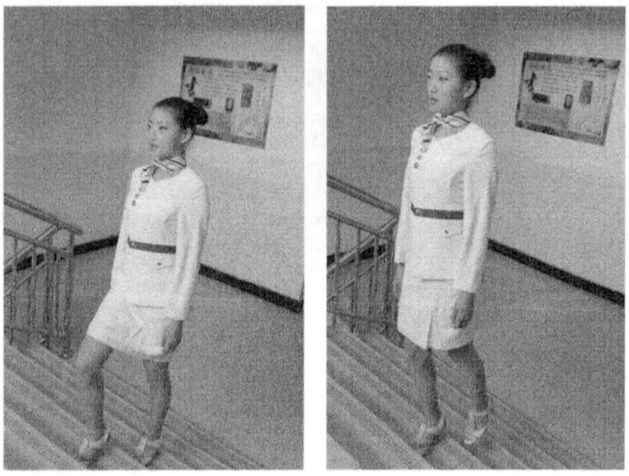

图 1-204　上楼梯

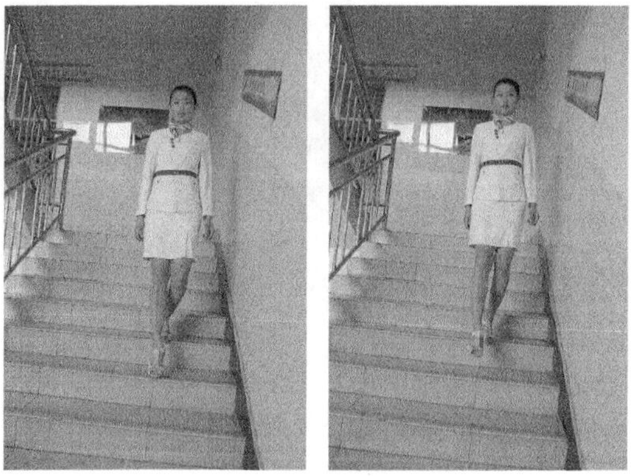

图 1-205　下楼梯

2. 变向时的行走规范

（1）后退步（见图 1-206）。向他人告辞时，应先向后退两三步，再转身离去。退步时，脚要轻擦地面，不可高抬小腿，后退的步幅要小。转体时要先转身体，头稍候再转。

（2）侧身步（见图 1-207）。当走在前面引导来宾时，应尽量走在宾客的左前方。髋部朝向前行的方向，上身稍向右转体，左肩稍前，右肩稍后，侧身向着来宾，与来宾保持两三步的距离。当走在较窄的路面或楼道中与人相遇时，也要采用侧身步，两肩一前一后，并将胸部转向他人，不可将后背转向他人。

图 1-206　后退步走姿

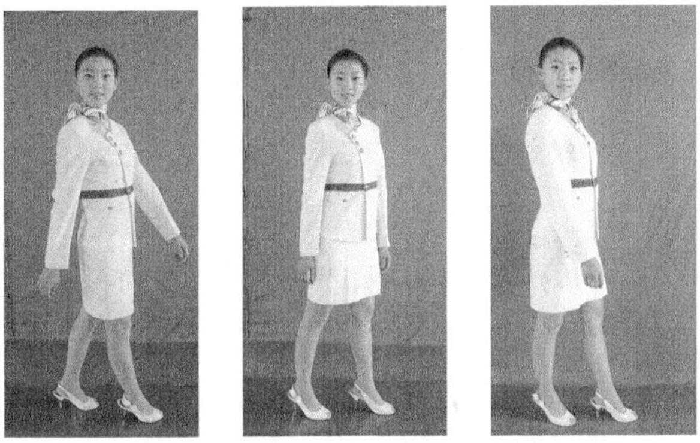

图 1-207　侧身步走姿

3. 不同场合的走姿步伐

不同的场合走姿步伐各不相同。

（1）参加喜庆活动，步态应轻盈、欢快、有跳跃感，以反映喜悦的心情。

（2）参观丧葬活动，步态要缓慢、沉重、有忧伤感，以反映悲哀的情绪。

（3）参观展览、探望病人，环境静谧，不宜发出声响，脚步应轻柔。

（4）进入办公场所，登门拜访，在室内这种特殊场所，脚步应轻而稳。

（5）走入会场、走向话筒、迎向宾客，步伐要稳健、大方、充满热情。

（6）举行婚礼、迎接外宾等重大正式场合，脚步要稳健，节奏稍缓。

（7）办事联络，往来于各部门之间，步伐要快捷又稳重，以体现办事者的效率。

（8）陪同来宾参观，要照顾来宾行走速度，并善于引路。

4. 走姿注意事项

优雅的走姿除了要掌握正确的动作要领之外，还应注意以下事项。

（1）不要方向不定，忽左忽右。

（2）不要摇头、晃肩、扭臀，体位失当。

（3）不要走“外八字”步和“内八字”步。

（4）不要左顾右盼，重心后坐或前移。

（5）多人走路时，不要勾肩搭背、奔跑蹦跳，或大声喊叫等。

（6）不要双手反背于背后或插入裤袋。

（7）忌奔跑，即使有急事也只能快步行走。

（8）在狭窄的通道上，遇尊者、长者、女士，应主动站立一旁，用手示意，让其先走。

（9）上下楼梯时，不能弯腰弓背，手撑大腿，或一步踏两三级楼梯，遇尊者、长者，应主动将扶手一边让给他们。

（四）蹲姿

下蹲的姿势，简称为蹲姿，它是人在处于静止状态下的一种特殊体位。常用的蹲姿有交叉式蹲姿和高低式蹲姿两种。

1. 交叉式蹲姿

如图 1-208 所示，下蹲时，右脚在前，左脚在后；右小腿垂直于地面，全脚着地；左腿在后与右腿交叉重叠，左膝由后面伸向右侧，左脚跟抬起，脚掌着地；两腿前后靠紧，合力支撑身体；臀部向下，上身稍前倾。交叉式蹲姿适用于女士，尤其是身穿短裙的女性在公共场合采用。

2. 高低式蹲姿

如图 1-209 所示，下蹲时，左脚在前，右脚稍后，不重叠；两腿靠紧向下蹲，左脚全脚掌着地，小腿基本垂直于地面，右脚跟抬起，脚掌着地；右膝低于左膝，右膝内侧靠于左小腿内侧，形成左膝高右膝低的姿态，臀部向下。高低式蹲姿适用于多数场合。

图 1-208　交叉式蹲姿

图 1-209　高低式蹲姿

3. 蹲姿注意要点

通常情况下，蹲下时应注意如下事项：

（1）蹲姿要迅速、美观、大方，下蹲拾物时，应自然、得体、不遮遮掩掩（见图 1-210a）。若用右手捡东西，可以先走到东西的左边，右脚向后退半步后再蹲下来。脊背保持挺直，臀部一定要蹲下来，避免弯腰翘臀的姿势。

（2）下蹲时，两腿合力支撑身体，避免滑倒。

（3）下蹲时，应使头、胸、膝关节在一个角度上，使蹲姿优美。

（4）女士无论采用哪种蹲姿，都要将腿靠紧，臀部向下，穿旗袍或短裙时需更加留意，以免尴尬。男士两腿间可留有适当的缝隙。

（5）下蹲时注意内衣“不可以露，不可以透”。若所穿衣服领口较大，下蹲时用一只手压住领口（见图 1-210b）。

a）

b）

图 1-210 蹲姿拾物

（五）表情姿态

面部表情是丰富且复杂的一个重要的体态语，它包括脸色的变化、肌肉的收展以及眉、鼻、嘴等的动作，在这里主要介绍眼神和微笑。

1. 眼神

眼神主要由注视的时间、视线的位置和瞳孔的变化三个方面组成。

（1）注视的时间。人们在交谈时，视线接触对方脸部的时间约占全部谈话时间的 30%～60%，超过这一平均值，可认为对谈话者本人比谈话内容更感兴趣；低于平均值，则表示对谈话内容和谈话者本人都不怎么感兴趣。

（2）视线的位置。人们在社会交往中，不同的场合和对象，目光所及之处也是有差别的。

1）亲密型。凝视的位置在对方双眼到胸之间。

2）社交型。目光停留在以两眼为上线、唇部为下顶点所形成的倒三角形区域。

3）公务型。以两眼为底线、额中为顶角形成的一个三角区。

（3）瞳孔的变化。瞳孔的变化即视觉接触时瞳孔的放大或缩小。兴奋时，人的瞳孔会扩张到平常的 4 倍大；相反，生气或悲哀时，消极的心情会使瞳孔收缩到很小，眼神必然无光。所谓“脉脉含情”、“怒目而视”等都与瞳孔的变化有关。

2. 微笑

图 1-211 微笑

微笑（见图 1-211），是不用翻译的世界语言，它传递着亲切、友好、愉快的信息。它可以和有声语言相互配合，有助于交往双方增进感情，留下永久的回忆。工作、生活中离不开微笑，社交中更需要微笑。

（1）笑的分类。笑可以分为三种：第一种是哈哈大笑，笑时嘴巴张得较大，上牙和下牙均露出，并发出“哈哈”之声，适用于生意成功或欢迎宾客时；第二种是会心的笑，笑时嘴巴略微张开，一般下牙不露出，上牙露出 6～8 颗并发出轻微的声音，适用于交谈进行中；第三种是微笑，笑时嘴巴不张开，嘴角微微向上翘起，让嘴唇略呈弧形，不发出笑声、不露牙齿，是一种笑不露齿的笑。

（2）注意要点。微笑时需要注意以下要点：

1）要做到目光柔和发亮，双眼略微睁大，眉头自然舒展并微微向上扬起。

2）微笑时要力求表里如一。微笑要发自内心，做到表里如一。

3）微笑一定要有一个良好的心境与情绪作为前提，笑出自己的神情、神色、神态，做到情绪饱满，神采奕奕；要笑得亲切、甜美，反映美好的心灵；要笑出谦逊、稳重、大方、得体的良好气质。

4）微笑必须注意场合。如在下列情况下，微笑是不允许的：第一，进入气氛庄严的场所时；第二，对方满面哀愁时；第三，对方有某些先天的生理缺陷时；第四，对方出了洋相而感到极其尴尬时。在上述情况下，如果面露微笑，往往会使自己陷于十分不利、被动的处境。

5）笑与语言、仪表、举止相结合。语言和微笑都是传播信息的重要符号，只有注意微笑与美好语言相结合，并配合得体的仪表和举止，声情并茂，才能形成完整、统一、和谐的美。

（六）手势

手是传情达意的工具，它集形象、情意、指示等多种表达功能于一体，是日常交际中使用频繁的体态语。能够恰当地运用手势表达情意，会为交际形象增辉。

1. 手持物品（见图 1-212）

在手持物品时要做到稳妥、自然、到位、卫生。

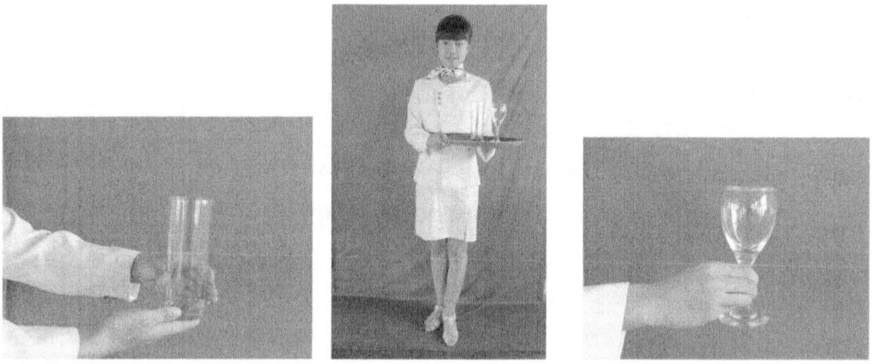

图 1-212　手持物品

（1）稳妥。可根据物品重量、形状及易碎程度采取相应手势，切记确保物品的安全。尽量轻拿轻放，防止伤人或伤己。

（2）自然。可根据本人的能力与实际需要，酌情采用不同的姿势，如拿、捏、提、握、抓、夹等。但一定要避免在持物时手势夸张，失去自然美。

（3）到位。即持物到位。有不少物品在需要手持时，应当将手置于一定的位置。例如，箱子应当拎其提手，杯子应当握其杯耳，炒锅应当持其手柄。持物时若手不准确到位，不但不方便，而且也不自然。

（4）卫生。为客人取拿食品时，切忌直接用手。敬茶、斟酒、送汤、上菜时，指搭在杯、碗、碟、盘边沿，更不可无意之间使手指浸泡在其中。

2. 递送、接收物品（见图 1-213）

递送物品时，应注意的问题如下：

a）

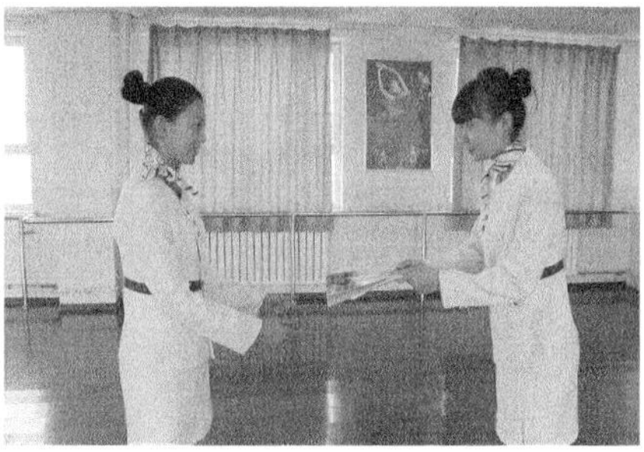

b）

图 1-213 递接物品

a）递送 b）接收

（1）双手为宜。有可能时，双手递物于他人为最佳方式，不方便双手并用时，也应尽量采用右手。以左手递物，通常被视为失礼之举。

（2）递到手中。递给他人的物品，应直接交到对方手中为好。不到万不得已，最好不要将所递的物品放在别处。

（3）主动上前。若双方相距过远，递物者应主动走近接物者。假如自己正坐着，还应尽量在递物时起立。

（4）方便接拿。在递物时，应为对方留出便于接取物品的空间，不要让其感到接物时无从下手。将带有文字或图片的物品递交他人时，还需使之正面朝向对方。

（5）尖、刃向内。将带尖、带刃或其他易于伤人的物品递送他人时，切勿以尖、刃直指对方。应当使尖、刃朝向自己或是朝向别处。

3. 展示物品（图 1-214）。

在大庭广众之前展示物品时，应注意以下两点。

图 1-214 展示物品

（1）便于观看。展示物品时，一定要方便现场的观众观看。因此，一定要将被展示物品正面朝向观众，举到一定的高度，并使展示的时间能让观众充分观看。当四周皆有观众时，展示还须变换不同的角度。

（2）手位正确。在展示物品时，应使物品在身体一侧展示，不宜挡住本人头部。一般有四种手位：一是将物品举至高于双眼之处，这一手位适于被人围观时采用；二是双臂横伸将物品向前伸出，活动范围自肩至肘处，其上不过眼部，下不过胸部，这一手位易给人以安定感；三是将物品举至双臂横伸时肘部以外，上不过眼，下不过胸之处，这一手位便于他人看清展示之物；四是将物品举至胸部以下，这一手位显得不够大方。

4. 打招呼。

打招呼时注意要使用手掌，而不能仅用手指，并且要掌心向上，而不宜掌心向下。

5. 挥手道别。

挥手道别是与人互道再会时所用的常规手势，采用这一手势时，要注意以下几点：

（1）身体站直。尽量不要走动、乱跑，更不要摇晃身体。

（2）目视对方。目送对方远去直至离开。若不看道别对象，便会被对方理解为目中无人或敷衍了事。

（3）手臂前伸。道别时，可用右手，也可双手并用。但手臂应尽力向前伸出。注意手臂不要伸得太低，或过分弯曲。

（4）掌心朝外。挥手道别时，要保持掌心向外，否则是不礼貌的。

（5）左右挥动。挥手道别时，要将手臂向左右两侧轻轻地来回挥动，但尽量不要上下摆动。

三、实训方法与实训步骤

（一）站姿练习方法

（1）提踵。脚跟提起，头向上顶，身体有被拉长的感觉，注意保持姿态稳定，练习平衡感。

（2）两人一组，背靠背站立。脚跟、小腿、臀部、双肩和后脑勺贴紧。每次练习可训练站立时的挺拔感，为加强效果可在 5 个触点夹上夹板。

（3）背靠墙练习。要求脚跟、小腿、双肩、脑后枕部均紧贴着墙，张开两臂与肩成一条直线，感受扩肩的感觉。

（4）顶书站练习。让学生在头顶上平放一本书，保持书的平衡，以检测是否做到头正、颈直。

（5）站姿训练每次不少于 15～20 分钟，并配以适当的音乐进行，减少训练的疲劳感。

（6）采取统一练习、分组练习和个别练习的多种方法，并及时纠正或点评，也可采取同学之间互评、分组竞赛的方式来改善和充实单调的练习。

（二）坐姿练习方法

（1）多采用示范讲解练习，并分解动作，如分解坐姿入座的几个步骤。

（2）各类坐姿的控制练习。

（3）坐姿训练每次不少于 15～20 分钟，并配以适当的音乐进行，减少训练的疲劳感。

（4）采取统一练习、分组练习和个别练习的多种方法，并及时纠正或点评，也可采取学生之间互评、分组竞赛的方式来改善和充实单调的练习。

（三）走姿练习方法

（1）一字步（女性）。假设前方有一条直线，两腿交替踏在直线上，双手叉腰，自然轻盈。

（2）平行步（男士）。行走时，假设前方有两条较为靠拢的平行线，两腿交替迈步分别踏在两条平行线上，双手叉腰，自然稳健。

（3）两人或多人一组进行侧身走练习。

（4）陪同客人或朋友的走姿练习。

（5）进出电梯、上下楼梯等走姿练习。

（6）训练停顿、拐弯、侧行、后退步。在走姿训练时可进行摄像，然后播放录像，使学生了解自己的步态，再在教师指导下加以纠正。经过反复训练达到端正、轻盈、稳健、灵敏的标准。

（四）蹲姿训练

（1）对照镜子练习各种蹲姿并注意保持平衡和协调。

（2）分组练习，教师指导。

（3）每组评选出最优秀的同学。

（4）最优秀的同学带领练习。

（5）集中检查练习结果，每组共同展示练习成果；组与组之间相互提出不足。

（6）老师进行总结、评定。

（7）播放每组的展示练习成果。

（五）微笑和眼神训练法

（1）微笑训练以教师传授要领后学生个人对着镜子自我训练为主，学生对着镜子来调整和纠正三种微笑。

（2）多想想微笑的好处，回忆美好的往事，发自内心地微笑。

（3）发“一”“田七”“茄子”等音，使嘴角露出微笑。

（4）把手指放在嘴角并向脸的上方轻轻上提，使脸部充满笑意。

（5）含筷法。选用一根洁净、光滑的圆柱形筷子（不宜用一次性的简易木筷，以防拉破嘴唇），横放在嘴中，用牙轻轻咬住（含住），以观察微笑状态。

（6）同学之间通过打招呼、讲笑话来练习微笑，并相互纠正。

（7）情景熏陶法，通过美妙的音乐创造良好的环境氛围，引导学生会心地微笑。

（8）在眼神训练中，同样可采用面对镜子完成各种眼神练习的方法。

（9）同学之间相互检测对方眼神是否运用恰当。

（10）在综合训练时，在教师监督下学会正确运用表情，注意微笑与眼神协调的整体效果。不当之处由教师现场指出、修正。

（六）手势训练方法

（1）不同手势的单项训练。

（2）可运用情景训练法，组织学生扮演角色，根据大家的不同需求运用恰当的手势，如图 1-215 所示。

图 1-215　手势训练

四、考核与评价办法

仪态塑造考核项目与评价内容详见表 1-9。

表 1-9　仪态塑造考核评价表

考核项目	评价内容	分值 / 分	自我评价 / 分	小组评议 / 分	实际得分 / 分
站姿	身体各部位的正确姿态 头、颈、两肩、胸、腰部、手位、两脚	15			
	不同站姿的展示	10			
坐姿	坐姿基本动作要领的展示	3			
	脚的摆放方式	3			
	入座后姿态的整体保持效果	3			
	入座前后的其他要求	3			
走姿	身体姿态	3			
	跨步的均匀度	3			
	手位摆动的情况	3			
	根据音乐情境变换步伐	3			
	身体与手脚的协调配合	3			
	动态美感	3			
蹲姿	高低式蹲姿	3			
	交叉式蹲姿	3			
	蹲姿的方位与距离	3			
手势	手持物品及展示物品	3			
	递、接物品	3			
	打招呼	3			
	手势与身体表情的协调配合	3			
微笑	微笑的技巧	3			
	展示个人最好的微笑	6			
眼神	不同情境的眼神表现	5			
综合	微笑眼神与形体的协调表现	10			
合计		100			

注：1. 实际得分=自我评价×40%+小组评议×60%。

2. 考评满分为 100 分，分为四个级别：60 分以下为不合格；60～74 分为合格；75～84 分为良好；85 分以上为优秀（含 85 分）。

五、思考与练习

（一）填空

1. 头发是人体的制高点，修饰头发的时候，要做到“三勤”，指的是________、勤洗、________。

2. 化妆的最高境界，是“妆成有却无”，强调的是化妆的__________原则。

3. 在较为正式的场合，通常坐下之后应占据座位的_______比例。

4. 在接待服务工作中，严格执行“三轻”即___________、__________、_______________。

5. 接待人员文明举止要求：站如_________、坐如_________、行如_______________。

6. 站立是生活中最基本的一种举止，规范的站姿是两脚相靠，两腿关节与髋关节______________________，身体重心落于_______________。

7. 与人告别时，不能扭头就走，应先向_____________三步再转体离去。

（二）单选题

1. 男士西服单排扣有两个，在正式场合站立时，应如何扣？（　　）

A. 只扣上边一个　　B. 只扣下边一个

C. 两个都扣上　　D. 两个都不扣

2. 穿（　　）西装，不管在什么场合，要将扣子全部扣上，否则会被认为轻浮不稳重。

A. 两粒扣　　B. 三粒扣　　C. 单排扣　　D. 双排扣

3. 男士着西装时，长袖衬衫最适合的颜色是（　　）。

A. 乳白色和淡蓝色　　B. 白色和蓝色

C. 白色和淡蓝色　　D. 乳白色和蓝色

4. 头发是人体的制高点，是他人第一眼关注的人体部位，个人形象的塑造，一定要“从头做起”。在社交场合，不符合男士头发标准的是（　　）。

A. 前不盖眉　　B. 侧不掩耳　　C. 后不及领　　D. 上不露顶

5. 领带夹应佩戴在七粒扣衬衫从上往下数的（　　）个纽扣之间。

A. 第四与第五　　B. 第二和第三　　C. 第三和第四　　D. 第五和第六

6. 正式场合着装，整体不应超过（　　）种颜色。

A. 两　　B. 三　　C. 四

7. 领带的结法不包括（　　）。

A. 普通型　　B. 温莎型　　C. 复杂型　　D. 准温莎型

8. 个人卫生规范中，牙齿的“三、三”制是指（　　）。

A. 每日三餐后的三分钟内要漱口　　B. 每日三餐后的三分钟内要刷牙

C. 每日三餐前的三分钟内要漱口　　D. 每日三餐前的三分钟内要刷牙

9. 礼仪是一门学问，在交际活动中，人们的内在情感往往是通过人体的某部分形态的变化表现出来，下列属于规范的动作是（　　）。

①与客人交谈，坐姿端正，上体向上伸直，胸前挺，肩平且放松

②手势要规范适度，不宜过多

③在客人面前打喷嚏，打哈欠

④在客人面前咳嗽时，用手帕捂住口鼻，面转向一侧，避免发出大声

A. ①③④　　B. ①②④　　C. ②③④　　D. ①②③④

10. 上下楼梯或在楼道行走时应（　　）。

A. 靠右侧行走　　B. 靠左侧行走　　C. 走中间　　D. 并排走

11. 在手势语运用中，切忌谈话时伸出食指指点（　　），这是一种不礼貌的行为。

A. 天空　　B. 自己　　C. 对方　　D. 地面

12. 下列活动中，行为礼仪不当的是（　　）。

A. 升国旗时在原地肃立，行注目礼

B. 升国旗时，快速跑到队列中去

C. 长辈或客人来访应起身示座

D. 课堂师生施礼要立正，两眼注视老师

13. 正确的坐姿不包括（　　）。

A. 入座时，要稳要轻

B. 落座时前俯后仰

C. 落座后女士双膝并拢

D. 根据不同场合选择不同的坐姿

14. 眼神的礼仪规范中，人们在普通的社交场合采用的注视区间称（　　）。

A. 公务注视区间　　B. 社交注视区间

C. 普通注视区间　　D. 事务注视区间

15. 涉外交际活动多采用（　　）。

A. 亲密空间　　B. 个人空间　　C. 社交空间　　D. 公共空间

（三）多选题

1. 在正式场合男士穿西服要求为（　　）。

A. 要扎领带

B. 不能露出衬衣袖口

C. 钱夹要装在西服上衣内侧的口袋中

D. 穿浅色的袜子

E. 领带夹应夹在衬衣的第三、四个扣子中间

F. 穿西服背心，扣子都要扣上

2. 要做到服饰得体必须要遵从的原则有（　　）。

A. 服装修饰要与时间相吻合

B. 服装修饰要与地点相吻合

C. 服装修饰要与场合相吻合

D. 服装修饰要与自身的年龄、体态和职业相吻合

3. 女士服装在正式场合整体搭配很重要，除了服装还有应值得注意的是（　　）。

A. 发式　　B. 妆容　　C. 鞋袜　　D. 饰品

4. 在人际交往中，化妆既是为了敬人，又是为了自尊，但应注意避免（　　）。

A. 在公共场合化妆　　B. 在异性面前化妆　　C. 浓妆艳抹

5. 在公共场合青少年与人交往应尊重社会公德，讲究文明礼貌、做一个有礼貌、懂礼仪

的人。下列说法正确的是（　　）。

A. 在交际场合上下楼梯或上下车要让老人、妇女和残疾人先行

B. 去图书馆、阅览室要按先后顺序，不可一哄而入

C. 到商店买东西，要细心分辨真假，特别是食品要亲口尝一尝

D. 在影剧院看演出，整个演出结束后，要鼓掌表示感谢，等谢幕完毕，再离开座位

6. 礼貌的站姿给人舒展俊美、精神饱满、积极向上的好印象。因此，我们平时必须养成良好的站姿习惯。站姿主要有（　　）。

A. 侧放式　　B. 左边式　　C. 前腹式　　D. 后背式

7. 人们在交际中，眼神的礼仪规范要求注意注视对方的（　　）。

A. 时间　　B. 外表　　C. 位置　　D. 面部

E. 表情

8. 按照国际惯例，坐姿可分为（　　）。

A. 端坐　　B. 侧坐　　C. 跪坐　　D. 盘坐

9. 酒店从业人员行走时要注意的事项有（　　）。

A. 行走在走廊、通道、楼梯时应靠右行，见到客人要主动问好

B. 两人行走不要拉手搭肩；多人行走，不要横排成行

C. 遇到十分紧迫的事，可加快步伐，但不可慌张奔跑

D. 行走时，不得吸烟、吃东西、吹口哨、整理衣服

（四）判断题

1. 当着别人的面剔牙。（　　）

2. 条纹西服可搭配纯色的长袖或短袖衬衫。（　　）

3. 与人交谈时嚼口香糖。（　　）

4. “微笑服务”不仅是顾客物质上的需求，也是精神上、心理上的满足。（　　）

5. 在公众场所修剪指甲。（　　）

6. 女性身着裙装上下楼梯，应该走在楼梯的右边。（　　）

7. 男士和女士就座时，双手不要叉腰或交叉在胸前。（　　）

8. 宴请中入座的礼仪要求之一是：来宾在长者或主人坐定后，方可入座。（　　）

9. 与他人交谈时，要盯着他人的双眉到鼻尖的三角区域内。（　　）

10. 有人问路可以用手指指示方向。（　　）

11. 陪同客人乘无人管理的电梯，由客人先进入并摁住开关。（　　）

12. 伸出大拇指，在中国是夸奖的意思；在美国，站在公路上伸出大拇指是想搭车。（　　）

13. 递上剪刀、刀子等尖利的物品，应用手拿着不是尖头的部位递给对方。（　　）

14. 入座时，应从座位的右边入，右边出。（　　）

15. 站着与宾客谈话时，一定要保持 60 厘米左右的距离。（　　）

16. 手势美是一种动态美，得体适度的手势，可增强感情的表达，因此在与人谈话时，应多运用动作较大的手势。（　　）

模块二 2 日常交际礼仪

第一单元 见面礼仪

见面礼仪是日常社交礼仪中最常用与最基础的礼仪，人与人之间的交往都要用到见面礼仪，特别是从事服务行业的人，掌握一些见面礼仪，能给客户留下良好的第一印象，为以后顺利开展工作打下基础。

第一节 称呼礼仪

【学习目标】

1. 理解工作和生活中称呼的几种方式，并能根据不同交际场合、情境和对象，在交往中恰当地称呼他人。

2. 掌握称呼的注意事项，在交际中能运用得体的称呼，建立良好的社交形象。

一、教学准备

（1）物品准备。教师应准备好教学用计算机、投影仪器及教学课件。

（2）场地准备。设置有训练镜的形体训练室。

（3）分组安排。将学生分成若干小组，每组 4 ～ 6 人，分组实训，其余人员参照技能考评标准进行互评，而后轮换。

二、学习内容

在人际交往中人们经常称呼他人，有没有称呼与如何称呼，都涉及礼仪问题。特别是从事服务行业的工作人员，选择正确、适当的称呼，不但反映着自身的教养、对对方尊敬的程度，甚至还体现着双方关系发展所达到的程度，起到事半功倍的效果，因此，称呼不能随便乱用。

（一）称呼的方式

称呼可分为工作中的称呼和日常生活中的称呼两种方式。

1. 工作中的称呼

工作中的称呼通常可分为职务性称呼、职称性称呼、行业性称呼、学衔性称呼四种。称呼要求要庄重、正式、规范。

（1）职务性称呼。在工作期间，可以按职务进行相应的称呼，具体称呼方式如下：

1）按“职务”称呼。例如，部长、主任、经理等。

2）按“姓+职务”称呼。例如，张部长、李主任、马经理等。

3）按“姓名+职务”称呼。例如，李克强总理、周济部长等。

（2）职称性称呼。在工作期间，可以按职称进行相应的称呼，具体称呼方式如下：

1）按“职称”称呼。例如，教授、律师、工程师等。

2）按“姓+职称”称呼。例如，毛编辑、王研究员、胡教授等。

3）按“姓名+职称”称呼。例如，王芳教授、赵忠高级工程师等。

（3）行业性称呼。在工作期间，可以按行业进行相应的称呼，具体称呼方式如下：

1）按职业称呼。例如，王老师、孙教练、李医生、周会计等。

2）商界、服务业。例如，“小姐”“先生”等。

（4）学衔性称呼。在工作期间，可以按学衔进行相应的称呼，具体称呼方式如下：

1）按“学衔”称呼。例如，博士、硕士、学士等。

2）按“姓+学衔”称呼。例如，周博士、张硕士等。

3）按“姓名+学衔”称呼。例如，赵磊博士等。

4）按“学科+学衔+姓名”称呼。例如，工学博士王忠等。

2. 日常生活中的称呼

日常生活中的称呼一般是指对自己亲属的称呼，对他人亲属的称呼，对朋友、熟人的称呼，对普通人的称呼这四种。称呼要求要谦恭、恭敬、亲近。

（1）对自己亲属的称呼。在与外人交谈时，对自己的亲属应采用谦称。

1）称辈分比自己高的亲属，一般在称呼前加“家”字。例如，家父、家母、家兄等。

2）称辈分比自己低的亲属，一般在称呼前加“舍”字。例如，舍弟、舍妹等。

3）称自己的子女，一般在称呼前加“小”字。例如，小儿、小女等。

（2）对他人亲属的称呼。在与外人交谈时，称呼他人的亲属要采用敬称。

1）对长辈。应在称呼前加“尊”字。例如，尊母、尊兄等。

2）平辈或晚辈。应在称呼前加“贤”字。例如，贤弟、贤妹等。

3）不分辈分和长幼。应在称呼前加“令”字。例如，令尊、令堂、令爱、令郎等。

（3）对朋友、熟人的称呼。应采用敬称，以示对对方的恭敬之意。

1）范称。例如，你、您。

2）直呼姓名。此种称呼一般是指在平辈之间，例如，毕开健、张裕喜等。

3）只呼其姓。例如，老钱、大王、小胡等，表示亲切亲近。

4）只称其名。例如，开健、裕喜等，表示亲密。

（4）对普通人的称呼。对一面之交、关系普通的交往对象，可酌情采取以下方法称呼：

1）范称。例如，同志、先生、女士、小姐、夫人、太太。

2）以其职务、职称进行相称。

（二）称呼的注意事项

在使用称呼语时，应注意以下几点：

（1）要根据交往双方的关系、深度、远近程度等有选择性地称呼。

（2）在称呼时要注意民族和区域的界限，根据称呼人的交往习惯来选择称呼。

（3）要注意称呼的感情色彩，给不同的交往对象被尊重之感。

（4）像一些昵称、小名或者绰号的称呼仅适用于非正式场合，或者熟人之间，不可在正式或社交场合称呼对方的小名、绰号。

（5）不要以“喂”、“哎”、“3 号”、“那个端盘子的”、“卖菜的”、“老头”等这样的方式去称呼对方，这样显得很不礼貌，更不能不称呼对方直接进入谈话。

（6）使用称呼就高不就低。称呼别人的职务时就“高”不就“低”，比如李副总叫他“李总”；辈分就“长”不就“平”，意思是对那些比自己大十几岁，没什么职务，但在公司有一定资历的同事，把他们以“长辈”来称呼比较好。例如，叫“张叔”、“李阿姨”，这样显示自己年龄小，是晚辈。男就“大”女就“小”，意思是男性同事们一般喜欢被人称呼得“大”一些，以显示成熟，而女同事们则喜欢把自己叫得小一些。

（7）当被介绍给他人，需与多人同时打招呼时，称呼要注意顺序。

三、实训方法与步骤

（1）案例引题：

【案例 1】 小刚和部门罗总经理共事 3 年一直搭档不错。可是最近由于罗总经理的一次工作疏忽给公司造成比较大的经济损失，导致公司最高层决定撤掉部门总经理的职位，具体安排什么新岗位还需要公司最高层研究后决定。在此期间，新的部门总经理到岗。小刚作为罗总经理的老下手，觉得如果称罗经理原来的职位，新经理听到后会不高兴；直接叫罗经理姓名，罗经理刚刚进入职业低潮，正不痛快，你转口这么快大家又觉得你为人太势利。小刚进退两难，尤其是在新旧经理同时在场时更尴尬。

【案例 2】 有一次，一位先生为他的外国朋友订做生日蛋糕，并要求打一份贺卡。蛋糕店小姐接到订单后，询问先生说：“先生，请问您的朋友是‘小姐’还是‘太太’？”这位先生也不清楚朋友是否结婚了，想想一大把年龄了，应该是“太太”吧，于是就跟小姐说写“太太”吧。蛋糕做好后，小姐把蛋糕送到指定的地方，敲开门，只见一位女士开门，蛋糕店小姐有礼貌地询问：“您好，请问您是怀特太太吗？”女士愣了愣，不高兴地说：“咦，错了！”就把门关上了。蛋糕店小姐糊涂了，打电话向订蛋糕的先生再次确认，地址和房间号码都没错，于是再次敲开门，说道：“没错，怀特太太，这正是您的蛋糕！”谁知这时，这位女士大叫道：“告诉你错了，这里只有怀特小姐，没有怀特太太！”“啪”的一声，门大声地关上了。

【讨论】 请同学们针对以上两个案例谈谈你的看法，分别评价两个案例涉及的称呼礼仪行为。

（2）讲解称呼的基本知识，并进行示范。

（3）学生分组进行称呼的练习，学生之间相互纠正错误。

（4）分组表演，其余学生观看并进行评价。

四、考核与评价办法

称呼礼仪的考核项目及评价内容详见表 2-1。

表 2-1 称呼礼仪考核评价表

考核项目	评价内容	分值/分	自我评价/分	小组评议/分	实际得分/分
称呼礼仪	称呼的顺序	20			
	称呼的语气语调	20			
	不同场合的称呼	30			
	礼貌用语的使用	10			
	称呼时的仪态	20			
合　计		100			

注：1. 实际得分=自我评价×40%+小组评议×60%。

2. 考评满分为 100 分，分为不合格、合格、良好、优秀四个级别：60 分以下为不合格；60～74 分为合格；75～84 分为良好；85 分以上为优秀（含 85 分）。

五、思考与练习

1. 张先生与本公司门卫的关系处得好，平时进出公司大门时，门卫都以张哥相称，张先生也觉得这种称呼很亲切，一天张先生陪同几位来自香港的客人来到公司，门卫看到张先生一行人，又热情地打招呼到：“张哥好！几位大哥好！”，不料随行的香港客人觉得很诧异，其中有一位还面露不悦之色。

【小组讨论】 请同学讨论：为什么门卫平时亲切的称呼，在这时却让几位香港客人诧异甚至不悦？门卫的称呼有何不妥，应该如何称呼？请同学们模拟示范表演。

2. 有一位年轻人想要去市电信局，走了很长一段，不知距目的地还有多远，看见一位老者在前方行走，跑过去张口就问：“喂，老头，市电信局还有多远啊？”老者抬头望了年轻人一眼，说：“五里。”年轻人大喜，也不道谢，急往前走，可走了很长一段，早就有几个“五里”了，还是不见电信局。年轻人不禁骂起老者来。

【小组讨论】 请问年轻人的问题出在哪？小组派代表分别扮演老者和年轻人，分组上台试演，全班评议。

3. 一位西装革履的男士进入一写字间，问前台秘书小姐：“这是西域公司吗？”小姐不理。这时，有两个客户走来，秘书小姐说：“王姐，周哥，我们经理正等着你们呢……”

【小组讨论】 以上情景在称呼上有什么问题？分别由组员担任各角色，上台试演，全班评议。

第二节　鞠躬礼仪

【学习目标】

1. 能用正确的姿势鞠躬。
2. 能根据不同的交往对象和场景，准确地把握行鞠躬礼的时机和场合。

一、实训准备

（1）物品准备。教师应准备好教学用计算机、投影仪器及教学课件。

（2）场地准备。设置有训练镜的形体训练室。

（3）分组安排。将学生分成若干小组，每组 4 ～ 6 人，分组实训，其余人员参照技能考评标准进行互评，而后轮换。

二、学习内容

鞠躬是人们在日常工作、生活中用来表示对别人的恭敬而普遍使用的一种礼节。它既适用于严肃或喜庆欢乐的仪式，也适用于一般的社交场合。

1. 鞠躬礼的要领

在标准站姿基础上，两脚并拢，男士双手放于身体两侧裤线处，女士的双手搭放在腹前，面向受礼者，在距离对方 2～3 米处，与对方进行目光交流时，以腰部为轴，头、肩、上身保持挺直，顺势向前弯腰，鞠躬时眼睛朝下看。下弯的幅度可根据施礼对象和场合决定，鞠躬的幅度越大，对来者就越尊重。鞠躬时，弯腰速度适中，之后抬头直腰，动作要慢。

2. 鞠躬礼的分类

鞠躬礼按鞠躬的幅度不同，可分为 15°、30°、45°、90° 这四种。

（1）15° 鞠躬礼（见图 2-1）。又叫欠身礼，用于多种商务场合，在站、坐、走时均可使用。如与客户交错而过时，面带微笑，行 15° 鞠躬礼，头和身体自然前倾，低头比抬头慢。

（2）30° 鞠躬礼（见图 2-2）。用于公众场合或接送客户时，行礼度数为看到脚尖前方 1.5 米处。

（3）45° 鞠躬礼（见图 2-3）。用于重要场合的重要人物，行礼度数为看到脚尖前方 1 米处。

（4）90° 鞠躬礼（见图 2-4）。在婚礼上，通常新婚夫妇向双方父母行 90° 的鞠躬礼，以感谢父母的养育之情。

图 2-1　15° 鞠躬礼

图 2-2　30° 鞠躬礼

图 2-3　45° 鞠躬礼

图 2-4　90° 鞠躬礼

3. 鞠躬礼的适用场合

鞠躬礼一般在演员谢幕、演讲和领奖、举行婚礼、接待外宾、悼念活动等场合使用。

4. 鞠躬时的注意事项

在行鞠躬礼时，要注意以下几点：

（1）受鞠躬应还以鞠躬礼。

（2）地位较低的人要先鞠躬，鞠躬要相对深一些。

（3）鞠躬时要注意若戴着帽子，应将帽子摘下。

（4）鞠躬时不能把手插在衣袋里，嘴里不能吃东西或叼着香烟。

（5）鞠躬时目光应向下看，表示一种谦恭的态度，不要一面鞠躬，一面试图翻起眼睛看对方。鞠躬礼毕起身时，双目应该有礼貌地注视对方。

三、实训方法与步骤

（1）案例引题：

办公室有几位老师去一所传统文化做得相当不错的学校参观考察，回来后便和我们大发感慨，声称那里是世外桃源，人间仙境，孩子们懂礼守礼，见人就鞠躬问好，听到此话，另一位老师便发表自己的观点："鞠个躬有什么了不起？现在这社会你还鞠躬，走出去不被人家笑死？或者人家说你有病？"一鸣惊人，谈话戛然而止。

面对不同老师的观点，你对学校礼仪培养有什么看法？

（2）收集相关教学录像，让学生观看，以掌握正确的日常交往礼节。

（3）集体练习。采用教师边讲解要求边示范，然后学生实践、教师纠错、学生再巩固的方式练习。

（4）学生分组进行鞠躬的练习，可采取分组向老师施礼或两人一组相互施礼的形式进行，并互相点评纠正来达到规范的要求。

（5）分组表演，其余学生观看并评价。

四、考核与评价办法

鞠躬礼仪的考核项目及评价内容详见表 2-2。

表 2-2　鞠躬礼仪考核评价表

考核项目	评价内容	分值/分	自我评价/分	小组评议/分	实际得分/分
鞠躬礼仪	鞠躬的动作	20			
	鞠躬的时机	20			
	不同场合的鞠躬	30			
	礼貌用语的使用	10			
	鞠躬时的仪态	20			
合计		100			

注：1. 实际得分=自我评价×40%+小组评议×60%。

2. 考评满分为 100 分，分为不合格、合格、良好、优秀四个级别：60 分以下为不合格；60～74 分为合格；75～84 分为良好；85 分以上为优秀（含 85 分）。

五、思考与练习

1. 一天早晨，某单位的三位职员按单位领导的安排，穿戴整齐，早早来到单位门口迎接单位的外宾，其中一人因早餐时吃了些糖蒜正在嚼着口香糖。客人一行到来后，他们主动迎接客人，向客人行了鞠躬礼，在行礼时一位职员看到来者中有一人他认识，他就边行鞠躬礼边抬头向这位认识的人打招呼，客人们看到了向他们行鞠躬礼的职员，都点头示意，只有走在最后的一个人，径直走了过去，请分析这一案例中存在哪些不妥的礼仪之处。

2. 一位来自山里的学生，克服一切困难考上她梦寐以求的大学，在参加校园歌手大赛时，凭借自己山里人特有的歌喉和对唱歌的热爱，她的一首《山路十八弯》唱出了家乡的美和她为唱歌所付出的艰辛，同时博得了全场观众热烈的掌声，唱完后，她向观众深深地行了 90° 的鞠躬礼。等到评委点评完后她又向评委深深地鞠躬。请问这位学生的礼仪是否合理，为什么？

第三节　握手礼仪

【学习目标】

1. 能用正确的姿势握手。
2. 能根据不同的交往对象和场景，准确地把握握手的时机和顺序。

一、教学准备

（1）物品准备。教师应准备好教学用计算机、投影仪器及教学课件。

（2）场地准备。设置有训练镜的形体训练室。

（3）分组安排。将学生分成若干小组，每组 4 ～ 6 人，分组实训，其余人员参照技能考评标准进行互评，而后轮换。

二、学习内容

握手是人与人交际的一个部分。握手的力量、姿势与时间的长短往往能够表达出不同的礼遇与态度，显露自己的个性，给人留下不同的印象，也可以通过握手了解对方的个性，从而赢得交际的主动。

1. 标准的握手姿势

如图 2-5 所示，行礼时行至距离握手对象约 1 米处，双脚立正，上身略微前倾，注视对方，面带微笑，伸出右手，四指并拢，拇指张开与对方相握。握手时应用力适度，上下稍许晃动三四次，随后松开手来，恢复原状。

图 2-5　握手姿势

2. 握手时应掌握的几条原则

握手时应注意握手的时机、握手的顺序、握手的力度、握手的时间、握手的位置及握手时的表情六个方面。

（1）握手的时机。

一般在以下情形之下行握手礼：

1）迎送时表示敬意。在办公室、家中以及其他一切以自己作为东道主的社交场合，迎接或送别外宾和来访者时要握手，以示欢迎或欢送。慰问同事、进行家访后，在辞行时，要握手以示“再会”。

2）在重要的社交活动中表示敬意。如开学和毕业典礼、年终奖励、研讨会、校友会、运动会、宴会、舞会、生日晚会开始前与结束时，要与来宾握手，以示欢迎与道别。

3）表示感谢。在他人给予一定的帮助、支持、鼓励、祝贺、馈赠或邀请参加活动时要握手，以示衷心感激。

4）向他人表示恭喜、祝贺时。如祝贺生日、生子、晋升、升学、乔迁、获得荣誉和嘉奖时要握手，以示贺喜之意。

5）高兴与问候。久别重逢时要握手，以示万分欣喜；被介绍给他人时要握手，以示认识对方深感荣幸；在社交场合，偶然遇到同事、同学、朋友、邻居、长辈或上司时要握手，以示高兴与问候。

6）对他人表示理解、支持、肯定时，要握手，以示真心实意；得悉患病、遭受其他挫折或家人离世时要握手，以示慰问。

（2）握手的顺序。

握手的顺序取决于不同的场合。握手时一般应遵循“尊者先伸手”的原则。即地位高的人先伸手；男士和女士握手时，应该是女士先伸手；晚辈和长辈握手时，应该是长辈先伸手；上级和下级握手，应该是上级先伸手；迎客时，主人先伸手，送客时，客人先伸手；已婚者和未婚者握手，已婚者先伸手；教师与学生握手时，教师先伸手；先来者与后到者握手时，先来者先伸手；残障人与健全者握手时，残障人先伸手。

若一个人要与许多人握手，其顺序是：先长辈后晚辈，先主人后客人，先上级后下级，先女士后男士；在不知情或分不出尊卑的情况下可由近及远，或按顺时针方向进行握手。此方法可避免因厚此薄彼而带来的不快。

（3）握手的力度。

握手的力度要因人而异，把握分寸，既不能有气无力，也不能过分用力。通常，男士之间或与亲朋故友的握手，力度可稍大些；男士和女士之间或初次相识时的握手，力度可稍轻些；女士之间的握手，力度也要稍轻。

（4）握手的时间。

握手的时间通常是3～5秒钟；匆匆握一下就松手，是在敷衍；长久地握着不放，又未免让人尴尬。

（5）握手的位置。

握手前伸出手时注意位置，掌心向下，表示支配性态度，显得自高自大；掌心向上，表示顺从性态度，显示谦虚、谨慎。而且不同性别之间握手应注意握手的位置。

1）女士与女士握手。手指相握（见图2-6a）。

2）男士与男士握手。握手掌且虎口相对（见图2-6b）。

3）男士与女士握手。男士握女士的手指。

（6）握手时的表情。

一般情况下，握手时要目视对方，自然地微笑，但对方心情沉痛时，表情要凝重。

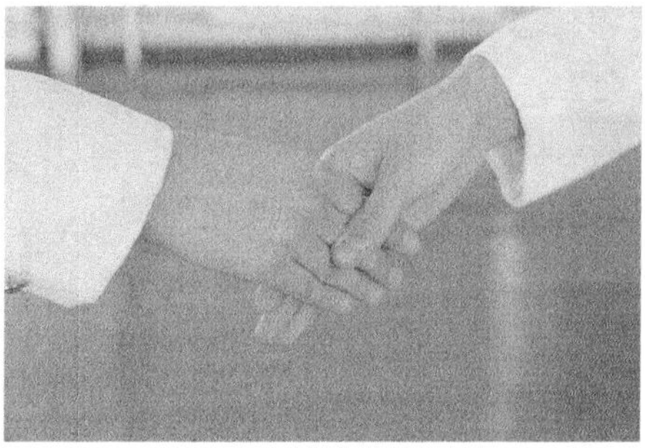

a）

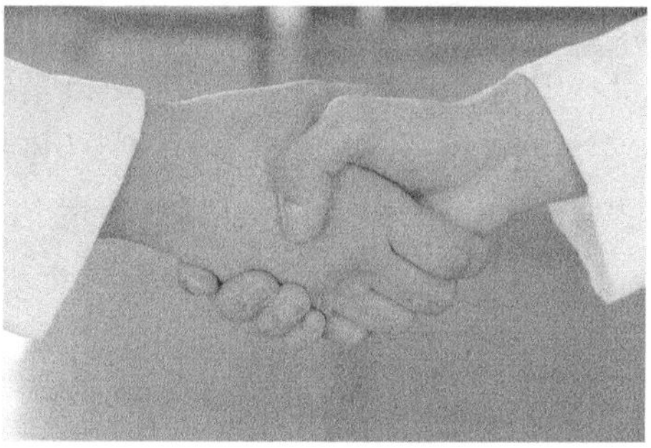

b）

图 2-6　握手位置

a）手指相握　b）虎口相对

（7）握手时的注意事项。

在社会交往中，握手时应注意以下几点：

1）忌用左手握手。

2）忌坐着握手。

3）忌戴着手套、帽子、墨镜握手。

4）忌手脏握手，要洁净。

5）忌交叉握手。

6）忌用双手与异性握手。

7）忌三心二意，要专注。

8）不要跨门槛握手。

三、实训方法与步骤

（1）案例引题：

【案例 1】某教育督导团来某校督查工作，小宁因与督导团团长熟识，因而作为主要迎宾人员陪同学校领导前往门口迎接贵宾。当督导团团长率领其他工作人员到达后，小宁面带微笑热情地走向前，先与团长握手致意，表示欢迎。小宁旁边的领导已经面露不悦之色。

【案例 2】某省的商业代表团到一个开发区访问，开发区的首脑人物接见商业代表团，这位首脑人物戴着手套与代表团团长握手时，代表团团长心中不悦，他为了表示心中的不满，顺手摸出一块手帕，擦了擦刚握过的手，把手帕扔掉了。

请针对以上两个案例谈谈你的看法，评价一下交际对象的社交礼仪行为有何不妥之处。

（2）收集相关教学录像，让学生观看，以掌握正确的握手礼仪。

（3）学生集体练习，采用教师边讲解要求边示范，然后学生实践、教师纠错、学生再巩固的方式练习。

（4）学生分组进行握手的分解和完整练习，学生之间相互纠正错误。

（5）情景设计：一天，某班主任到学生家里家访，家里学生的父母、爷爷、奶奶和妹妹都在，该学生在家里为大家做介绍，并相互握手认识。请学生分别扮演不同的角色，进行模拟演示。

（6）分组表演，老师和其余学生观看并评价。

四、考核与评价办法

握手礼仪的考核项目及评价内容详见表 2-3。

表 2-3 握手礼仪考核评价表

考核项目	评价内容	分值/分	自我评价/分	小组评议/分	实际得分/分
握手礼仪	握手的姿势	20			
	握手的时机	20			
	握手的顺序	20			
	握手的部位	10			
	礼貌用语使用	10			
	握手时的仪态	20			
合计		100			

注：1. 实际得分=自我评价×40%+小组评议×60%。

2. 考评满分为 100 分，分为不合格、合格、良好、优秀四个级别：60 分以下为不合格；60～74 分为合格；75～84 分为良好；85 分以上为优秀（含 85 分）。

五、思考与练习

1. 张先生与王小姐好久没见。一天，他们在公园相遇，张先生大方、热情地向王小姐伸出手去与王小姐握手，谁知王小姐却没有将手伸出与张先生相握，甚至将手放进裤袋里。张先生只好尴尬地摸着自己的手。如果您是张先生或者王小姐，你会怎么做呢？

请同学们思考，在这个情景中，交往双方存在哪些问题？展开讨论，应该如何处理，并说出理由。

2. 一个夏天的中午，天气很热，光线很强，小边戴着墨镜正在街上行走。说来也巧，正好遇见自己的好朋友小王，小边很高兴，立即趋身向前与小张握手。

小边在与小王握手的时候有何不妥之处，应该如何处理。

3. 小张是某公司的新职员，一天，在公司内他遇到了公司总经理，小张立即跑过去，向总经理问好，并伸出双手，去握住总经理的手，这时却看见总经理微蹙眉头，面露不悦之色，小张很纳闷，不知自己哪里做错了。

小张和领导在握手时有何不妥之处，应该如何处理。

4. 在电信公司年会上，王鑫、张云波、陈立刚、李红四位好久不见的同学相遇了，他们很高兴，并相互进行交叉握手，久久不放，你一言我一语地交谈者。

四位年轻人的这种握手方式是否妥当，应该如何握手，学生分别模拟角色表演，全班同学评议。

5. 在一次学术交流会上，周先生遇见一位他很敬重的学者，当时，这位学者正和其他的人谈话。王先生想，在这么多人面前，应更加表示对学者的尊敬。于是在握手时，他用左手盖在对方的手背上，以示亲密，并长时间地握住学者的手不放，寒暄了几分钟。

请问：王先生的行为是否合乎礼仪？

6. 结合如下两个场景回答问题。

场景一：一天一位旅美华人在家乡举办了一次酒会，宴请当地几个房地产界的商人，希望借宴会增进彼此间的了解，寻找合适的合作伙伴。洒脱热情的郑先生是本地房地产大户，声名远扬，也是旅美华人最为看好的合作对象。在旅美华人与郑先生握手时，旅美华人感到郑先生的手潮湿柔软、被动无力。握手以后，旅美华人对郑先生产生巨大的失望和厌恶。最终，郑先生失去了这次合作机会，却被另一位实力稍逊的地产商获得。郑先生在房地产界大大丢了面子，事后却百思不得其解。

场景二：陈志明去某公司应聘，招聘主管是个女士。因为事先看过简历，女主管觉得陈志明很有实力，认为他是个人才。面试时陈志明也表现得很出色，给女主管留下了很好的印象。面试结束时，女主管热情地伸出右手，说："小伙子，表现不错！"陈志明赶忙伸手相握，他手心朝下，像铁钳一般握住女主管的手不放。女主管感到很惊异，但没有表露出来，她想：这个小伙子太傲了。陈志明就这样被女主管从新员工名单中划掉了。

请问场景一中的郑先生和场景二中的陈先生为何最终都失败了？

第四节　引领礼仪

【学习目标】

1. 掌握引领的基本动作及要点，在楼道、上下楼梯、进出门等不同场所的引领方式及日常使用时应注意的问题。

2. 能在遵循日常交往礼节的原则下熟练应用，并养成文明礼貌的良好习惯。

一、教学准备

（1）物品准备。教师应准备好教学用计算机、投影仪器及教学课件。

（2）场地准备。设置有训练镜的形体训练室。

（3）分组安排。将学生分成若干小组，每组 4 ～ 6 人，分组实训，其余人员参照技能考评标准进行互评，而后轮换。

二、学习内容

引领是为对方指导方向或引导到某处时所施的礼仪。不同场所的引领礼仪各不相同。因此，掌握不同的引领方式是服务人员必不可少的一项基本技能。

1. 引领位置

引导人员站在来宾的左前方，距离来宾 0.5～1.5 米，传达"以右为尊、以客为尊"的理念。来宾人数越多，引导的距离也应该越远，以免照顾不周。

2. 引领手势

规范的手势应当是手掌自然伸直，掌心向内向上，手指并拢，拇指自然稍稍分开，手腕伸直，使手与小臂成一条直线，肘关节自然弯曲，大小臂的弯曲以 120° 或 130° 为宜。掌心向斜上方，手掌与地面成 45° 。

3. 引领手势分类

引领的手势根据表达的意思不同可分为直臂式、横摆式、斜臂式、曲臂式四种。

（1）直臂式（图 2-7a）。表示"请往前走"的意思。右手经前抬到与肩同高的位置，前臂伸直，用掌指向来宾要去的部门。身体侧向来宾，眼睛兼顾所指来宾方向，直到来宾清楚后，再放下手臂。

（2）横摆式（图 2-7b）。表示“请进”的意思。站立于来宾右侧，身体转向来宾。右臂从胸前抬起，向右横摆到身体右前方，手指伸直并拢，手掌摊平。目视来宾，直到来宾走过后，放下手臂。

（3）斜臂式（图 2-7c）。表示“请坐”的意思。右手从上向下摆动到距身体 45°，手势应摆向座位的地方，使手臂向下形成一斜线，表示请来宾入座。

（4）曲臂式（图 2-7d）。表示“里边请”的意思。右手从右斜前抬起 45°，然后以肘为轴，前臂向左摆动成曲臂，请来宾进去后方可。

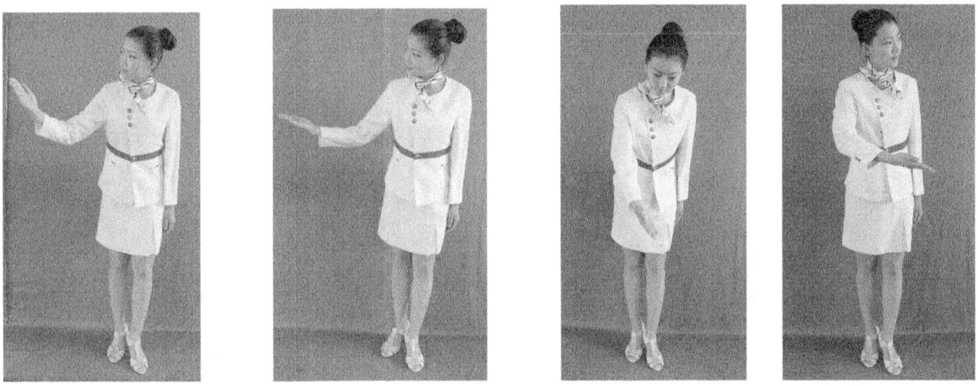

a） b） c） d）

图 2-7 引领手势

a）直臂式 b）横摆式 c）斜臂式 d）曲臂式

4. 不同场所的引领礼仪

不同的场所，引领的礼仪各不相同。

（1）走廊处（图 2-8a）。引导人员应走在客人的左斜前方，距离一二步远，让对方走道路的中央，自己走在走廊一侧。一定要与来宾步调保持一致。若左侧是走廊的内侧，应让客人走在内侧。

（2）楼梯处（图 2-8b）。当引导来宾上楼时，应该让来宾走在前面，引导人员走在后面；若是下楼梯时，应该由引导人员走在前面，来宾走在后面。上下楼梯时，接待人员应该注意客人的安全。

（3）开门和关门（图 2-8c、d）。手拉门时，要求宾客先进，自己后进。引导人员应先拉开门说“请稍等”，再用靠近把手的手拉住门，站在门旁，用曲臂式手势请大家进门，最后自己把门关上；手推门时，要求自己先进，宾客后进。引导人员推开门说“请稍等”，然后先进，握住门把手，用横摆式手势请来宾进来。

（4）会议室的引导礼仪。当来宾走入会客厅后，接待人员用斜臂式手势指示，同时要说“您请坐”等敬语。请来宾坐下，看到来宾坐下后，才能离开。

（5）电梯的引导礼仪。引导客人乘坐无人值守的电梯时，接待人员先进入电梯，等客人进入后关闭电梯门，到达时，接待人员按“开”的钮，让客人先走出电梯；引导客人乘坐有人值守的电梯时，接待人员先请客人进入电梯，等客人进入后自己再进入电梯，到达时，接待人员先走出电梯后再请客人走出电梯。

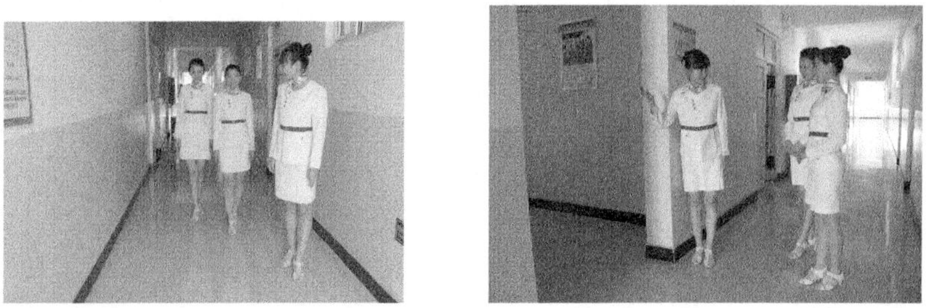

a）

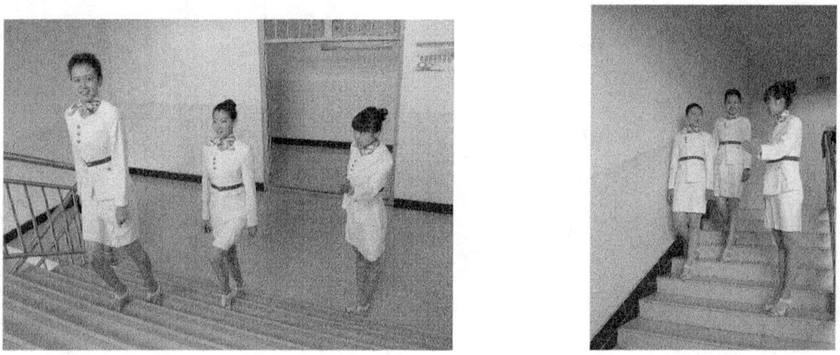

b）

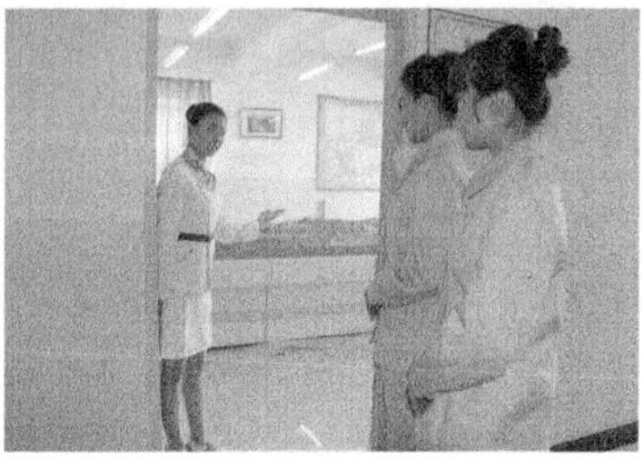

c）

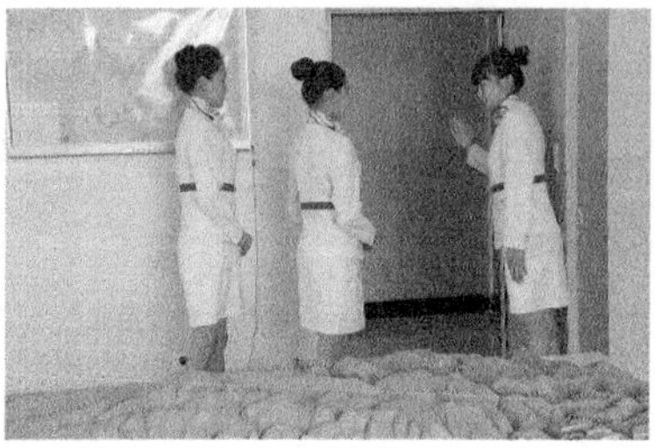

d）

图 2-8　不同场所引领

a）走廊引领　b）上、下楼梯　c）手推门　d）手拉门

三、实训方法与步骤

（1）案例引题：

某省教育厅领导协同全省兄弟院校的校长来学校参观学习，学校决定在全校选几名同学作引导员，你想参加吗？如果你被选中，你将如何在走廊、楼梯、会议厅正确地引导客人？请同学们讨论。

（2）收集相关教学录像，让学生观看，以掌握正确的引领礼仪。

（3）学生集体练习，采用教师边讲解要求边示范，然后学生实践、教师纠错、学生再巩固的方式练习。

（4）学生分组进行引领的练习，学生之间相互纠正错误。

（5）情景设计：就前面的案例情景由学生分别扮演不同的角色，进行模拟演示。

（6）分组表演，其余学生观看并评价。

四、考核与评价办法

引领礼仪的考核项目及评价内容详见表 2-4。

表 2-4　引领礼仪考核评价表

考核项目	评价内容	分值/分	自我评价/分	小组评议/分	实际得分/分
引领礼仪	引领的手势	20			
	引领的位置	20			
	不同场所的引领	30			
	礼貌用语使用	10			
	引领时的仪态	20			
合计		100			

注：1. 实际得分=自我评价×40%+小组评议×60%。

2. 考评满分为 100 分，分为不合格、合格、良好、优秀四个级别：60 分以下为不合格；60～74 分为合格；75～84 分为良好；85 分以上为优秀（含 85 分）。

五、思考与练习

1. 小曲是某公司叶经理的秘书，另一公司的赵经理将来公司拜访叶经理，叶经理请小曲迎送客人。小曲引导赵经理乘坐了一部电梯、上了一段楼梯、走过一段走廊，到达叶经理办公室。

请同学们根据模拟情境内容分组进行演示。

2. 假设你是公司的一名前台接待，有客户预约了要来拜访你公司的总经理，该客户如约而至，总经理室设在公司的第 12 楼层。

请模拟你的接待及引导工作，并由另一同学来完成相关的总经理室的接待工作。

第五节　介绍礼仪

【学习目标】

1. 掌握介绍礼仪的时机、顺序、介绍的内容及介绍人与被介绍者的礼仪。

2. 能针对不同场合和情境，恰当地进行自我介绍和为他人作介绍。

一、教学准备

（1）物品准备。教师应准备好教学用计算机、投影仪器及教学课件，以及名片若干、桌子椅子若干个。

（2）场地准备。设置有训练镜的形体训练室。

（3）分组安排。将学生分成若干小组，每组 4 ～ 6 人，分组实训，其余人员参照技能考评标准进行互评，而后轮换。

二、学习内容

介绍是人们在社会活动中相互结识的最基本礼节，它能缩短人与人之间的距离，促进人们之间相互了解，同时还可消除不必要的误会，在素不相识的人之间起到沟通的作用。介绍分自我介绍、他人介绍（见图 2-9）、集体介绍和业务介绍。无论是哪种介绍都要掌握介绍的时机、介绍的顺序、介绍的内容及介绍人与被介绍者的礼仪。

（一）介绍的时机

1. 自我介绍的时机

应当何时进行自我介绍？这是最关键而往往被人忽视的问题。在下面的场合，有必要进行适当的自我介绍。

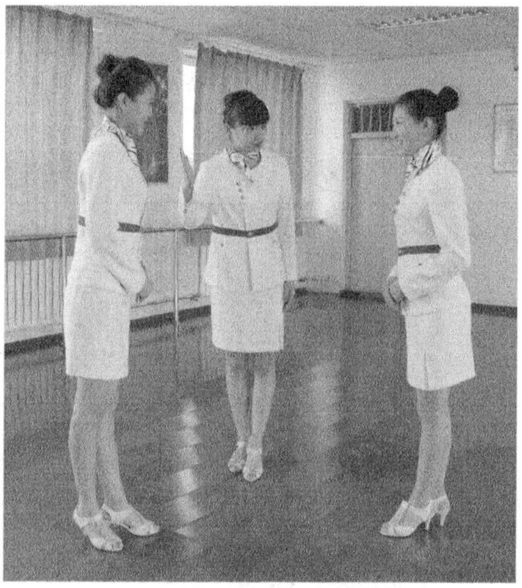

图 2-9 他人介绍

（1）应聘求职或应试求学时。

（2）在社交场合，与不相识者相处，对方表现出对自己感兴趣或要求自己作自我介绍时。

（3）在公共聚会上，与身边的陌生人组成的交际圈或打算介入陌生人组成的交际圈时。

（4）交往对象因为健忘而记不清自己，或担心这种情况可能出现时。

（5）有求于人，而对方对自己不甚了解，或一无所知时。

（6）拜访熟人遇到不相识者挡驾，或是对方不在，而需要请不相识者代为转告时。

（7）前往陌生单位，进行业务联系时。

（8）因业务需要，在公共场合进行业务推广时。

（9）初次利用大众传媒向社会公众进行自我推荐、自我宣传时。

2. 介绍他人的时机

他人介绍中的引荐者通常应由社交活动中具有一定身份的尊者、公务交往中的专职人员、熟悉被介绍双方情况的人、被介绍人一方或双方推荐的介绍人担任。

（1）与家人外出，路遇家人不相识的同事或朋友。

（2）本人的接待对象遇见了其不相识的人士，而对方又跟自己打了招呼。

（3）在家中或办公地点，接待彼此不相识的客人或来访者。

（4）打算推介某人加入某一方面的交际圈。

（5）受到为他人作介绍的邀请。

（6）陪同上司、长者、来宾时，遇见了其不相识者，而对方又跟自己打了招呼。

（7）陪同亲友前去拜访亲友不相识者。

（二）介绍的顺序

介绍双方认识时除了要掌握介绍的时机外，最重要的是掌握好介绍的顺序。

1. 介绍双方的顺序

（1）把年轻者介绍给年长者。

（2）把职务低者介绍给职务高者。

（3）如果双方年龄、职务相当，则把男士介绍给女士。

（4）把家人介绍给同事、朋友。

（5）把未婚者介绍给已婚者。

（6）把后来者介绍给先到者。

（7）先把非官方人士介绍给官方人士，再把官方人士介绍给非官方人士。

2. 集体介绍的顺序

（1）当被介绍者双方地位、身份大致相似时，应先介绍人数较少的一方。

（2）强调地位、身份。若被介绍者双方地位、身份存在差异，虽人数较少或只一人，也应将其放在尊贵的位置，最后加以介绍。

（3）单向介绍。在演讲、报告、比赛、会议、会见时，往往只需要将主角介绍给广大参加者。

（4）人数多的一方的介绍。若一方人数较多，可采取笼统的方式进行介绍。如："这是我的家人"，"这是我的同学"。

（5）人数较多的多方的介绍。若被介绍的不止两方，需要对被介绍的各方进行位次排列。排列的方法：①以其负责人身份为准；②以其单位规模为准；③以单位名称的英文字母顺序为准；④以抵达时间的先后顺序为准；⑤以座次顺序为准；⑥以距介绍者的远近为准。

（三）介绍的内容

介绍基本内容包括：姓名、供职的单位以及具体部门、担任的职务和所从事的具体工作。

（四）介绍的礼仪要求

1. 介绍人的礼仪要求

作为介绍人在介绍双方认识时要注意介绍的礼仪要求：

（1）征询双方的意见。在为人们介绍时最好先说明一下："请允许我来介绍一下……""很荣幸向大家介绍……"之类的介绍词。以免让人有突如其来、措手不及的感觉。

（2）称谓准确。对方的姓名、职务、职称、头衔等一些基本信息一定要真实、准确。

（3）态度友好。语气、语调要柔和，用词要恰当、友好。

（4）实事求是。对方的基本情况要真实、可信、实事求是。

（5）一视同仁。介绍的程度应双方对称，不可厚此薄彼。

（6）察言观色。要随时注意当事人当时场景和当事人双方的情况变化，善于观察。

2. 被介绍人的礼仪要求

作为被介绍人在介绍人向对方介绍自己时，首先要面带微笑，注视对方；其次要注意聆听，点头示意；最后在介绍结束时，主动站起与其握手（年长者和年纪偏大的女士除外），但在宴会桌、会谈桌边只需略欠身点头微笑便可，不必起身。

（五）介绍的注意事项

介绍需要注意以下几项：

（1）介绍时一定要弄清彼此的关系，明确介绍的目的。

（2）介绍时要注意言辞有礼，遵循平等的原则。

（3）介绍时可适当风趣。

（4）介绍时应避免使用推销式的介绍，例如，“这位是王德贵先生，巨能有限公司的董事长，家产三亿元。”这种介绍有借朋友的身份来抬高自己的嫌疑，既失身份又失礼仪。

（5）介绍时还应避免嬉皮笑脸，仪态不端。

（6）介绍时还要注意时间和内容的调整。

（7）介绍的内容可以根据不同的场合和情境加以调整。

（8）介绍时，如果有名片的应该先递名片再作介绍。

三、实训方法与步骤

（1）案例引题：

有一个大学生在实习期间，实习单位让他到A公司去推销按摩产品，他到A公司以后，见人就介绍我是××，××学校毕业，我的特长爱好是××××，我为什么来你们公司推销，说了很长一串，东西没有卖出去，还遭人白眼。他非常纳闷，不知道什么地方做得不妥。

（2）讲解介绍的基本知识，并进行示范。

（3）学生分组进行自我介绍，为他人介绍，集体介绍的练习，学生之间相互纠正错误。

（4）情景设计：两班之间进行联谊活动，活动参与人员除两个班的班主任之外还有学校德育科的科长及科员，请同学们进行相互介绍。

（5）分组表演，其余学生观看并评价。

四、考核与评价办法

介绍礼仪的考核项目及评价内容详见表2-5。

表2-5　介绍礼仪考核评价表

考核项目	评价内容	分值/分	自我评价/分	小组评议/分	实际得分/分
介绍礼仪	介绍人的选择	15			
	介绍的时机	20			
	介绍的顺序	20			
	介绍的内容	20			
	敬语的运用	10			
	介绍时的仪态	15			
合计		100			

注：1. 实际得分=自我评价×40%+小组评议×60%。

2. 考评满分为100分，分为不合格、合格、良好、优秀四个级别：60分以下为不合格；60～74分为合格；75～84分为良好；85分以上为优秀（含85分）。

五、思考与练习

1. 分析下列为他人介绍的案例。

（1）这位是×××公司的人力资源部经理，他可是实权派，路子宽，朋友多，需要帮忙可以找他。

（2）乔森·布莱尔是一位作家兼演说家。一次他应邀去参加一个会议并进行演讲。演讲开始前，会议主持人将布莱尔先生介绍给观众，下面是主持人的介绍语：先生们，请注意了，今天晚上我给你们带来了不好的消息。我们本想要求马克·伊卡森来给我们讲话，但他来不了，病了。后来我们要求参议员布莱德里奇前来，可他太忙了。之后，我们试图请罗伊·格罗根博士，也没有成功。最后我们请到了——乔森·布莱尔。

（3）我给各位介绍一下：这小子是我的铁哥们儿，开小车的，我们管他叫“黑蛋”。

以上介绍分别存在什么问题？应该如何介绍？

2. 某外资公司总经理史密斯先生在得知与新星贸易公司的合作很顺利时，便决定携夫人一同前来中方公司进一步考查和观光，小李陪同新星贸易公司的张经理前来迎接，在机场出口见面时，经介绍后张经理热情地与外方公司经理及夫人握手问好。

请问：小李应如何做自我介绍？张经理的握手次序是什么？

3. 小顾有心让朋友老张和自己的新朋友小朱认识，正好一次小朱陪小顾看展览，遇到了老张。小顾马上热情地招呼老张。小顾先对小朱说：“这就是我常和你提起的老张，是泥塑高手。”随即对老张说：“老张，这是我新认识的朋友，小朱，对泥塑挺有研究的。”人到中年的老张见小朱只是个 20 多岁的普通青年，不禁感到被介绍给他很丢面子。打个哈哈就走了，不仅没接受小朱这个朋友，小顾也被冷落到一边儿去了。

请结合所学知识分析，小顾的此番介绍为什么以失败而告终？

第六节　名片礼仪

【学习目标】

1. 能针对不同场合、情境和交往对象灵活地掌握使用名片的时机及名片递交的正确方式。
2. 能对名片进行科学合理的归类整理，建立良好的社交形象。

一、实训准备

（1）物品准备。教师应准备好教学用计算机、投影仪器及教学课件，以及名片若干，桌子、椅子若干。

（2）场地准备。设置有训练镜的形体训练室。

（3）分组安排。将学生分成若干小组，每组 4 ～ 6 人，分组实训，其余人员参照技能考评标准进行互评，而后轮换。

二、学习内容

名片是一个人身份的象征，是重要的交际工具，它直接承载着个人信息，担负着保持联系的重任。要使名片发挥的作用更充分，名片的递送、接受、存放也要讲究社交礼仪。

1. 名片的递接时机

在递接名片时选择恰到好处的时机，以更好地发挥名片的作用。

（1）希望与对方认识，尤其是初次见面时，相互介绍之后就可递上名片。

（2）当被介绍给对方时。

（3）初次登门拜访对方时。

（4）当对方希望与自己交换名片时。

（5）当自己的信息有变更时，需告知对方。

（6）当对方主动向自己索要名片时。

（7）当需要知晓对方的准确情况，想要获得对方的名片时。

（8）好朋友很久没见面了，告别时可以相互交换名片。

2. 名片的正确递接方式（见图 2-10）

名片的正确递接方式一般分为递交名片和接收名片两个环节。

（1）递交名片的过程。

1）递交名片的姿势。递交名片要用双手递过去。将名片的文字正面朝向对方，用双手的大拇指和食指拿住名片上端的两个角，眼睛注视对方，递交给对方，同时说“请多指教”“请多关照”“请多联系”等一些友好客气的话。名片的持有者在递交名片时动作要从容，表情要亲切、自然。而且，应当事先将名片放在身上易于掏出的位置，便于在适当的时机得体地交给对方。

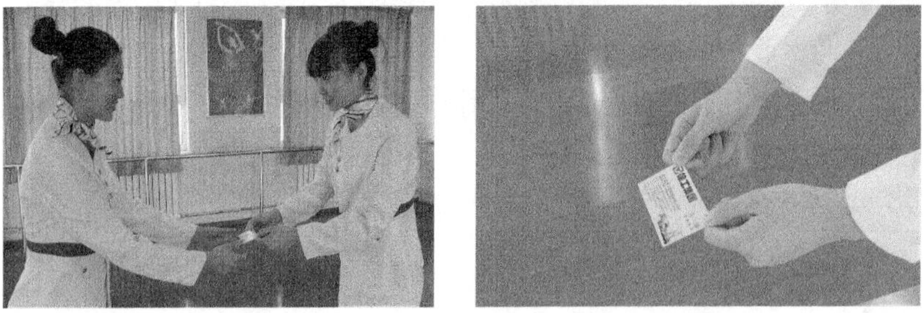

图 2-10 递交名片

2）递交名片的时间。递交名片的时间，应根据实际情况而定。如果双方只是偶然相遇，可在相互问候后，得知对方有与你交往的意向时，再递交名片。如果名片持有者与他人事先有约，一般要在告辞时再递上名片。

3）递交名片的顺序。一般是地位低的人先向地位高的人递名片，男性先向女性递名片。当对方不止一人时，应先将名片递给职务较高或年龄较大者，如分不清职务高低和年龄大小时，则可以先和自己对面左侧方的人交换名片。

（2）接收名片的过程。

1）当对方递交名片给自己时，应站立起身，微笑注视对方，用双手接过名片，并点头致谢。

2）当着对方的面，仔细地默读一遍。还可有意识地重复一下对方的职务、学位及其他尊贵的头衔。

3）郑重地将名片放入自己的名片夹或手提包里。如果还要与对方谈话，站着讲话时可将名片拿在齐胸的高处；坐着时就放在视线所及之处（如放在桌上），不要被其他东西压起来；告别时一定要将名片带走。

4）接受他人名片以后，一般应向对方递交自己的名片，并使用谦语、敬语。如果没带名片，需如实说明原因。通常可以这样说：“实在抱歉，我忘带名片了，我给您留个电话。”

3. 向他人索要名片的方法

在与人交往时，为了便于今后的联系，有时需要向他人索要名片。此时，直接索要名片显得你没有礼貌，因而要讲究一定的策略和方法，如主动提议法、平等交易法、虚心请教法和呼吁合作法。

（1）主动提议。如“先生，我们能否交换一下名片?”

（2）平等交易。即先将自己的名片递给对方，以求得对方予以“呼应”。

（3）虚心请教。如“不知今后怎样向您请教?”暗示对方与自己交换名片。

（4）呼吁合作。如“以后如何与您联系?”这也是希望对方与自己交换名片的一种方式。

4. 名片的保管

名片的保管也是名片礼仪最重要的环节，名片保管合理不但方便查找，而且反映个人的礼仪素养，同时也能体现一个人处理事情井井有条、一丝不苟的风格。名片的保管主要是指名片的放置位置和分类保管。

（1）名片的放置。名片应该放在专用的名片包、名片夹里；若是穿着西服，也可将对方递过来的名片放在西服左上方内侧口袋里；若有手提包或公文包，可以放在包内触手可及的地方。同时要把别人的名片与自己的名片分开放置，避免交换名片时出错。

（2）名片的保管。名片的保管可按国别或地区分类保管；按专业或部门分类保管；按姓名的外文字母或汉语拼音字母顺序分类保管；按姓名的汉字笔画多少分类保管。

5. 名片递接的注意事项

在名片的递接过程中要注意以下事项：

（1）不能用左手递交；不能把名片反面递交过去；不能用手指夹着名片递交；不能低于腹部或高于胸部递交。

（2）在人际交往中，递接名片时，不可将自己的名片发给每个人。名片并不是见人就发，这样会显得太过随便，别人也不会重视你。

（3）一定要注意自己的名片和他人的名片要分开装，不可出现混淆的情况，如果在社会交往中递错了名片是非常失礼的。

（4）接过他人的名片后，一定要认真读一遍，切忌不看一眼就把对方的名片扔到一边，更不可把对方的名片拿在手上把玩，这样是无视对方的存在。

（5）接到他人的名片一定要慎重，不可在对方的名片上压放任何物品，也不可在离去时忘了拿对方的名片。

（6）出席商务社交活动，要记住带名片。注意不要将名片放在后裤袋或裙兜里。

三、实训方法与步骤

（1）案例引题：

某公司王经理约见了一个重要的客户方经理。见面之后，客户递上了名片，王经理看完后随手将名片放在桌子上。王经理请方经理就座，服务人员端上了咖啡请两位经理慢用。过了一会儿，王经理在谈事过程中喝了一口咖啡后，将杯子放在了名片上，自己没有感觉到，客户方经理皱了皱眉头，没有说什么。

请问客户方经理为何会皱眉头？

（2）讲解使用名片的基本知识，并进行示范。

（3）学生集体练习递、接名片的方法，学生之间相互纠正错误。注意名片的保管。

（4）分组表演，其余学生观看并评价。

（5）综合情景演示。请同学们模拟办公室接待的礼仪场景，分别使用称呼、鞠躬、握手、引领、介绍、名片的使用等礼仪。

四、考核与评价办法

名片礼仪的考核项目及评价内容详见表 2-6。

表 2-6　名片礼仪考核评价表

考核项目	评价内容	分值/分	自我评价/分	小组评议/分	实际得分/分
名片礼仪	名片的递接时机	15			
	名片的递交方法	20			
	名片的接收方法	20			
	名片的索要	15			
	名片的保管	10			
	整体协调连贯性	10			
	面部表情及眼神	10			
合计		100			

注：1. 实际得分=自我评价×40%+小组评议×60%。

2. 考评满分为 100 分，分为不合格、合格、良好、优秀四个级别：60 分以下为不合格；60～74 分为合格；75～84 分为良好；85 分以上为优秀（含 85 分）。

五、思考与练习

（一）案例分析

1. 2013 年 4 月，某城市举行春季商品交易会，企业家们济济一堂，某公司的李总经理想利用这个机会认识久仰大名的商界名人——市上最大集团的赵董事长。午餐时他们终于见面了，看到赵董事长正在与他人谈话，李总彬彬有礼地走上前去。“赵董事长，您好，我是某公司的总经理，我叫李刚，这是我的名片。”说着，便从随身携带的公文包里拿出名片，递给了对方。此时的赵董事长显然还沉浸在与他人谈话的情景中，他顺手接过李刚的名片，说了句“你好”，便将名片放进了自己包里，继续与旁边的人交谈。李总在一旁站了一会儿，并未见赵董事长有交换名片的意思，便失望地走开了……

请针对以上案例谈谈你的看法，评价一下交际对象的社交礼仪行为有何不妥之处。

2. 在一次聚会上，教科局综合科的刘科长有幸认识了机关事务局的赵局长，两人交谈得很开心，且相互交换了名片。后来由于工作上的事情，刘科长到机关事务局去办理，正巧在大厅碰到赵局长，两人很高兴，刘科长张口就说：“王主任，您好，没想到在这儿遇到你，上次在聚会上……”只见赵局长的脸色有些尴尬。

谈谈这则案例中出现了哪些人际交往问题？应该如何处理才能避免这些问题。

（二）礼仪操

1. 配乐：《欢乐颂》

2. 具体动作（共八节）

第一节　整理仪容

预备姿势：双脚小八字位，双手垂于体侧站。

动作过程如图 2-11 所示：

（1）①～②拍双手四指并拢，虎口分开从前额开始向后拢头发，整理头发到后脑勺；③～④拍用双手将鬓角两侧的头发整理到耳后；⑤～⑥拍双手将衣领从后向前整理平整；⑦～⑧拍双手整理领结（带）。

（2）①～②拍双手从上到下整理衣扣；③～④拍左手拉拽右臂衣袖；⑤～⑥拍右手拉拽左臂衣袖；⑦拍双手拉拽衣服前襟；⑧拍还原。

（3）①～②拍身体向左转 90°，眼看前（侧面照镜子的动作）；③～④拍双手整理双肩；⑤～⑥拍双手拉拽衣服后襟；⑦～⑧拍身体转回正面还原。

（4）同（3）方向相反。

①～②　③～④　⑤～⑥　⑦～⑧

a)

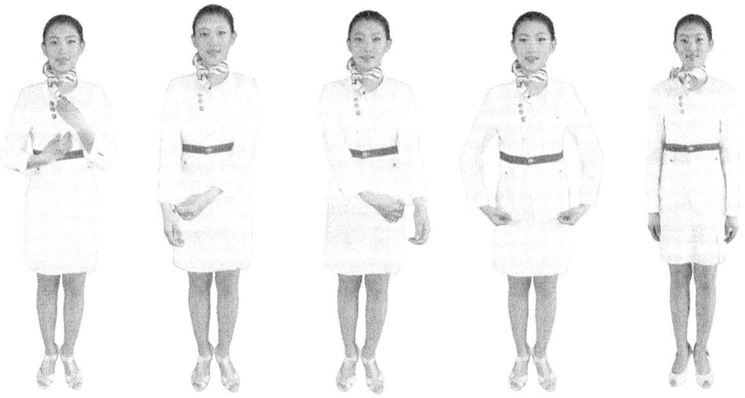

①～②　③～④　⑤～⑥　⑦　⑧

b)

图 2-11　整理仪容

c）

图 2-11　整理仪容（续）

第二节　点头招呼礼

预备姿势同第一节。

动作过程如图 2-12 所示：

（1）①～②拍身体不动，头向左转 45°，面带微笑；③～④拍头还原；⑤～⑧拍同①～④拍，方向相反；

（2）①～②拍左脚开始向前上一步成左丁字步站；③～④拍双手虎口相握（右手在上）放于小腹前；⑤～⑥拍上体向前做 15°的鞠躬礼；⑦～⑧拍右脚向后撤一步还原成预备姿势。

（3）同（1）方向相反。

（4）同（2）。

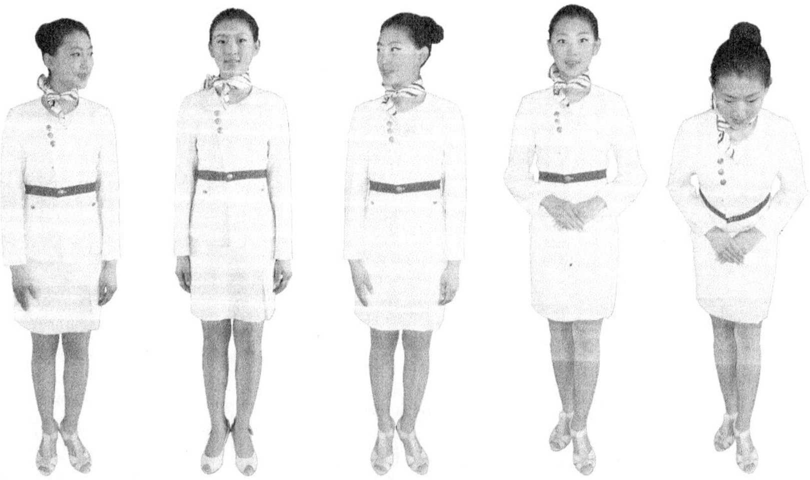

图 2-12　点头招呼礼

第三节 站姿展示

预备姿势同第一节。

动作过程如图 2-13 所示：

（1）一位站姿。①～⑧拍双脚小八字位，双手垂于体侧。

（2）二位站姿。①～②拍身体向左半面转 45°，双手虎口相握（右手在上）放于小腹前，双脚小八字位站；③～⑥拍保持不动；⑦～⑧拍身体转回正面，手保持原来姿势不动。

（3）三位站姿。①～②拍双手虎口相握（右手在上）放于小腹前，右脚向后移，将脚心贴于左脚脚跟，成左丁字步；③～⑧拍保持不动。

（4）四位站姿。①～②拍身体向右半面 45°转，同时左手五指并拢背于体后，右手放于体侧，双脚成左丁字步；③～⑥拍保持不动；⑦～⑧拍还原成预备姿势。

图 2-13 站姿展示

第四节 鞠躬示意

预备姿势同第一节。

动作过程如图 2-14 所示。

（1）①～②拍左脚开始向前上一步成左丁字步站；③～④拍双手虎口相握（右手在上）放于小腹前；⑤～⑥拍上体向前做 15°的鞠躬礼；⑦～⑧拍右脚向后撤一步还原成预备姿势。

（2）①～②拍身体向右转 90°，双脚成左丁字步；③～④拍双手虎口相握（右手在上）放于小腹前，同时上体向前行 30°鞠躬礼；⑤～⑥拍右手横摆式引领（请进）；⑦～⑧拍左脚向后撤一步，右脚并左脚，同时身体左转，还原成预备姿势。

（3）同（1）。

（4）同（2）方向相反。

图 2-14　鞠躬示意

第五节　握手引领

预备姿势同第一节。

动作过程如图 2-15 所示：

图 2-15　握手引领

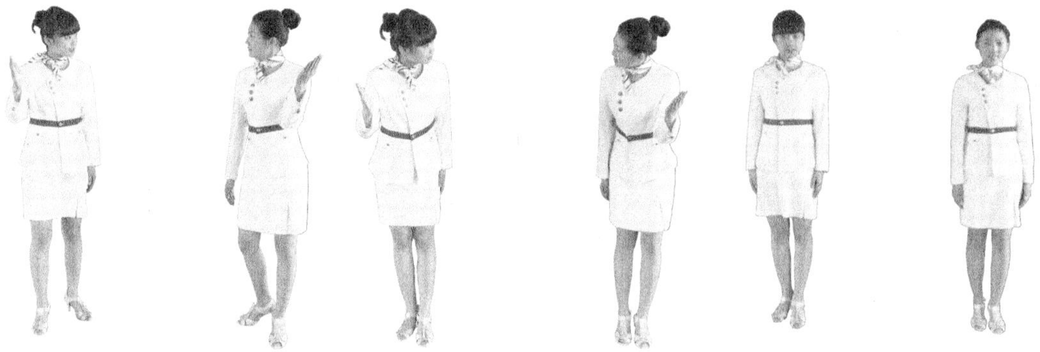

图 2-15 握手引领（续）

（1）①～②拍一人向左转 90°，一人向右转 90°，成两人面对面站；③～④拍两人均向前上一步，同时两人面带微笑对视；⑤～⑦拍伸出右手相握；⑧拍收回右手。

（2）①拍两人均出内侧脚开始向后退一步，同时引领对方，即右侧人先退左脚，出右手向右引领，左侧人先退右脚，出左手向左引领；②～④拍两人均向前转回，手同①拍不动，随着身体的转动而转动；⑤～⑦拍手同①拍不动，鞠躬 30°，眼看对方，示意对方向这个方向走；⑧拍双方收回左右手还原。

（3）～（4）同（1）～（2），方向相反。

第六节 蹲姿递物

预备姿势同第一节。

动作过程如图 2-16 所示：

（1）①～②拍身体向左转 90°；③～⑥拍向下做高低式蹲姿；⑦～⑧拍身体转回还原。

（2）①～②拍左脚开始向前上一步成左丁字步站，两手垂于体侧；③～④拍双手向前屈小臂，做持物品的样式，小臂与地面平行与肩同宽，大臂与身体保持一拳的距离；⑤～⑥拍向前行 15° 鞠躬礼，示意将物品递交过去；⑦～⑧拍还原。

（3）同（1），方向相反。

（4）同（2）。

图 2-16 蹲姿递物

第七节　介绍导示

预备姿势同第一节。

动作过程如图 2-17 所示：

（1）①～②拍上体向前鞠躬 15° 同时右手从侧伸出到左斜前上方与头齐平，做直臂式引领手势，右手垂于体侧，眼看右方，示意右方的客人向左边看；③～④拍还原；⑤～⑥拍上体向前鞠躬 15° 同时右手从侧伸出到右斜前上方与头齐平，做直臂式引领手势，左手垂于体侧，眼看左方，示意左方的客人向右边看；⑦～⑧拍还原。

（2）①～②拍左脚开始向前上一步成左丁字步站，两手垂于体侧；③～④拍双手虎口相握，右手在上，放于小腹前；⑤～⑥拍向前行 30° 鞠躬礼，同时右手做斜臂式引领手势，示意对方就座；⑦～⑧拍还原。

（3）①～②拍上体向前鞠躬 15° 同时右手从侧伸出到右斜前上方与头齐平，做直臂式引领手势，左手垂于体侧，眼看右方，示意客人向右边看；③～④拍还原；⑤～⑥拍同①～②拍方向相反；⑦～⑧拍还原。

图 2-17　介绍导示

（4）①～②拍左脚开始向前上一步成左丁字步站，两手垂于体侧；③～④拍双手虎口相握（右手在上）放于小腹前，成三位站姿；⑤～⑥拍向前行 45° 鞠躬礼，同时右手做屈臂式引领手势，示意对方“里边请”；⑦～⑧拍还原。

第八节　感谢再见

预备姿势同第一节。

动作过程如图 2-18 所示：

（1）①～④拍身体向左侧 45° 走四步，同时双手由体侧经体前交叉到两臂侧平举；⑤～⑧拍双手放于体侧行 90° 鞠躬礼。

（2）①～④拍向后退四步最后两步身体转回面向前，同时拍手四次；⑤～⑧拍原地踏步，右手做再见动作。

（3）～（4）同（1）～（2），方向相反。

图 2-18　感谢再见

3. 动作要求

（1）始终保持抬头 、挺胸、立腰、收腹，面带微笑。

（2）眼要根据不同的寓意进行调整，要有神，会说话，表现出此时无声胜有声。

（3）动作要标准规范，协调优美，与音乐合拍。

（三）礼仪综合情景模拟训练

自编，自导，自演情景剧。内容包括：握手、介绍、递名片、服饰、站姿、坐姿、走姿、语言礼仪等。先分小组进行表演，然后由教师、学生点评，最后进行评分。教师对学生表演中所出现的问题进行归纳。

【要求】（1）每四人一组，如需要可另请同学客串，但客串同学不记分。

（2）自己设定一情景，内容包括介绍、握手、递名片、站姿、坐姿、走姿、服饰、打扮、语言礼仪等内容。少一项扣 10 分。

（3）出场后先由一名同学介绍剧情、人物。

（4）考核项目及评分标准详见表 2-7。

表 2-7　见面礼仪综合情景模拟考核评价表

内容 / 得分 / 组别	介绍（10 分）	握手（10 分）	递名片（10 分）	走姿（10 分）	坐姿（10 分）	站姿（10 分）	服饰（10 分）	语言礼仪（10 分）	编排（10 分）	总体印象（10 分）	总分（100 分）
1											
2											
3											
4											
5											

第二单元　接待礼仪

接待是表达主人情谊，体现礼貌素养的重要方面，接待礼仪最直观地代表着接待人的素质。接待时，给客人留下良好的第一印象就为下一步深入接触打下了基础。

第一节　服务礼貌用语

【学习目标】

1. 掌握问候语、敬语、委婉语、幽默语的使用及不同场合礼貌用语的选择，使学生能够掌握一定的待客语言知识和应用技巧。

2. 能使用正确的服务礼貌用语，提高语言修养，为作好今后的服务工作打下良好的基础。

一、教学准备

（1）物品准备。教师准备两套职业装、一台数码照相机、教学用计算机、投影仪器及教学课件。

（2）场地准备。设置有训练镜的形体训练室。

（3）分组安排。将学生分成若干小组，每组 4 ～ 6 人，分组实训，其余人员参照技能考评标准进行互评，而后轮换。

二、学习内容

服务礼貌用语是服务行业人员在接待宾客时需要使用的一种礼貌语言，是向宾客表达意愿、沟通思想、交流情感、互换信息的重要工具。要想为客人提供更优质、更满意的服务，就必须要使用相应的服务礼貌用语来对客服务。

1. 熟悉问候语、敬语、委婉语、幽默语的使用

（1）问候语。问候是见面时最先向对方传递的信息，是作为社交场合的“开场白”来被使用的。对于不同的环境和人，要注意不同方式问候语的使用。跟初次见面的人问候，标准的问候语是：“您好！很高兴认识您!”“见到您非常荣幸!”等。如果对方是个有名望的人，也可以说“久仰”，或者说“幸会”“早听说过您的大名”“我早就拜读过您的大作”“您的故事我早有耳闻”等。与熟人的问候语就不必如此客套，用语也可以更加亲切、具体一些，可以说“好长时间没见了”“你最近气色不错”等。

问候语作为一种见面后的联系语言，不一定具有实质性的内容，要能够达到尊重对方、传达友好的目的，而且还应灵活多变，如果你对一屋子的人都说“久仰”，就显得不合适。最重要的是要把握好分寸，因人、因时、因地而异。

（2）敬语。敬语，亦称“敬辞”，与“谦语”相对，是表示对听话人尊敬的语言手段。敬语一般运用在以下一些场合：如比较正规的社交场合；与师长或身份、地位较高的人的交谈；与人初次打交道或会见不太熟悉的人；会议、谈判等公务场合等。

常用的敬语有“请”“您”“劳驾”“贵方”“贵公司”等。另外还有一些常用的词语用法，如初次见面称 “久仰”，很久不见称 “久违”，请人指导称“请教”，请人原谅称 “包涵”，麻烦别人称“打扰”，托人办事称“拜托”，赞人见解称“高见”等。

（3）委婉语。委婉语是指在商务活动或交际工作中用来表达不宜直言的人或事物的言语，常常在一些正规的场合以及一些有长辈和女性在场的情况下，被用来替代那些比较随便，甚至粗俗的话语。例如，想要上厕所时，这样说：“对不起，我去一下洗手间。”

（4）幽默语。幽默可以创造和谐，幽默能使险境变坦途，幽默能化干戈为玉帛，幽默能变被动为主动。在商务活动或谈判中，开开玩笑、说说幽默语，能营造一个轻松愉快的交谈氛围，有助于工作的顺利开展和进行，但必须注意的是使用幽默语有“三忌、二不”：一忌长幼不分；二忌男女不分；三忌场合不分；不拿别人的缺点或短处开玩笑；不开低俗玩笑。

2. 熟练使用“十字文明礼貌用语”

在与人交谈时要经常使用“请”“您好”“谢谢”“对不起”“再见”十字文明用语。

3. 不同场合礼貌用语的选择

（1）迎送用语。使用迎送用语时要真诚，它的代表性用语是：“欢迎!” “欢迎光临!”“欢迎再次光临!”“请您走好!”“再见!”。

（2）征询用语。征询用语的代表性用语是：“请问……”“劳驾……”“您有什么事情？”“需要我帮您做什么？”“您还有别的事情吗?”“如果您不介意的话，我可以……吗？”“请您慢点讲好吗？”

（3）插话用语。注意倾听对方的谈话是与商务交往过程相伴而行的一个重要环节，也是交谈顺利进行的必要条件。交谈中不应当随便打断对方的话，要尽量让对方把话说完再发表自己的看法。如确实想要插话，应注意使用插话用语，如“对不起，我插一句行吗？”，但插话不可冗长，点到即可。

（4）应答用语。应答用语的代表性用语是：“您好！这里是……吗？”“请问您有什么事情？”“是的”“好的”“我明白您的意思”“我会尽量按照您的要求去做”“没关系”“不必客气”“照顾不周的地方请多指正”“非常感谢”“谢谢您的好意”等。

（5）道歉用语。道歉用语的代表性用语是：“实在对不起”“请原谅”“打扰您了”“失礼了”“完全是我们的过错”“谢谢您的提醒”“我们立即采取措施使您满意”“很遗憾不能帮您的忙”等。

4. 常用的礼貌用语

（1）您好!

（2）早上好/中午好/晚上好!

（3）见到您很高兴!

（4）对不起，让您久等了!

（5）对不起，打扰一下可以吗?

（6）没关系，这是我应该做的。

（7）如果不介意的话，我先接个电话。

（8）很遗憾，在这件事上，我帮不上您的忙。

（9）您先请。

（10）很高兴为您效劳。

（11）这事恐怕不行了，请多多包涵。

（12）谢谢您的支持和理解。

（13）请到办公室，我们坐下来慢慢谈。

（14）那么，我们下星期见。

（15）再见。

5. 服务忌语

（1）不知道。

（2）不行。

（3）这不关我（们）的事。

（4）没看我正忙吗?

（5）连这也不知道。

（6）这事不是我办的，我不管。

（7）有完没完。

（8）现在才说，早干什么去了。

（9）等会儿，我现在没空。

（10）越忙越添乱，真烦人!

三、实训方法与步骤

（1）讲解不同文明礼貌用语的使用方法，创造友好、文明谈话的环境，营造出谈话的氛围。

（2）情景诱导法。设计不同的情景，如何用礼貌用语交谈等。

（3）不断变化调整说话的音量、语调、语速和语气，通过对比，体会规范的礼貌用语的优势。

（4）每天使用“十字礼貌用语”一次，养成良好的习惯。

（5）结合正确的仪态、微笑、眼神和手势来表达语言，增强语言的表现力。

（6）收集礼貌用语，组织分角色表演，如扮演售票员、办公室经理等。用摄像机记录学生模拟情景的过程。

（7）训练评价。学生自我评价、教师总结点评学生存在的个性与共性问题。

四、考核与评价

服务礼貌用语的考核项目及评价内容详见表 2-8。

表 2-8　服务礼貌用语考核评价表

考核项目	评价内容		分值/分	自我评价/分	小组评议/分	实际得分/分
礼貌用语的使用	掌握语言的分类及要求		20			
	不同场景中如何运用语言		40			
	使用礼貌用语时	态度	10			
		语气	10			
	语言与表情的协调表现		20			
合计			100			

注：1. 实际得分=自我评价×40%+小组评议×60%。

2. 考评满分为 100 分，分为不合格、合格、良好、优秀四个级别：60 分以下为不合格；60～74 分为合格；75～84 分为良好；85 分以上为优秀（含 85 分）。

五、思考与练习

1. 一个断肢的残疾人在路边乞讨，旁边围了一些人观看。这时来了一位衣冠楚楚的绅士，走上前来掏出一张百元钞票，丢在乞讨者面前。然后对众人炫耀说：“我王善人名不虚传吧？”乞讨者将钞票收起，并没有太多感谢的表示。

一会儿来了一位拿着扫把的环卫工人，从兜里掏出几块钱送到乞讨者的手上，并说：“不要嫌少，我一天的饭钱就只有这些。”这时乞讨者以身伏地连连磕头拜谢，感激不尽。

富人给了他那么多钱，他好像并不看重，而环卫工人的几块钱，为何让他感激涕零呢？

2. 金先生入住一家五星级酒店，第一天晚上十一时左右曾委托总台李小姐叫醒，但李小姐未能准时叫醒客人，从而耽误了航班，引起了客人的投诉。下面是大堂安副经理与金先生的一段对话：

安：金先生，您好！我是大堂副经理，请告诉我发生了什么事？

金：什么事你还不知道？我耽误了飞机，你们要赔偿我的损失。

安：您不要着急，请坐下慢慢说。

金：你别站着说话不腰疼，换你试试。

安：如果这件事发生在我身上，我肯定会冷静的，所以我希望您也冷静。

金：我没你修养好，你也不用教训我。我们没什么好讲的，去叫你们经理来。

安：叫经理来可以，但你对我应有起码的尊重，我是来解决问题的，可不是来受你气的。

金：你不受气，难道让我这花钱的客人受气，真是岂有此理！

安：……

大堂副经理在处理客人投诉时存在哪些问题？

第二节　会客礼仪

【学习目标】

1. 能掌握会客的基本程序。

2. 能根据不同的交往对象和场景，准确地运用会客的礼仪。

一、教学准备

（1）物品准备。教师准备好教学用计算机、投影仪器及教学课件。

（2）场地准备。能容纳 30～40 人且具备多媒体设备的教室。

（3）分组安排。将学生分成若干小组，每组 4 ～ 6 人，分组实训，其余人员参照技能考评标准进行互评，而后轮换。

二、学习内容

在生活中，我们除了经常被热情的朋友邀请去做客外，还经常会邀请一些朋友来做客。如何得体而又有礼貌地邀请、接待客人，是接待礼仪的重要内容，也是每个人应该掌握的基本常识。

（一）会客的程序

会客的程序一般包括会客前准备、迎接问候、敬茶递烟、陪客交谈、共同进餐、送客六个环节。

（1）准备。在客人到来之前要做好室内清洁，注重自身形象，并准备好材料等。

（2）迎接问候。客人在约定时间到达，主人应提前到门口迎接，见到客人后，应热情打招呼，以示欢迎。

（3）敬茶递烟。客来敬茶是中国人的待客传统习俗，敬茶时要将茶杯放在托盘上，用双手奉上，茶杯应放在客人右手的上方，如果客人不止一位时，第一杯茶应敬给德高望重的长者，当然，熟人可以不必过于讲究。递烟也是我国待客的一种传统习俗，一般情况下，来客坐下后应马上递烟，尤其是男士。递烟时要注意，尽量不要用手指直接接触烟嘴，如果客人不吸烟，不必强行递送。

（4）陪客交谈。交谈的内容根据来访者的目的、身份、职业、兴趣而定，不要谈些对方不太熟悉或不感兴趣的话题，不能让客人独坐一隅，有冷清之感。

（5）共同进餐。如果到了进餐的时候，要请客人一起进餐，客人同意后，主人及其家属要进行合作，一人陪客，一人准备饭菜。在进餐时，可以根据条件听听音乐等，以增加欢快气氛。

（6）送客。客人告辞时，主人应婉言相留，若客人执意要走，也要等客人起身告辞时，再站起来相送。送客时要把客人送到门口或楼下，亲切道别，待客人走远后，再回身关门或上楼。

（二）会客的地点

会客时因地点的不同又各有区别。

1. 家庭会客

（1）家居清洁，迎接问候。客人来之前，可以在家中摆放一点花卉，显得具有生命力；室内的空气要清新，在客人到来之前将居室收拾整洁；同时一定要注意自己的穿着，在家中的穿着并不一定要很正式，但也不能过于随便，可以穿一些休闲装，这样显得比较亲切、随和。准备好相应的水果、食品、餐具、娱乐用具等。客人来时，主人应站在门口迎接；客人若不熟悉家里的情况，主人应先介绍自己的家人，然后热情地招呼客人入座。

（2）感谢礼物，热情招待。请客人落座后可以请教客人的喜好是茶、咖啡，还是其他饮料。如有点心招待，应先将点心端出。西瓜、菠萝等应去皮，切块用水果盘端送给客人。若当着客人的面削皮，刀口应朝内，并要注意手不要碰到水果肉。如果是夏天应打开空调，送上扇子、冷饮等。主人接受客人带来的礼物时，要表示感谢。中国传统习惯是接过礼物不打开包装，等客人走后再打开。

（3）挽留用餐，礼貌送客。当客人要走时，应婉言相留，这是情谊流连的自然表示，并非俗套与多余。当客人起身告辞时，主人和在场的人应起身道别。主人送客应送到门外或楼下，切不可在送客时先“起身”或先“伸手”，免得有厌客之嫌。回到居室后要轻声关门，并且不要马上关门灯，感觉到客人走远时再把门灯关上。

2. 办公室会客

（1）注意办公人员自身形象。办公场所里的个人形象，即行为举止要得体，要讲究分寸，要与办公场所的气氛、环境以及所从事的工作性质相协调。办公场所里的个人形象主要体现在以下几个方面：

1）仪表端庄、大方。要注意个人卫生和整洁，发型要简洁，女士应略施淡妆。服饰穿戴简洁、庄重，忌穿牛仔装或无领无袖的衣服，忌穿拖鞋。

2）举止要庄重、文雅。注意保持良好的站姿和坐姿，不要斜身倚靠办公桌，更不能坐在办公桌上面。不要在办公室里吃东西，尤其不要吃瓜子等有响声的食品。

3）说话要文明，有分寸。办公场所不要使用亲昵的称呼。不要总是抱怨、发牢骚或闲聊。

（2）提前准备好材料。有关客人来访的目的，一般对方早已提前告知，应根据双方商定的会谈事宜，或客人的请求，让有关人员早做准备。事先提供需要的数字、情况、资料，并进行打印、论证。

（3）迎接、问候。看到客人进来时，应马上放下手中的工作起立，面带微笑，主动迎上前来握手迎接，并有礼貌地问候，问候时要主动自报家门并注意问候的语气、语调；若来者为多人，要注意问候的顺序。

（4）介绍。具体介绍时，要有礼貌地用手示意，但不要用手指指点点，应简要说明被介绍人所在单位、职务及姓氏，如“这位就是××局刘局长，×××同志”。介绍时，一定要注意介绍的顺序。

（5）礼貌交谈。在与客人交谈时要注意交谈内容的选择，礼貌用语的使用，同时表情要认真，注意倾听，以对方为中心，处处礼让对方，不随便插话，适时以微笑、点头等动作表示同意对方的观点或意见。

（三）会客注意事项

1. 家庭会客注意事项

（1）客人来了，家中乱七八糟，家人或自己只穿睡衣、短裤或光脚赤膊。

（2）客人进门后不理不睬，要么一边吃饭一边同客人对话或躺在床上同客人对话。

（3）不把客人介绍给家人。

（4）室内不安静，边看电视边听广播边接待客人。

（5）家中仍然争吵不休，向客人公开矛盾。

（6）与客人交谈时心不在焉。

（7）把客人带来的礼物当场打开查看。

（8）对客人评头论足，或嘲笑客人的行为。

（9）小孩纠缠客人或家人，随便在交谈中插话。

（10）反复看表，或流露出不耐烦神态，暗示客人快走。

2. 办公室会客注意事项

（1）问候时最好点名道姓。

（2）若对方没请你坐下，你最好站着。坐下后不应掏烟，如对方请你抽烟，你应说：“谢谢。”把烟灰和火柴头弄到地板上，是很不得体的。

（3）不要急于出示随身携带的资料、书信或礼物。只有在你提及了这些东西，并已引起对方兴趣，或是对方问到相关资料时，才是出示相关资料的最好时机。

（4）主动开始谈话，珍惜会见时间。尽管对方已经了解到你的一些情况和来访目的，你仍有必要主动开口。你可再次对某些问题进行强调和说明，这是礼貌的需要，也反映了一个人的精神面貌。

（5）保持相应的热情。在谈话时，你若对某一问题没有倾注足够的热情，对方会马上失去谈论这个问题的兴趣。

（6）学会听的艺术。听有两个要求，首先要给对方留出讲话的时间，其次要“听话听音”。如对方首先讲话，你不可打断对方。应做好准备，以便于机警、巧妙地回答对方的问题。不论是社交场合，还是在工作中，善于倾听是一个人应有的素养。

（7）避免不良的动作和姿态。玩弄手中的小东西，用手不时地理头发，搅舌头，清牙齿，掏耳朵，盯视指甲、天花板或对方身后的字画等，这些动作都有失风度。

（8）要诚实、坦率，又有节制。若在一件小事上做假，很可能使你的整个努力付诸东流。你要坦率地谈起或承认自己的缺点或过失。

（9）注意衣着和发式。第一次见面就要根据年龄、体形、职业及季节等因素设计一下你的衣着和发式，给对方留下好印象。

（10）会见结束时，要提醒客人不要忘记带走自己的帽子、手套、公事包等东西。告别语应适当简练，克制自己不要在临出门时又引出新的话题。

三、实训方法与步骤

（1）案例引题：

一位客人走进了达能食品有限公司经理的办公室，陶秘书正在办公桌前打印一份文件，见到客人走进来，他向客人点点头，并伸手示意客人先坐下。10 分钟后，他为客人倒茶，并通过电话帮客人联系好要找的部门，在办公桌前起身向客人道别，并目送其走出办公室。但事后，陶秘书却受到了经理的批评。

陶秘书为什么受到了经理的批评？

（2）讲解会客的基本知识，并进行示范。

（3）学生分组进行会客的练习，学生之间相互评价。

（4）情景设计：张先生与王小姐是工作上的朋友，一天王小姐打电话给张先生，说明天要来找张先生商议件事，问张先生是否有时间面谈，张先生同意了王小姐的要求，并要求王小姐明天到办公室见面。

如果你是张先生，你会怎么去接待王小姐呢？请全班同学分组讨论，总结出办公室接待的一般程序，并选派代表扮演不同的角色。

四、考核与评价办法

会客礼仪的考核项目及评价内容详见表 2-9。

表 2-9　会客礼仪考核评价表

考核项目	评价内容	分值/分	自我评价/分	小组评议/分	实际得分/分
会客礼仪	准备工作	20			
	迎接客人	20			
	介绍和问候客人的方式	20			
	待客的热情程度	10			
	交谈的话题，礼貌用语的使用	20			
	整体印象	10			
合计		100			

注：1. 实际得分=自我评价×40%+小组评议×60%。

2. 考评满分为 100 分，分为不合格、合格、良好、优秀四个级别：60 分以下为不合格；60～74 分为合格；75～84 分为良好；85 分以上为优秀（含 85 分）。

五、思考与练习

1. 徐琴在某公司的前台工作。一天，他正在前台接电话，忽然看见两位客人直接往办公区走，徐琴赶紧叫住她们，客人有些不耐烦地说：“我们昨天刚来过，是找销售部的汪经理的，昨天有点事没办完。”徐琴说：“对不起，请你们稍等一下。我马上通知汪经理。”电话接通后，汪经理说：“我不想见那两个人，请你帮我挡一下。”请问：徐琴如何处理？

2. 某日上午 10 点，按照事先的约定宏达公司王伟经理到你办公室要求拜见你的上司张诚经理商谈合作事宜，可你和你的上司却完全忘了这个约会，且此时张诚经理正在某处与一位重要客人商谈并准备共进午餐。

作为秘书，你应该如何处理这种情况？

第三节　乘车礼仪

【学习目标】

1. 掌握上下车的礼仪，搭乘交通工具的注意事项。

2. 掌握汽车的座次安排，并结合日常交往礼仪加以运用。

一、教学准备

（1）物品准备。教师准备好教学用计算机、投影仪器及教学课件，并准备 20 个带数字的桌签。

（2）场地准备。设置有多媒体设备的教室或训练室，桌子椅子若干。

（3）分组安排。将学生分成若干小组，每组 4 ～ 6 人，分组实训，其余人员参照技能考评标准进行互评，而后轮换。

二、学习内容

汽车如今已成为现代社会最主要的交通工具。与领导、同事、客户一同乘车更是难免，因此，坐车礼仪就显得十分重要了。

1. 上下车礼仪

（1）当主人陪同客人同乘一辆轿车时。

1）主人应为同车的第一主宾打开轿车的右侧后门，用手挡住车门上沿，防止客人碰到头。

2）客人坐好后再关门，注意不要夹了客人的手或衣服。

3）从车尾绕到左侧为其他客人开门或自己上车。

（2）如果和女士、长辈一同乘车。

1）应请女士、长辈先上车，并为对方开关车门。

2）抵达目的地后，主人首先下车，然后为客人打开车门。

（3）如果乘坐旅游车或面包车等交通工具。

1）应让尊者、宾客先上车。

2）下车时，尊者、宾客在一人之后。

（4）倘若女士裙子太短或太紧不宜先上车时。

1）男士可主动表示坐次要位置。

2）女士上车时，得体的方法：先背对车座，轻轻坐在座位上，合并双脚并一同收入车内；下车时，也要双脚同时着地，不可跨上跨下，有失大雅，如图 2-19 所示。

图 2-19 女士上下车礼仪

2. 小轿车座次安排

（1）在使用小轿车时，一般座位排次是比较讲究的。在不同身份、不同阅历、不同经验的人眼里，轿车的上座不一样。专业的讲法，轿车的上座有三种：

1）第一个上座，称为“社交场合的上座”。主人开车时，上座为副驾驶座。这个位置能和主人方便地交谈。如果这时你坐在后排，就有把主人当成你司机的嫌疑，如图 2-20 所示。

2）第二个称为“公务接待”的上座。如果开车的人是专职司机，上座是后排右座。这跟我国道路行驶规则有关。后排比前排舒服，右边比左边上下车方便。训练有素的司机开车到酒店一停车，后排右座一定正对着门。这个位置的人伸腿下车，抬腿上车，非常方便。而副驾驶的座位是“随员座”，所以酒店的门童都不会给副驾驶员座开门，如图 2-21 所示。

3）第三个上座称为“VIP 上座”。即司机后面的座位。高级将领、高级领导等，他们喜欢坐在司机后面。因为那个位置最安全。最不安全的位置是副驾驶座。如图 2-22 所示。

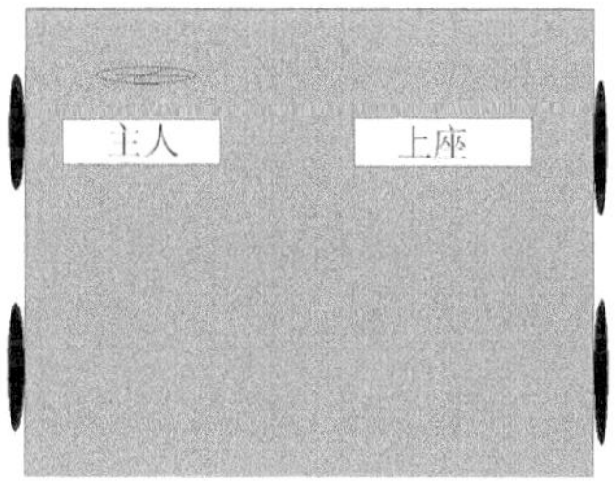

图 2-20 社交场合的上座

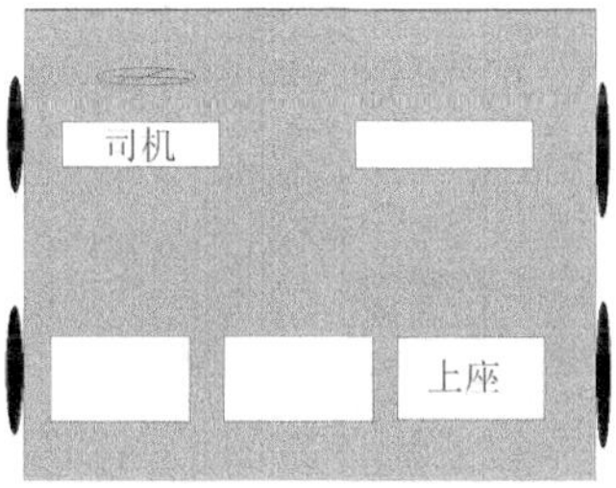

图 2-21 公务接待的上座

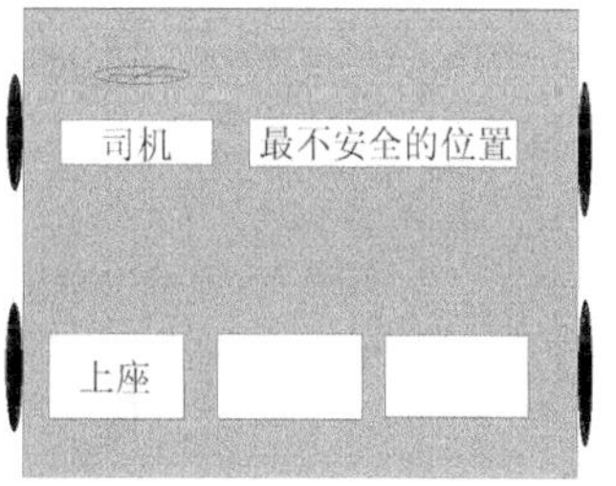

图 2-22 VIP 上座

（2）以下分别以主人驾驶和专职司机驾驶两种方式，对乘车座次礼仪分别介绍。座位标注的 1、2、3……顺序，按乘车人重要顺序依次排列。

1）双排五人座轿车座次安排，如图 2-23 所示。

2）双排六人座轿车座次安排，如图 2-24 所示。

3）三排七人座轿车（中排为折叠座）座次安排，如图 2-25 所示。

4）三排九人座轿车座次安排，如图 2-26 所示。

（3）吉普车的乘车礼仪。吉普车，简称吉普，它是一种轻型越野轿车，大都是四座车。不管由谁驾驶，吉普车上座次由尊而卑依次是：副驾驶座、后排右座、后排左座，如图 2-27 所示。

（4）多排轿车的乘车礼仪。多排座轿车，指的是四排以及四排以上座次的大中型轿车。其不论由何人驾驶，均以前排为上，以后排为下；以右为尊，以左为卑；并以距离前门的远近，来排定其具体座次的尊卑。如图 2-28 所示。

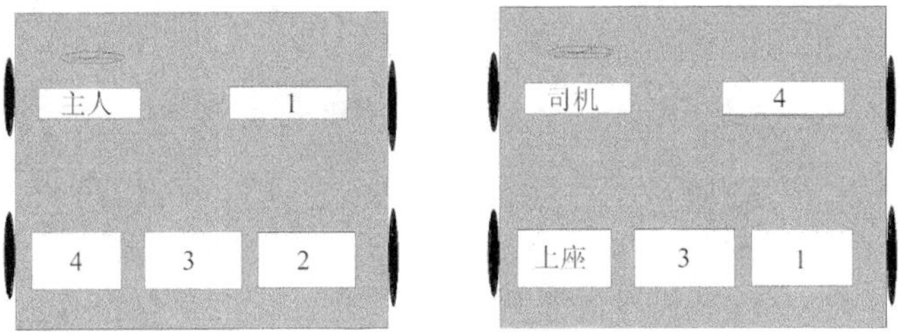

图 2-23　五人座轿车座次

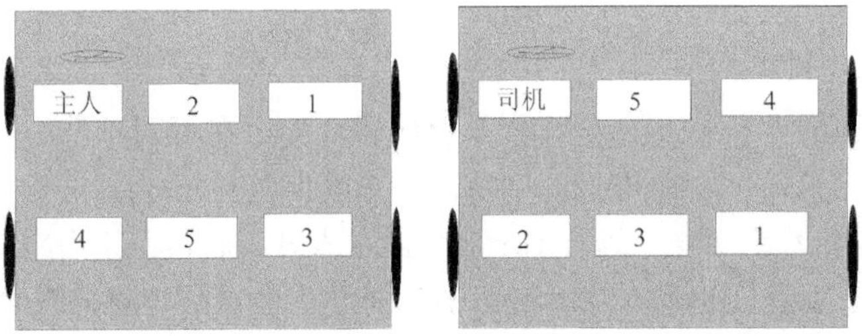

图 2-24　六人座轿车座次

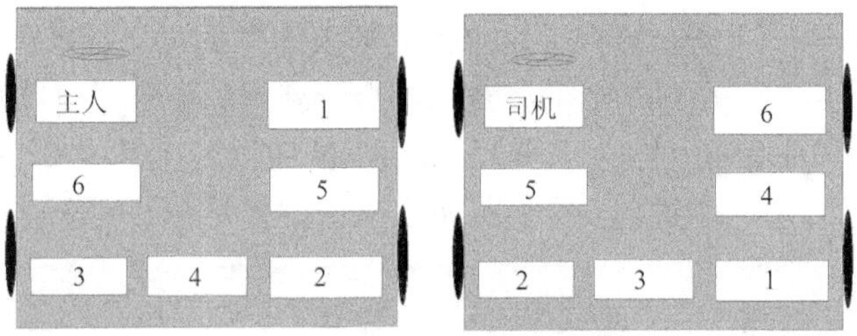

图 2-25　七人座轿车座次

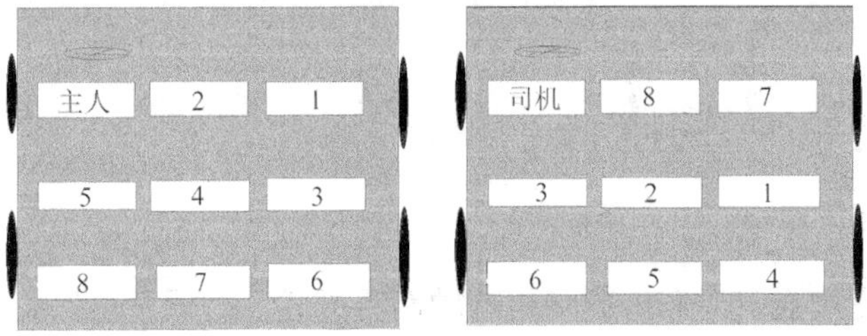

图 2-26　九人座轿车座次

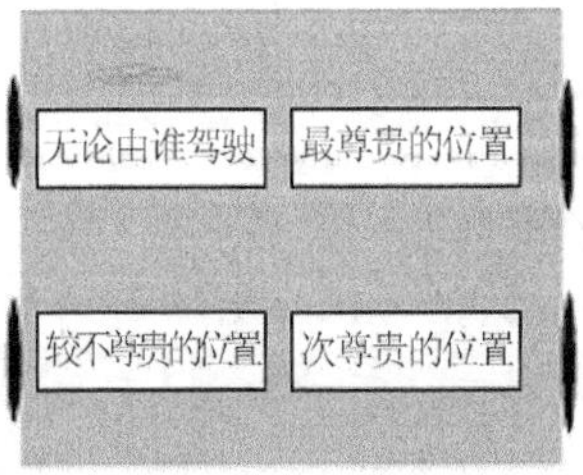

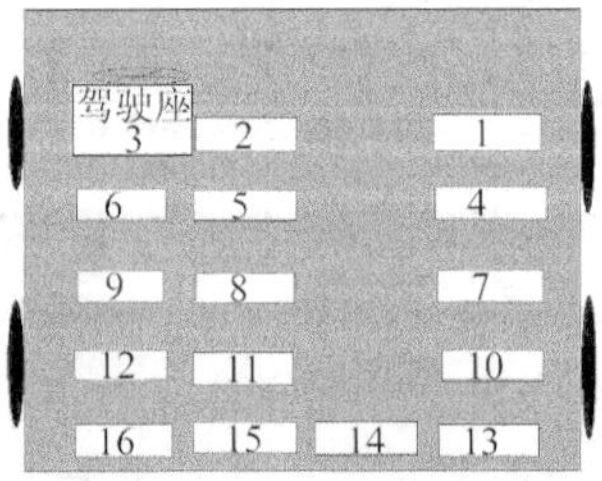

图 2-27　吉普车座次　　图 2-28　十七座的中型轿车座次

3. 乘坐公交车的座次

（1）对号入座。

（2）基本规矩。临窗的座位为上座，临近通道的座位为下座。与车辆行驶方向相同的座位为上座，与车辆行驶方向相反的座位为下座。乘客对面而坐时，应以面对车门一侧的座位为上座，背对车门的一侧的座位为下座。

4. 乘车注意事项

（1）乘坐小车。

1）乘坐主人驾驶的轿车时，最重要的是不能令前排座空着。一定要有一个人坐在那里，以示相伴。由主人驾车送其友人夫妇回家时，友人之中的男士，一定要坐在副驾驶座上，与主人相伴，而不宜形影不离地与其夫人坐在后排，那将是失礼之举。

2）由先生驾驶自己的轿车时，则其夫人一般应坐在副驾驶座上。

3）车上不要睡觉。乘车的人都睡觉时，司机也容易犯困。

4）谈话要适当。与领导同车，自然要作适当的交谈，但一定要适度。领导之间若是在谈工作，除非问到你，或希望你介入，否则尽量不要插话。若领导之间谈论的话题涉及对某人的评价等保密的内容时，你不但不要插话，甚至不要听，此时最好的办法是找个话题与司机聊聊天，或播放一段轻音乐，音量不要过大。

5）车内尽量不要吸烟。车内密封性好，空气流通性差，吸二手烟对人的危害最大。特别是冬天，与妇女和儿童同乘一辆车时应避免吸烟。

（2）乘公交车、地铁、火车。

1）候车要先看清站牌和行车方向，然后排队候车，不要“加塞”，也不要往车道上挤，上车要按次序，有老、幼、病、残、孕上下车时，要尽力扶助。

2）上车后不要争先恐后地抢座位，要往车厢中间走动。遇到老人、病人、孕妇和抱小孩的同志要主动让座。站立车厢时要扶好站稳，以免刹车时挤撞、踩踏到别人，碰撞别人要道歉。

3）下雨天乘车，在上车前应把雨伞折拢，雨衣脱下叠好，不要把别人的衣服弄湿。

4）乘车时，不要吸烟，不吃带皮带核的东西，不要把头、手伸到车外，不在车内大声交谈，更不应嬉笑打闹。

三、实训方法与步骤

（1）乘车基本礼仪讲解。

（2）学生情景模拟。公司老总与公关部经理去机场迎接本公司的重要客人，他们在去时的座次如何？如果客人是由对方公司老总及部门经理组成，回来时如何安排座次？假如由公关部经理及司机两人去接一行 5～8 人的客人，如何安排座位？

把教室座位当车座，用带数字的桌签来排序，针对不同的情况进行模拟实训。

四、考核与评价办法

乘车礼仪的考核项目与评价内容详见表 2-10。

表 2-10　乘车礼仪考核评价表

考核项目	评价内容		分值/分	自我评价/分	小组评议/分	实际得分/分
乘车礼仪	上下车礼仪	与主人同乘一辆车时	10			
		与长辈、女士同乘一辆车时	10			
		乘坐旅游车或面包车时	10			
	座次的安排	主人开车	20			
		司机开车	20			
	乘车礼仪	小轿车	15			
		公交车	15			
合计			100			

注：1. 实际得分=自我评价×40%+小组评议×60%。

2. 考评满分为 100 分，分为不合格、合格、良好、优秀四个级别：60 分以下为不合格；60～74 分为合格；75～84 分为良好；85 分以上为优秀（含 85 分）。

五、思考与练习

某公司的王先生年轻肯干，点子又多，很快引起了总经理的注意并拟提拔为营销部经理。为了慎重起见，决定再进行一次考查，恰巧总经理要去省城参加一个商品交易会，需要带两名助手，总经理选择了公关部杜经理和王先生。王先生自然同样看重这次机会，也想寻机好好表现一下。出发前，由于司机小王乘火车先行到省城安排一些事务，尚未回来，所以，他们临时改为搭乘董事长驾驶的轿车一同前往。上车时，王先生很麻利地打开了前车门，坐在驾车的董事长旁边的位置上，董事长看了他一眼，但王先生并没有在意。

开车后，董事长驾车很少说话，总经理好像也没有兴致，似在闭目养神。为活跃气氛，王先生寻找一个话题：“董事长驾车的技术不错，有机会也教教我们，如果都自己会开车，办事效率肯定会更高。”董事长专注地开车，不置可否，其他人均无应和，王先生感到没趣，便也不再说话。一路上，除董事长向总经理询问了几件事，总经理简单地作回答后，车内再也无人说话。到达省城后，王先生悄悄问杜经理：“董事长和总经理好像都有点不太高兴？”杜经理告诉他原委，他才恍后大悟：“噢，原来如此。”

会后从省城返回，车子改由司机小王驾驶，杜经理由于还有些事要处理，需要在省城多住一天，同车返回的还是四人。这次不能再犯类似的错误了，王先生想，于是，他打开前车门，请总经理上车，总经理坚持要与董事长一起坐在后排，王先生诚恳地说：“总经理您如果不坐前面，就是不肯原谅来的时候我的失礼之处。”并坚持让总经理坐在前排才肯上车。回到公司，同事们知道王先生这次是同董事长、总经理一道出差，猜测着肯定提拔他，都纷纷向他祝贺，然而，提拔之事却一直没有人提及。请结合所学知识分析，王先生为何错过了晋升的机会？

第四节　迎送礼仪

【学习目标】

1. 理解和掌握迎送礼仪的概念、程序及迎送的方式。

2. 能根据不同的场景，结合迎送的要求正确地使用迎送礼仪，为客人提供优质的服务。

一、教学准备

（1）物品准备。教师准备好教学用计算机、投影仪器及教学课件。

（2）场地准备。设置有训练镜的形体训练室。

（3）分组安排。将学生分成若干小组，每组 4 ～ 6 人，分组实训，其余人员参照技能考评标准进行互评，而后轮换。

二、学习内容

（一）迎送的概念

迎，是进入接待实施阶段的第一个工作，关乎客人的“第一印象”。“第一印象”如何，会影响到客人在此后的访问过程中的心情，以及对接待工作乃至整个组织的评价。送，对于整个接待工作过程具有总结的意味，是整个接待活动和过程的最后一个环节和留给客人的最后印象。热情规范、善始善终的迎来送往，会使客人高兴而来、满意而归，为公务活动顺利进行起到事半功倍的作用。

（二）迎送的程序

1. 迎客的程序

迎接工作的一般步骤是：（开始）准备—迎宾—安排生活（结束）。

（1）准备。

1）准确掌握客人（团组）抵达的时间、地点、所乘交通工具以及给予的礼遇等。

2）迎接前检查预定客房、车辆及餐饮。

3）通知宾馆、车辆等部门做好准备；根据需要通知保卫、新闻、卫生、机场、车站等部门做好准备。

4）通知并组织有关领导和部门按预定的时间、地点前往迎接。

5）做好其他准备工作。

（2）迎宾。

1）准确掌握抵达时间。提前到达以示欢迎与尊重，不让客人久候或自寻目的地。

2）出示接站牌。因初次见面和迎接地点拥挤喧闹，为便于识别，高举接站牌、横幅、小旗等迎接，使客人能从远处看到，主动前来接洽；应礼貌地问清客人情况，不要接错人，既保证接站顺利，又增加客人的自尊、自豪感，增进双方感情。

3）热情相迎。主动上前打招呼、握手、问候以示欢迎。自我介绍或递名片，可由身份最高者将迎接人员介绍给来宾，接着介绍来宾，先介绍身份地位高的人。主动与客人寒暄，征得同意后帮客人提行李箱，引领至车上。

4）帮助客人与机场或车站联系签票、领取行李，组织装运行李。

（3）安排生活。

1）将客人送至住地，先让其休息，以解旅途疲劳，再安排客人就餐。

2）及时向客人提供《接待手册》，并征求客人对日程安排的意见和要求。如客人对日程安排提出变化要求，应报告有关领导同意后迅速通知各有关部门。询问客人有无私人活动（如探亲访友、购物等）需帮助安排。

3）分手时礼貌道别，并交代下次会面地点、时间和联系方法。

2. 送客的程序

送客是公务接待工作的最后环节，可适当馈赠礼品，提醒别忘所带物品。送客的一般步骤是：（开始）准备—欢送（结束）。

（1）准备。

1）核实客人离开的准确时间、地点、所乘交通工具；商定集合、出发的时间。

2）通知宾馆、车辆等部门提前做好准备；根据需要通知保卫、新闻、卫生、机场、车站等部门提前做好准备。

3）通知并组织有关领导和部门按预定的时间、地点前往欢送。

4）组织装运行李，检查客人是否有遗漏物品。

（2）欢送。

1）为了表示隆重，参加接待服务的人员可在客人住地列队欢送。

2）送客人至机场车站、码头。

3）挥手告别并配以关切牵挂的道别语，待飞机起飞、车船开动后再离开。

（三）迎送的方式

（1）多人迎送。南飞雁式（见图 2-29），以迎宾人员中职位最高者站最前面，其他人按职位高低分别站于其后呈“八”字形站位。

（2）多人迎送。领头雁式（见图 2-30），以迎宾人员中职位最高者站最前面，其他人按职位由高到低向后站成斜排。

（3）多人迎送。室内迎送（见图 2-31），根据不同方向的来宾，确定不同的迎宾线，站在门内或门外均可。

（四）迎宾送客的细节

常规迎宾送客时要注意部分细节：并行时，内侧高于外侧，中央高于两侧；单行时，前方高于后方；注意不同场所如走廊、楼梯的引领方法。

图 2-29　迎送的方式——南飞雁式

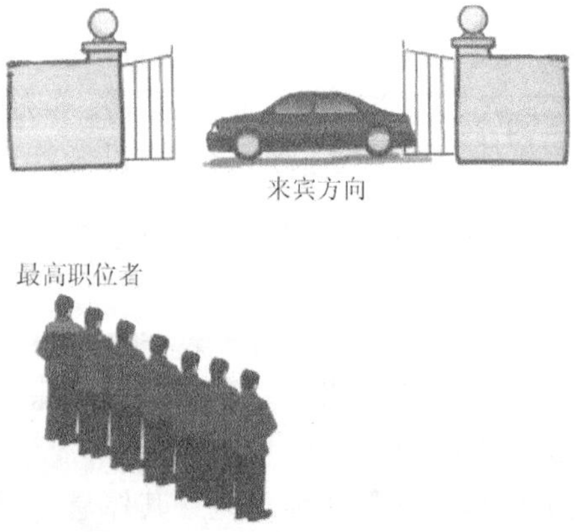

图 2-30　迎送的方式——领头雁式

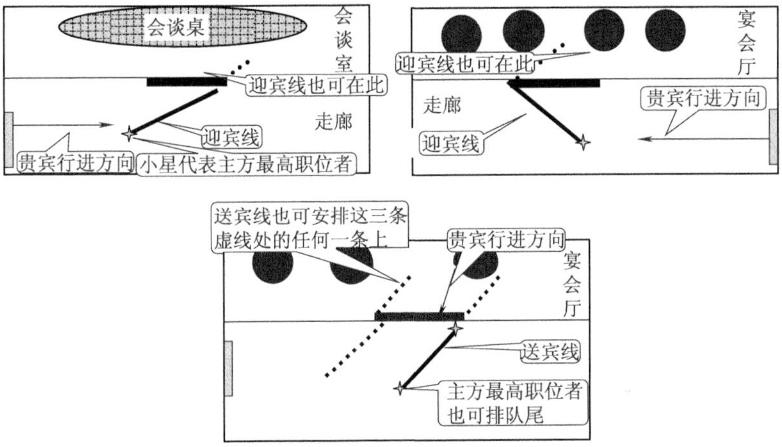

图 2-31　迎送的方式——室内迎送

（五）迎送的注意事项

（1）严格按照接待方案安排和组织迎送。

（2）准确掌握客人抵离时间、地点和所乘交通工具，及早通知全体迎送人员和有关部门。如有变化，应及时通知。

（3）接站人员应提前到达机场、车站、码头迎候客人，以示欢迎与尊重；送客要待飞机起飞、车船开动后再离开。

（4）根据需要事先安排贵宾休息室，对首次来访、彼此又不认识的客人，应事先准备好接站牌。

（5）客人抵达住地后，不宜马上安排活动，应稍事休息，给对方留下更衣时间。

（6）在迎送过程中，应热情周到，服务规范，善始善终，文明礼貌。

（7）对需要购买回程票的客人，要事先了解离开的日期，乘坐何种交通工具，收齐预付款，交票务人员办理。办妥后，要提前通知客人。

三、实训方法与步骤

（1）讲解迎送的基本知识，并进行示范。

（2）学生分组进行不同迎送方式的练习，学生之间相互纠正错误。

（3）情景设计：上级领导来校参观调研，学校安排中层领导及旅游班的学生来服务，他们应该如何迎送上级领导？学生分别扮演不同的角色，进行模拟场景的实训。

（4）分组表演，其余学生观看并评价。

四、考核与评价办法

迎送礼仪的考核项目与评价内容详见表 2-11。

表 2-11　迎送礼仪考核评价表

考核项目	评价内容	分值/分	自我评价/分	小组评议/分	实际得分/分
迎送礼仪	迎送人员的确定	10			
	迎客的准备工作	20			
	迎客的方式	20			
	送客的准备	20			
	送客的方式	20			
	仪容仪表仪态	10			
合计		100			

注：1. 实际得分=自我评价×40%+小组评议×60%。
2. 考评满分为 100 分，分为不合格、合格、良好、优秀四个级别：60 分以下为不合格；60～74 分为合格；75～84 分为良好；85 分以上为优秀（含 85 分）。

五、思考与练习

（1）如果你是某公司的公关人员，现陪领导乘坐轿车来接一位素未谋面的重要客户。请自行设置该客户的背景信息，完成与客人见面、介绍、交谈、乘车到你们公司等一系列接待工作。

（2）迎送客人的时候应该做好哪些准备工作？

（3）送别客人的时候，旅游服务人员何时离去比较合适？

第五节　奉茶礼仪

【学习目标】

1. 理解和掌握奉茶的正确姿势、续水操作礼仪、奉茶的顺序及禁忌。
2. 能根据不同的场景，结合奉茶的要求正确地使用奉茶礼仪，为客人提供优质的服务。

一、实训准备

（1）物品准备。教师准备好教学用计算机、投影仪器、教学课件、茶壶、茶叶、茶杯、茶盘、烧水壶。

（2）场地准备。能容纳 30～40 人的会议室，设有长条形会议桌或茶艺实训室。

（3）分组安排。将学生分成若干小组，每组 4 ～ 6 人，分组实训，其余人员参照技能考评标准进行互评，而后轮换。

二、学习内容

我国历来就有“客来敬茶”的民俗。无论是在家里还是在办公室，客人来访马上奉茶，虽然物美价廉，却表现出一种文化，所以马虎不得。

（一）奉茶的方式

上茶应在主客正式交谈前。正确的步骤是：双手端茶从客人的左后侧奉上。要将茶盘放在临近客人的茶几上，然后右手拿着茶杯的中部，左手托着杯底，杯耳应朝向客人，眼睛注视被奉茶者，面带微笑，双手将茶递给客人同时要说："这是您的茶，请慢用。"

（二）奉茶的顺序

奉茶时，应依职位高低顺序端给客人，再依职位高低端给同仁。一般应为：先客后主，先女后男，先长后幼。

（三）为客人续水的操作礼仪

第一步：左脚向前半步。

第二步：用左手的小指和无名指夹起杯盖。

第三步：用大拇指、食指和中指握住杯把，将茶杯端起。

第四步：侧身腰略弯曲，进行续水。续水时，不要倒得过快，瓶口不要对客人，水不宜倒得过满，七分即可。

第五步：续水后，杯把一律朝客人右手一侧，盖好杯盖。

第六步：伸手示意，同时对客人说："请用茶。"

（四）奉茶的禁忌

（1）尽量不要用一只手上茶，尤其不能用左手。切勿让手指碰到杯口。

（2）为客人倒的第一杯茶，通常不宜斟得过满。

（3）把握好续水的时机，以不妨碍宾客交谈为佳，不能等到茶叶见底后再续水。

（4）上茶时应注意不要使用有缺口或裂痕的茶杯。

（5）打开茶杯盖时，应用右手将茶杯盖内面向上放在台面上，不可直接将茶杯盖扣在台面上。

（6）有茶杯把的应手持茶杯把，不可大把抓住杯体；没有茶杯把的拿杯子下段（玻璃杯、纸杯）。

（7）茶不要太满，以七分满为宜。

（8）水温不宜太烫，约为80℃，刚泡好的茶（或咖啡）要告知对方，以免客人不小心被烫伤。

（9）同时有两位以上的访客时，端出的茶色要均匀，并要配合茶盘端出。左手捧着茶盘底部，右手扶着茶盘的边缘，如果是点心，放在客人的右前方，茶杯应摆在点心右边。

（10）以咖啡或红茶待客时，杯把和茶匙的握柄要朝着客人的右边，此外要替每位客人准备一包砂糖和奶精，将其放在杯子旁（碟子上），方便客人自行取用。

三、实训方法与步骤

（1）情境引题：

上级领导来校参观调研，学校安排中层领导参加，并要求旅游班的学生来做会场服务，在会议中学生要为客人奉茶，你们应该如何进行会场服务呢？

（2）讲解奉茶的基本知识，并进行示范。

（3）学生分组进行沏茶、奉茶、续水的练习，学生之间相互纠正错误。

（4）情境设计。就上述情境，学生分别扮演不同的角色，进行模拟场景的实训。要求：奉茶的顺序及方式要正确，仪态要优雅大方。

四、考核与评价办法

奉茶礼仪的考核项目与评价内容详见表 2-12。

表 2-12　奉茶礼仪考核评价表

考核项目	评价内容	分值/分	自我评价/分	小组评议/分	实际得分/分
奉茶礼仪	奉茶的顺序	10			
	沏茶的方法	20			
	倒茶的方式	20			
	上茶的方式	20			
	续水的时机及方法	20			
	仪容仪表仪态	10			
合计		100			

注：1. 实际得分=自我评价×40%+小组评议×60%。

2. 考评满分为 100 分，分为不合格、合格、良好、优秀四个级别：60 分以下为不合格；60～74 分为合格；75～84 分为良好；85 分以上为优秀（含 85 分）。

五、思考与练习

（1）奉茶的方式与顺序是什么。

（2）如何为客人续水？奉茶时应注意哪些事项？

第六节　礼宾次序

【学习目标】

1. 理解和掌握礼宾次序的常规排列方法，会见厅、会谈厅的布置、座位的安排及国旗的悬挂方法。

2. 能根据实情安排不同会见、会谈的准备及服务工作。

一、实训准备

（1）物品准备。教师准备好教学用计算机、投影仪器、教学课件、桌签及 5 个不同国家的国旗图。

（2）场地准备。能容纳 20～30 人的会议室，设有长条形会议桌。

（3）分组安排。将学生分成若干小组，每组 4 ～ 6 人，分组实训，其余人员参照技能考评标准进行互评，而后轮换。

二、学习内容

礼宾次序是在社会交往中，尤其是在重要的礼仪场合中，为体现参与者的身份、地位、年龄等的差别，而给予特别的尊重，或者为了体现所有参加者一律平等，而按照一定的惯例和规则对出席者进行排列的礼仪规范。

（一）常规排列方法

1. 不对等关系的排列

不对等关系的排列是指按参加方或来宾的身份与职务的高低排列。这是礼宾次序排列的主要依据。一般的官方活动，如会见、会谈、宴请等，通常按此种方法来安排礼宾次序。如按国家元首（总统、主席）、副元首（副总统、副主席）、政府首脑（总理、首相）、政府副首脑（副总理、副首相）、部长（大臣）、副部长、厅长、副厅长、处长、副处长、科长、副科长等顺序排列。

2. 对等关系的排列

（1）按字母顺序排列。在多边活动中，礼宾次序常采用按参加国国名字母顺序排列的方法。使用这一排列方法一般以英语字母顺序排列最为常见。如在国际会议、国际比赛中，公布与会者名单、悬挂与会国国旗，以及座位安排时，往往按各国国名的英文拼写字母顺序排列。在国内礼仪活动中，按个人姓名和组织名称的第一个字的笔画多少和笔顺排列次序，也是同一道理。

（2）按时间排列。①按派遣国通知东道国该国代表团组成的日期先后顺序排列；②按派遣国决定应邀派遣代表团参加该活动的答复时间的先后顺序排列；③按各国代表团抵达活动地点的时间先后顺序排列。

采取何种排列方法，东道国须在致各国的邀请书中加以注明。在实际工作中，遇到的情况往往比较复杂。所以，礼宾次序往往不能按一种方法排列，而是几种方法交叉，并考虑其他有关因素，如：国家之间的关系、地区所在、活动性质和内容、对活动贡献大小，以及参加活动的人员的威信、资历等。

（二）会见厅、会谈厅的布置及座位的安排

1. 会见厅的布置及座位的安排

会见厅的布置及座位的安排，如图 2-32、图 2-33、图 2-34 所示。面对会议桌左为上，右为下。

2. 会谈厅的布置及座位安排

（1）若横向摆桌时，主方背对门口，客方面对门口，如图 2-35 所示。

（2）若纵向摆桌时，宾主双方仍相对而坐，以入门方向为准，右侧为客席，左侧为主方，其他人员位次与前述相同，如图 2-36 所示。

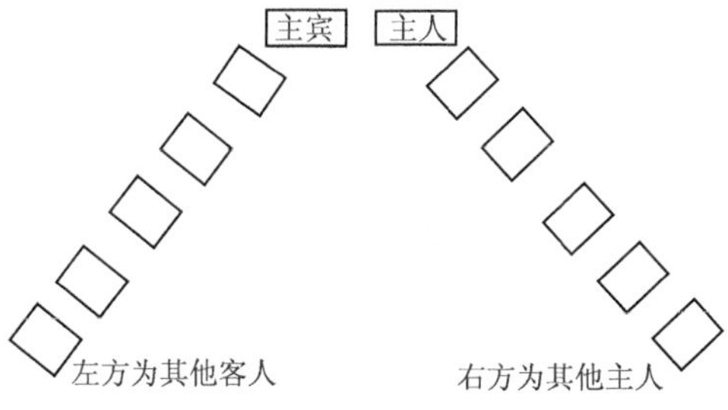

图 2-32 “八”字形会见厅的布置及座位的安排

图 2-33 “U”形会见厅的布置及座位的安排

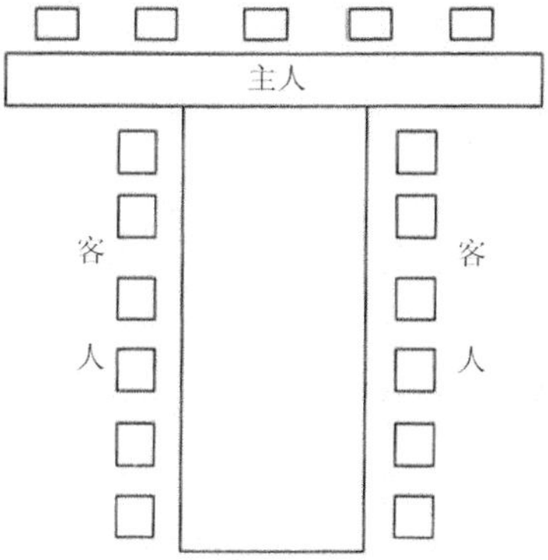

图 2-34 “T”形会见厅的布置及座位的安排

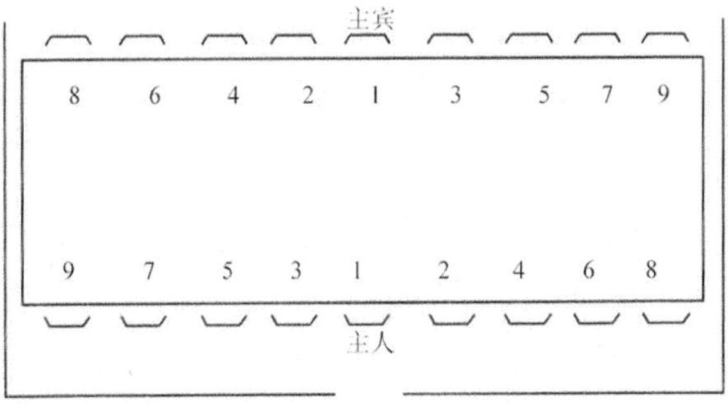

图 2-35 会谈厅的布置及座位安排——横向

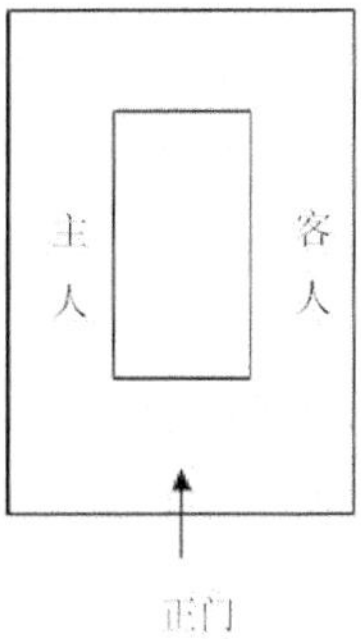

图 2-36 会谈厅的布置及座位安排——纵向

（三）国旗悬挂法

1. 悬挂国旗应遵循的基本原则

（1）按照国际惯例，悬挂国旗时，以旗面本身为准，以右为上，左为下。

（2）国旗不能倒挂、反挂。

（3）悬挂的国旗不能有破损、污损。

（4）国旗一定要升至杆顶。

2. 国旗的悬挂方法

（1）在住所、宾馆外悬挂国旗的方法。从正门向外看，左边挂主方国旗，右方挂客方国旗。

（2）宴请时国旗的悬挂方法。在宴会厅的墙壁上悬挂国旗，以面对墙壁为准，右边挂主方国旗，左边挂客方国旗。

（3）会谈、签字时国旗的摆放方法。

1）两国国旗并挂。以旗面面向观众为准，左挂客方旗，右挂主方旗，如图 2-37 所示。

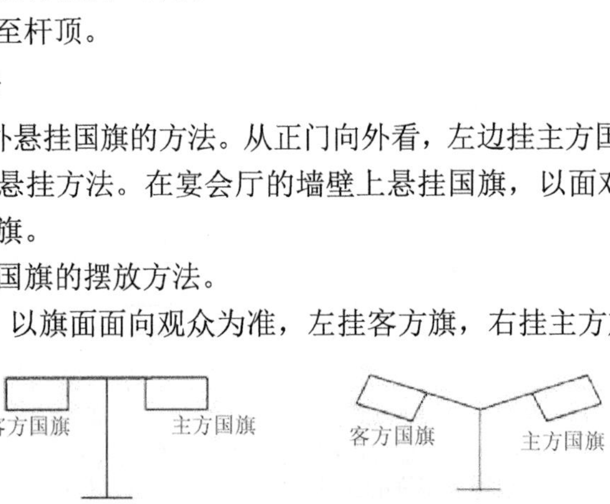

图 2-37 两国国旗并挂

2）多面国旗并挂。以面向观众为准，主方在最后，如果是国际会议，无主客之分，则按会议规定的礼宾次序排列，如图2-38所示。

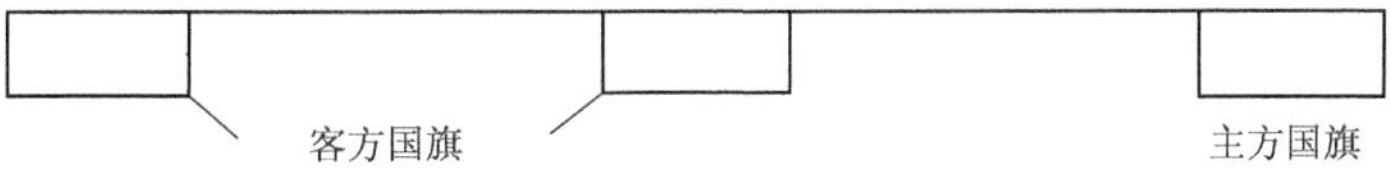

图2-38　多面国旗并挂

3）国旗交叉悬挂时，以旗面面向观众为准，左挂客方国旗，右挂主方国旗，如图2-39所示。

图2-39　国旗交叉悬挂

4）面对式。双方会谈时，双方在自己一边摆放本国国旗。

（4）车旗的悬挂法。在车上悬挂国旗，以车行进方向为准，驾驶员左手为主方国旗，右手为客方国旗，不得倒挂或反挂。若需要陪车，双方应坐在本国国旗一侧。

三、实训方法与步骤

（1）观看国家领导人接见外宾时的录像片，让学生直观地感受到礼宾次序的重要性。

（2）讲解礼宾次序的基本知识，并进行示范。

（3）学生分组进行会见厅和会谈厅的布置及国旗的悬挂方法的练习，学生之间相互纠正错误。

四、考核与评价办法

礼宾次序礼仪的考核项目与评价内容详见表2-13。

表2-13　礼宾次序礼仪考核评价表

考核项目	评价内容	分值/分	自我评价/分	小组评议/分	实际得分/分
礼宾次序礼仪	礼宾次序的安排	10			
	位次的顺序	20			
	会见、会谈位次的安排	20			
	车旗的悬挂	20			
	国旗的悬挂方法	20			
	仪容仪表仪态	10			
合计		100			

注：1. 实际得分=自我评价×40%+小组评议×60%。

2. 考评满分为100分，分为不合格、合格、良好、优秀四个级别：60分以下为不合格；60～74分为合格；75～84分为良好；85分以上为优秀（含85分）。

五、思考与练习

（1）请学生分别扮演参加会见、会谈仪式等的东道主和来访方人员，其他学生分组练习正确地引领双方人员入座，协助安排好会见、会谈、仪式等。

（2）请学生分别扮演参加宴会的主方人员和客方人员，其他学生分组练习引导客方人员步入宴会厅，以及正确地安排双方人员入座。

第三单元　沟通礼仪

第一节　电话礼仪

【学习目标】

1. 掌握打电话的时间、通话内容的选择及通话结束的礼仪；掌握接电话前的三三原则及作电话记录时遵循“5W+1H”原则。

2. 掌握挂电话和打错电话及接到拨错电话时的礼仪；熟练结合日常交往礼仪并加以运用，以适应日常工作场合的礼仪要求。

一、实训准备

（1）物品准备。教师准备好教学用计算机、投影仪器及教学课件。

（2）场地准备。教室或有固定电话的办公室。

（3）分组安排。将学生分成若干小组，每组 4 ～ 6 人，分组实训，其余人员参照技能考评标准进行互评，而后轮换。

二、学习内容

电话被现代人公认为便利的通信工具，在日常工作中，使用电话的方式很关键，它直接影响着一个公司的声誉；人们通过电话沟通也能粗略判断对方的人品、性格。因而，掌握正确的、礼貌待人的接打电话方法是非常必要的。

（一）打电话礼仪

1. 拨打电话前

（1）选择适当的时间，除了有要紧事相告和事先约定之外，白天应在 8 点以后，假日最好在 9 点以后，夜间则应在 10 点以前。避免在用餐和午睡时间打电话，以免影响别人休息。

（2）整理好电话沟通内容再拨电话，以免通话时思绪混乱；查清对方号码后正确拨号。

2. 电话接通时

注意礼节，先报上自己的单位和姓名，再确认对方身份。

3. 通话过程中

（1）通话内容言简意赅、目标明确、突出重点、语速适中、语音柔和，给人亲切感。

（2）当受话人陈述某一问题时，尽量不要打断。

（3）避免交谈敏锐问题，打电话的时间宜短不宜长，一般控制在 3 分钟以内。

4. 通话结束后

礼貌道别，轻声放下听筒。

5. 借用他人电话时

在别人家做客或别的单位办事借用电话时，应先征得主人同意，方可使用。办公室电话用于办公，最好不要打私人电话。

6. 特殊情况

如果在拨打电话后，出现以下特殊情况。请记住以下内容：

（1）如果拨错电话号码，要主动道歉。

（2）如果拨号后没有人接听，要耐心等候，6 次响铃后才挂断电话。

（3）如果要找的人不在，则可请接电话的人转告，表示感谢并询问对方姓名。

（4）如果遇通话突然中断，应重拨一次以示歉意。

（5）如果需要说的内容很多，事前可列入提纲并在接通时问明对方是否方便。因电话内容多，又要求记录时，应主动重复一遍，以免对方记错。

（二）接电话的礼仪

1. 接电话前

接电话前，要熟知“三三”原则。

（1）来电铃声不能超过 3 声。电话铃响 3 声内应接听。

（2）通话不能超过 3 分钟。长话短说，废话不说，没话别说。

（3）嘴离电话 3 厘米。在接听或者拨打电话时嘴巴离话筒保持在 3 厘米左右的距离。

2. 接电话时

（1）主动报出单位名称和部门，热情大方。

（2）仔细聆听对方的讲话，并及时以“嗯”“是的”“对”“好”作答，给对方积极的反馈。

3. 通话结束后

通话结束后，礼貌道别，轻声放下听筒。

4. 接到拨错电话时

接到拨错的电话时，礼貌温和地告诉对方打错了。对方若道歉，可以适当回答。

5. 对方请代传电话时

如对方请你代传电话，要弄明白对方的基本信息及需求，告知对方稍微等候，并迅速找人。如接电话的人不在，作好电话记录，记录时遵循“5W+1H”原则：打电话者的姓名（who）、所属单位（where）、来电时间（when）、干什么（what）、原因（why）及如何做（how）。必要时应记录是否需要回电，回电号码、时间。记录完毕后，最好向对方复述一遍。

（三）挂电话的规范

挂电话的顺序：

（1）对方先挂。这是打电话的一般规律，无论谁打电话，都要等对方先挂电话，这是对人的一种尊重。

（2）地位高者先挂（上级、客户）。若与上级、客户及长辈通电话，要等地位高者先挂。

（3）主叫先挂。在与身份和地位相似的人通话时，一般是主叫先挂。

（4）如果两个人都在等对方先挂，通话结束 3 秒后就可以挂电话。

（四）移动电话使用礼仪

（1）不炫耀自己的移动电话。注意把电话放置在贴身口袋里或随身携带的公文包里。

（2）保持移动电话畅通。如换号应第一时间通知朋友、家人、同事，不在工作时间随意关闭电话。

（3）不在公共场合使用移动电话大声喧哗。例如，楼梯、电梯、路口、人行道等。在要求保持安静的场所里关机或调至静音状态。

1）开会请关机或调至静音状态。

2）看电影、听音乐会请关机或调至静音状态。

3）图书馆内请关机或调至静音状态。

4）演讲、典礼仪式上请关机或调至静音状态。

5）到医院请关机或调至静音状态。

6）在飞机上、加油站里请关机。

（4）与别人交谈时不玩移动电话。

（5）利用移动电话发短信时，也应该重视通话文明，不编辑或转发不健康的短信。

三、实训方法与步骤

（1）讲解电话礼仪的基本知识。

（2）学生分组进行打电话、接电话的练习，学生之间相互纠正错误。

（3）模拟场景实训。请学生模拟同学之间、朋友之间、上下级之间等不同的身份相互打电话的情境，其他学生相互进行评价，教师点评。

（4）分组表演，其余学生观看并评价。

四、考核与评价办法

电话礼仪的考核项目与评价内容详见表 2-14。

表 2-14　电话礼仪考核评价表

考核项目	评价内容	分值/分	自我评价/分	小组评议/分	实际得分/分
电话礼仪	拨打电话的时间	10			
	接打电话时语气、语调及用词是否得当	20			
	使用电话的场合是否适宜	20			
	接打电话的仪表、仪态	20			
	挂电话的方法	10			
	代传电话是否准确	10			
	打错电话或接到打错电话时的处理	10			
合计		100			

注：1. 实际得分=自我评价×40%+小组评议×60%。

2. 考评满分为 100 分，分为不合格、合格、良好、优秀四个级别：60 分以下为不合格；60～74 分为合格；75～84 分为良好；85 分以上为优秀（含 85 分）。

五、思考与练习

1. 案例分析

（1）某公司的毛先生是杭州某三星级酒店的商务客人。他每次到杭州，肯定会住这家三星级酒店，并且每次都会提出一些意见和建议。可以说，毛先生是一位既忠实、友好又挑剔的客人。

某天早晨 8:00，再次入住该酒店的毛先生打电话到总机，询问同公司的王总住在几号房。总机李小姐接到电话后，请毛先生“稍等”，然后在计算机上进行查询。查到王总住在 901 房间，而且并未要求电话免打扰服务，便对毛先生说：“我帮您转过去”，说完就把电话转到了 901 房间。此时 901 房间的王先生因昨晚旅途劳累还在休息，接到电话就抱怨下属毛先生不该这么早吵醒他，并为此很生气。

总机李小姐的做法是否妥当？如欠妥则应如何处理？

（2）“喂！谁呀?”正在午睡的王梦君接起电话，伸了一个懒腰后问道。“你好，找一下张先生!”听筒一端传来了一阵带有磁性的声音。“打错了！” “啪……”的一声，王梦君挂掉了电话。“叮叮叮”电话铃又响了。“喂，谁呀?”这次王梦君的音调显然提高了很多。“你是……难道又打错了？不好意思!”同样的声音又从电话那头传了过来。“看清楚后再打嘛，又不是瞎子!”“啪!”王梦君又狠地摔下了电话……

在遇到别人打错电话时，你应该怎样处理才符合礼仪规范呢?

（3）顾客李小姐新买的某品牌的手机出现了故障。可她忘记了该手机的维修电话，于是只得拨打销售电话。公司一位小姐接了电话，她是这么说的：“怎么打到这里了，这里是销售不管服务。”李小姐稍作解释后，公司小姐不耐烦地说：“你等着我帮你看一下维修的电话。”谁知这一等就是好儿分钟，期间断断续续地从电话那头传来接电话小姐与同事谈话聊天的声音，但是就是没有人再来接听李小姐的电话。

接电话小姐应该如何处理李小姐的来电咨询？

（4）朱先生到医院探访病人，公司的同事来电话，铃声让另一床正闭目养神的病人睁开了眼。朱先生接起电话就谈上了工作。尽管电话时间不长，但那位被吵到的病人一直脸色不悦。

请针对以上案例谈谈你的看法，评价一下材料中涉及的社交礼仪行为。

2. 情景模拟

（1）你是某公司的经理秘书，一天你接听了一个电话是找你们经理的，但经理不在。

你如何处理这个电话？请同学们分组选派代表来扮演不同的角色，进行电话礼仪的模拟表演。

（2）张刚雨是某公司的销售员，刘新梅是宏立公司公关部经理。张刚雨有事需要打电话给刘新梅。

请学生分别扮演此二人。表演出接、打电话双方的开场对话。

（3）请结合电话礼仪自拟一个场景来模拟接打电话的礼仪。

第二节　交谈与拜访

【学习目标】

1.掌握交谈内容的选择、交谈语言及态度的运用、交谈时间的把握及交谈时举止的注意事项。

2.掌握拜访时间的选择、拜访时的礼仪规范及礼品的选择与送花礼仪。

3.熟练结合日常交往礼仪加以运用，以适应日常工作场合的礼仪要求。

一、实训准备

（1）物品准备。教师准备好多媒体设备、教学课件及名片、鲜花。

（2）场地准备。较宽敞的开放式教室，布置成交谈和拜访的场所。

（3）分组安排。将学生分成若干小组，每组 8～10 人，分组训练。每小组中，分别挑选人员扮演主人、客人、随行人员。

二、学习内容

交谈是指两个或两个以上的人进行对话，是社会交往、交流思想、沟通信息、加深友谊的重要手段。拜访是指亲自或派人到朋友家或有业务往来的客户单位或相应的场所去拜见、访问某人或单位的活动。两者都是社交中不可缺少的内容。

（一）交谈

进行交谈，要注意交谈的风度、艺术，遵循交谈的礼节、分寸。

1. 交谈的态度

（1）正确评价自我，树立自信心。

交谈时注视着对方的眼睛，主动与其握手；主动介绍自己；面带笑容，满脸诚实；说话声音要简洁清晰。

（2）真诚热情、平等待人。

要用积极的身体语言表现出热情和尊重，以礼待人，平等沟通。不要训斥别人；不要挖苦别人；不随便去质疑别人；不要随便打断别人。

2. 交谈的内容

（1）目的性内容。即交谈双方已约定，或者其中某一方先期准备好的内容，如求人帮助、征求意见、传递信息、讨论问题、研究工作一类的交谈，往往都属于内容既定的交谈。适用于正式交谈。

（2）内涵性内容。即内容文明、优雅，格调高尚、脱俗的话题，如文学、艺术、哲学、历史、地理、建筑等。适用于各类交谈，但要求面对专业人士，忌讳不懂装懂，或班门弄斧。

（3）时尚性内容。即谈论起来令人轻松愉快、身心放松、饶有情趣、不觉劳累厌烦的话题，如文艺演出、流行时装、美容美发、体育比赛、电影电视、休闲娱乐、旅游观光、名胜古迹、风土人情、名人轶事、烹饪小吃、天气状况等。适用于非正式交谈，允许各抒己见，任意发挥。

（4）时代性内容。即以此时、此刻、此地正在流行的事物作为谈论的中心。适合于各种交谈，但变化较快，在把握上有一定难度。

（5）对象性内容。指交谈对象有研究、有兴趣、有可谈之处的主题，如与医生交谈，宜谈健身袪病；与学者交谈，宜谈治学之道；与作家交谈，宜谈文学创作等。适用于各种交谈，但忌讳以己之长对人之短。因为交谈是意在交流的谈话，所以不可只有一家之言，而难以形成交流。

（6）忌谈的内容。

1）个人隐私类话题。如收入、年龄、婚姻家庭、健康问题、职业经历、家庭住址、私人电话。

2）非议政府或国家秘密和行业秘密。这有违国民基本素质和职业道德。

3）错误倾向的话题。如违背社会伦理道德、生活堕落、思想反动、政治错误、违法乱纪之类的主题，也应避免。

4）令人反感的话题。如在背后谈论别人的短处，随意贬低他人，这不仅会让听的人感到尴尬，也自贬身份，是修养不高的表现。还有凶杀、灾祸、疾病、死亡、挫折等。这种情况出现，应立即转移话题，必要时还应道歉。

3. 交谈的语言

在语言方面，要求文明、礼貌、准确。在交谈中：①要使用文明优雅的语言，不说粗俗鄙陋的话，不故作高深，满嘴之乎者也。态度要平和、自然，不过于激动。②要多使用礼貌用语。例如，初次见面，要说“久仰”，好久不见，要说“久违”；客人到来，要说“光临”；等待客人，要说“恭候”；探望别人要说“拜访”；起身作别，要说“告辞”；中途先走，要说“失陪”；请人勿送，要说“留步”；请人批评，要说“指教”；托人办事，要说“拜托”等。在社交中，要经常使用以下五句礼貌用语：问候语“您好”、请托语“请”、致谢语“谢谢”、道歉语“对不起”、道别语“再见”。③语言还必须准确，发音要标准、清晰、音量适中；语速要适中，匀速；口气要谦和，显示出平等待人、亲切的态度；内容要简明，少讲废话；④少用方言土语，慎用外语。

4. 交谈的时间

任何交谈都应适可而止。普通场合的小规模交谈，以半小时以内结束为宜，最长不要超过 1 个小时；在交谈中一个人的每次发言，最好不要长于 3 分钟，至多不要长于 5 分钟。

5. 交谈的举止

（1）面部表情。注视对方，面带微笑。要笑得自然、真诚、合适。

（2）手势。手势的禁忌有如下几种：①交谈时不要紧握拳头或用手指指点点，评头品足；②不要用拇指自指胸口或鼻子；③不要用手指点别人；④注意手势不要过大，不要手舞足蹈，动作要适当；⑤不要在他人面前掏耳朵、搔头皮、剔牙齿、抠鼻孔、抓痒痒等；⑥在大庭广众之前，不要双手乱动、乱摸、乱扶，或是做出咬指尖、折衣服、抱大腿等不稳重的手势。

（3）姿态。交谈时，不论是站还是坐，都要将自己的身体正面朝向对方；站立时要抬头，颈挺直，双目平视对方，双肩放松，挺胸、收腹、立腰、平肩；入座时，坐姿端正、自然、大方，不论坐椅子还是沙发，最好不要坐满。

6. 交谈的注意事项

（1）要双向沟通，不要始终独白。

既然交谈讲究双向沟通，那么在交谈中就不要目中无人，要礼让他人，要多给对方发言的机会，让大家都有交流的机会。不要一人始终侃侃而谈，不给他人讲话的机会。

（2）要活跃气氛，不要导致冷场。

不允许在交谈中从头到尾保持沉默，使交谈变成冷场，破坏现场的气氛；不论交谈的内容与自己是否有关，自己是否有兴趣，都应热情投入，积极合作；万一交谈中因他人之故冷场“暂停”，切勿“闭嘴”不理，而应努力“救场”。可转移旧话题，引出新话题。

（3）要学会倾听，不要随意插嘴。

出于对他人的尊重，在他人讲话时，尽量不要在中途打断。这种做法不仅干扰了对方的思绪，破坏了交谈的效果，而且会给人以自以为是、喧宾夺主之感。确需发表个人意见或进行补充时，应待对方把话讲完，或是在对方同意后再讲。不过，插话次数不宜多，时间不宜长，对陌生人的交谈则尽量不打断。

（4）要言论自由，不要与人争辩。

有些人喜爱固执己见，喜爱强词夺理。在一般性的交谈中，应允许各抒己见，言论自由，不作结论，重在集思广益，活跃气氛，取长补短。若发生争辩时，自以为一贯正确，无理辩三分，得理不让人，非要争个面红耳赤，大伤和气，是有悖交谈主旨的。

（5）要赞美他人，不要否定他人。

若对方所述无伤大雅，无关大是大非，一般不宜当面否定。对交往对象的所作所为，应当求大同、存小异，若不触犯法律，不违反伦理道德，不涉及生命安全，一般没有必要判断其是非曲直，更没有必要当面对其加以否定。

（二）拜访

1. 拜访的类型

拜访从性质上可分为事务性拜访、礼节性拜访和私人拜访，而事务性拜访又分为商务性洽谈拜访和专题交涉性拜访。无论何种拜访，拜访工作要想达到成功，商务人员就必须遵守一定的礼仪惯例和规范。

2. 拜访准备

（1）拜访预约。不要做不速之客，拜访前应先写信或打电话预约。宾主应约定双方都认为比较合适的时间和地点。预约时，私宅拜访最好是在晚上 7:30～8:00，或节假日前夕。办公楼拜访，最好不要在星期一或工作日的上下班时间。原则上应当提前 5 分钟左右到达。办公区域的预约准备，要提前制定拜访目标，准备好资料和适宜的礼品，熟悉交通路径。

（2）着装准备。

1）出门拜访之前，应根据访问的对象、目的等，将自己的衣物、容貌适当地加以修饰。可以形象地反映出对被访者的尊重。

2）如拜访的地点设在对方的办公区域，则应着正装或所在单位的制服，既代表了单位的形象，又传递出“你很重视这次拜访”的友好信息，使其愿意与你合作。

3. 等待会见

（1）守时践约。赴约要遵守时间，做到如期而至。一般情况下应提前 5 分钟左右或准时到达。如果因故不能赴约，应及时通知对方，无故失约或迟到是最不礼貌的行为。

（2）登门有礼。到达拜访单位后，首先要告知工作人员自己的姓名、工作单位及要拜访的对象，并静候工作人员通报。

（3）举止得体。在接待室等候时，应尽量坐着。被访者进来后应马上站起来，握手寒暄。

（4）适时告辞。商务拜访一般以半小时左右为宜。在拜访的目的基本实现或达到预约的时间时，应先说一段有告别意义的话后起身告辞，忌在对方刚说完一段话后起身告辞。

4. 拜访的礼规

（1）私人拜访中的礼规。要守时守约，若特殊情况不能前去，一定要提前通知对方，表示歉意；讲究敲门的艺术，食指弯曲，用指关节敲门，力度适中，间隔有序敲三下，等待回音；进门后，将随身带来的外套、雨具等放到主人指定的地点，不要随处乱放；主人没有提出就座不能随便坐下，主人认座之后一定要表示谢意，不能有不文明的行为；跟主人谈话，语言要客气。道别时起身告辞，要向主人表示“打扰”之歉意，表达 “请留步”“再见”。不要起身后一去不回头，让主人觉得很失望。

（2）事务性拜访中的礼规。首要规则是准时，到达时，告知对方接待人员你的名字和预约的时间，递上名片。安静、耐心的等待，不要在中途打电话，或者看手表。被引到办公室时，如果是第一次见面先作自我介绍；如果认识，互相问候并握手。

5. 拜访礼品赠送的礼规

（1）确定馈赠礼品的目的。馈赠目的不同，礼品的选择也不一样。

（2）礼品的选择。

1）要突出礼品的纪念性。在涉外交往中，送礼要讲究“礼轻情义重”。要有一定的纪念意义，受对方的欢迎，否则很可能让受礼者产生受贿之感。

2）要体现礼品的民族性。中国人司空见惯的风筝、二胡、笛子、剪纸等具有民族特色的礼品，在外国人中，往往备受青睐，身价倍增。

3）要明确礼品的针对性。是指挑选礼品应当因人、因事而异。因人而异，指的是选择礼品时，务必要充分了解受礼人的性格、爱好、修养与品位；因事而异，则指的是在不同的情况下，向受礼人所赠送的礼品应当有所不同。如在国务活动中，宜向国宾赠送鲜花、艺术品等。

4）要重视礼品的差异性。向外国人赠送礼品，是绝对不能有悖对方风俗习惯的，要主动回避对方有可能存在禁忌的六个方面：①与礼品品种有关的禁忌；②与礼品色彩有关的禁忌；③与礼品图案有关的禁忌；④与礼品形状有关的禁忌；⑤与礼品数目有关的禁忌；⑥与礼品包装有关的禁忌。

（3）赠送礼品的时机。

1）在会见或会谈时，向主人赠送礼品一般应当选择在起身告辞之时。

2）向交往对象道喜、道贺时，向对方赠送礼品，应当在双方见面之初相赠。

3）出席宴会时，向主人赠送礼品，可在起身辞行时进行，也可选择餐后吃水果时进行。

4）观看文艺演出时，为主要演员预备的礼品，应在演出结束后登台祝贺时当面赠送。

5）游览观光时，如果参观单位向自己赠送了礼品，最好在当时向对方适当地回赠一些礼品。

6）为专门的接待人员、工作人员准备的礼品，应当在抵达当地后尽早赠送给对方。

7）作为东道主接待外国客人时，赠送礼品，可在客人向自己赠送礼品之后进行回赠。也可以在客人临行的前一天，前往其下榻之处进行探访时相赠。

（4）接受礼仪。

1）要欣然接受。当来宾向自己赠送礼品时，一般应当大大方方、高高兴兴地接受。在接受礼品时，应当起身站立，面含笑容，双手接过礼品，然后与对方握手，并且郑重其事地为此向对方道谢。在接受礼品时，面无任何表情，用左手去接礼品，接受礼品后不向送礼人致以谢意，都是非常失礼的表现。

2）要启封赞赏。在许多西方国家里，在接受礼品时，通常习惯于当着送礼人的面，立即拆启礼品的包装，然后认真地对礼品进行欣赏，并且对礼品适当地赞赏几句。接受礼品之后若不当场启封，或是暂且将礼品放在一旁，都会被视为失礼。

3）拒收礼品。如果不能接受来宾赠送的礼品，应当即向对方说明原因，并且将礼品当场退还。可能的话，最好不要在外人面前这么做。若对方并无恶意，在退还或拒绝礼品时，还须向对方表示感谢。一般而言，外国人赠送的以下五类物品不宜接受：①违法、违禁的物品。②有辱我方国格、人格的物品。③可能使双方产生误会的物品。④价格过分昂贵的物品。⑤一定数额的现金、有价证券。

4）事后再谢。接受来宾赠送的礼品后，尤其接受了对方所赠送的较为贵重的礼品后，应在一周之内写信或打电话给送礼人，向对方正式致谢。若礼品是由他人代为转交的，则此做法更是必不可缺的。以后有机会再与送礼人相见时，不妨再次当面向对方表示一下自己的谢意。

（三）送花礼仪

赠花是一门艺术，因送花的目的是以花为礼、联系情感、增进友谊。因此什么时候送什么花，什么场合选什么花，什么人喜欢什么花，都需要根据具体情况，因时因地因对象而精心设计，否则因考虑不周而产生误会，反而会失去馈赠的意义。

1. 花语

花语是用来表达人的语言，表达人的某种感情和愿望，被大众所公认。赠送鲜花时，将花的语意与人要表达的情感完美地结合，就是送花的最高礼仪展现。

菊花：清静、高洁、长寿。

郁金香：爱的表白、博爱、永恒的祝福。

百合：百事顺意、百年好合、高贵。

蝴蝶兰：幸福、快乐、我爱你。

红掌：大展宏图、鸿运当头、心心相印。

白掌：一帆风顺。

剑兰：用心、步步高升、长寿、福禄、康宁。

满天星：思恋，纯情，梦境。

康乃馨：伟大、神圣、慈祥的母亲，温馨、和睦。

红康乃馨：祝母亲健康长寿，热烈的爱。

粉康乃馨：祝母亲永远年轻，美丽。

黄康乃馨：长久的友谊，对母亲的感谢之情。

白康乃馨：纯洁的友谊。

玫瑰：纯洁的爱，美丽的爱情，美好常在。

红玫瑰：热恋、热情，热爱着你。

粉玫瑰：初恋、求爱、爱心与特别的关怀。

黄玫瑰：高贵、美丽或道歉。

橙玫瑰：富有青春气息、初恋的心情。

白玫瑰：天真、纯洁。

君子兰：高雅、尊贵、雄壮、秀丽，象征君子之风。

水仙：高雅、清逸、芬芳脱俗。

2. 送花的技巧

友人生日：宜送康乃馨、唐菖蒲等。

哀悼：宜送黄、白色的花，如白玫瑰、白莲花或素花。

新婚之喜：宜送百合、红掌等。

探望病人：宜送素净淡雅的马蹄莲、素色苍兰、剑兰、康乃馨。

开张之喜：宜送唐菖蒲、红月季、牡丹、一品红等。

贺寿：宜送万年青、长寿花等。

新年：宜送兰花、大丽花、牡丹花、水仙花、桃花、吉庆果、状元红、吉祥果、红掌等暖色调的花。

母亲节：宜送康乃馨。

父亲节：宜送黄色的玫瑰、百合和石斛兰。

3. 送花的数量

对数量的理解东、西方差异很大，在中国讲究好事成双，举行活动往往选择双数，寓意吉祥、成双成对。在丧礼上则应送单数，以免“祸不单行”。而西方国家则认为奇数吉祥，所以送花一、三、五、七都可以，只有九不受欢迎，注意避开星期五即可。

4. 送花的色彩

中国人喜欢红色，象征大吉大利。西方人喜欢白色，象征纯洁美丽。在中国白色作为哀悼颜色。把红色花送给西方人，则有向对方倾诉爱意之嫌，所以西方人送花时，多以多种颜色的鲜花组成一束赠送，很少送单色红或黄。

5. 送花的禁忌

赠送花卉从花的种类、色彩及数量上有着很大的礼节性，如不注意，送花就表达不了美好愿望及良好的祝愿，甚至适得其反。因此，送花时应该懂得注意以下事项：

（1）送花品位最高的是鲜花，其次为绢花，塑料花品位最低，所以不是特殊场合不要选择塑料花送人。

（2）探望病人送花不要送盆栽的花，以免病人误会久病成根。香味很浓的花对很多病人不利，易引起咳嗽；颜色太浓艳的花会刺激病人的神经，激发烦躁情绪。

（3）注意国度区域花卉表达的语意。

1）在欧洲许多国家，赠送恋人、情人、伴侣多为红色的鲜花。成束的白花用于婚仪赠礼。色彩鲜艳的花束，如小花兰、香石竹等，多用于近亲好友相互赠送，在数量上多选用单数。

2）在拉丁美洲，千万不能送菊花，人们将菊花看成一种“妖花”，只有人死了才会送一束菊花。在意大利、西班牙、德国、法国、比利时等国家，菊花象征着悲哀和痛苦，绝不能作为礼物相送。

3）在巴西，绛紫的花主要是用于葬礼，墨古哥人和法国人忌讳黄色的花。在法国黄色的花是不忠诚的表示。

4）德国人视郁金香为“无情之花”，送此花给他们代表绝交。与德国、瑞士人交往：送朋友妻子或普通异性朋友，不要送红玫瑰给他们，因为红玫瑰代表爱情，会使他们误会。

5）在俄罗斯、南斯拉夫等国家，送鲜花一定要送单数，因双数被视为不吉祥。罗马尼亚人什么颜色的花都喜欢，但一般送花时，送单不送双，过生日时则例外。

6）百合花在英国人和加拿大人眼中代表着死亡，绝不能送。

三、实训方法与步骤

（1）案例引题。

李静在某公司市场部工作，她准备去拜访鸿基公司的市场部经理赵刚先生。李静事先预约的时间是本周三下午 3 点。李静事先准备好了有关的资料、名片，并对鸿基公司及赵刚先生进行了解。拜访前李静对自己的仪容、仪表进行了精心、得体的修饰。到了周三，她提前 5 分钟到达鸿基公司。在与赵刚先生的交谈过程中，李静简明扼要地表达了拜访的来意，交谈中能始终紧扣主题，给赵刚先生留下了很好的印象，最终促成了合作。

请问李静在拜访鸿基公司赵刚经理时，在哪些方面做得比较成功，从而最终促成与鸿基公司的合作？

（2）讲解交谈和拜访的基本知识。

（3）学生分组进行交谈和拜访的练习，同学之间相互评价。

（4）模拟场景实训。张波是新来的同学，酷爱音乐。只是来班上好几天了都不愿意和同学们交谈。如果你是张波的班长，很想和张波交朋友，应该如何与他进行交流沟通？

先请同学在班级进行模拟表演，然后展开全班讨论，看看哪一种做法更好，并说出理由。

四、考核与评价办法

交谈礼仪的考核项目与评价内容详见表 2-15；拜访礼仪的考核项目与评价内容详见表 2-17；馈赠礼仪的考核项目与评价内容详见表 2-17。

表 2-15　交谈礼仪考核评价表

考核项目	评价内容	分值/分	自我评价/分	小组评议/分	实际得分/分
交谈礼仪	交谈的态度	20			
	交谈的内容	20			
	交谈的语言	20			
	交谈的时间	20			
	交谈的举止	20			
合计		100			

表 2-16　拜访礼仪考核评价表

考核项目	评价内容		分值/分	自我评价/分	小组评议/分	实际得分/分
拜访礼仪	拜访的时间是否合适		20			
	拜访时的仪容、仪表、仪态		20			
	拜访是否准时		20			
	拜访中的礼规	私人拜访	20			
		事务性拜访	20			
合计			100			

表 2-17　馈赠礼仪考核评价表

考核项目	评价内容	分值/分	自我评价/分	小组评议/分	实际得分/分
馈赠礼仪	礼品的选择	15			
	礼品的包装	15			
	赠送时机的掌握	15			
	赠送途径的把握	15			
	接受礼品	10			
	赞赏礼品操作	10			
	拒绝礼品操作	10			
	事后再谢操作	10			
合计		100			

注：1. 实际得分=自我评价×40%+小组评议×60%。

2. 考评满分为 100 分，分为不合格、合格、良好、优秀四个级别：60 分以下为不合格；60～74 分为合格；75～84 分为良好；85 分以上为优秀（含 85 分）。

五、练习与提高

1. 案例分析

（1）新泰公司的业务员贾涛刚大学毕业。一天因业务关系他去拜访某公司的陈经理，没有预约就直接去了陈经理的公司。贾涛身着休闲运动装到达陈经理办公室时，刚好陈经理正在接电话，就示意让他在沙发上坐下等。贾涛便往沙发上一靠，跷起二郎腿，一边吸烟一边悠闲地环视着陈经理的办公室。在等待的时间里不时地看表，不时地从沙发上站起来在办公室里走来走去，还随手翻了一下放在茶几上的一些资料。

请问贾涛这次拜访存在哪些礼仪规范问题？

（2）宏发公司销售部已和新宇公司的总经理谈成了新建办公大楼所需添置的、价值数百万元的办公家具生意。这天，宏发公司的销售部负责人打电话来，要上门拜访这位总经理。总经理打算等对方来了，就在订单上盖章，定下这笔生意。

因宏发公司听说该公司的员工宿舍即将落成，希望能再次合作，比预定的时间提前了两个小时到达。为了谈这件事，销售部负责人还带来了一大堆资料，摆满了台面。总经理没料到对方会提前到访，刚好手边又有几件事情急需处理，就请对方先等一会。这位销售人员等了不到半小时就开始不耐烦了，一边收拾起资料，一边说："我还是改天再来拜访吧。"在收拾资料准备离去的时候，将总经理刚才递上的名片不小心弄掉，走时还无意地从名片上踩了过去。但这个不小心的失误，却被总经理看到了，总经理改变了初衷，宏发公司不仅没有机会与对方商谈员工宿舍的设备购买，连几乎到手的数百万办公用具的生意也告吹了。

为何宏发公司销售人员把到手的生意都谈没了？请学生分组分别扮演宏发公司销售人员

和新宇公司总经理，如何得体的拜访，如何正确运用名片礼仪，来谈成这笔生意。

（3）蒋斌和他的上司郑浩鹏两人私交甚好，知道郑浩鹏很喜欢研究茶道。一次蒋斌出差到外地，看到了一套非常漂亮的茶具就买了准备送给郑浩鹏。出差回来的第一天，蒋斌兴高采烈地直奔郑浩鹏的办公室。当时郑浩鹏正在办公室里和单位的其他人谈公事，蒋斌进去便把礼物送给了郑浩鹏，发现上司的脸色不太自然，且对所送的茶具也不是很感兴趣。从办公室出来后蒋斌百思不得其解。

请问蒋斌这次赠送礼品的不妥之处体现在哪些方面？

2. 情境模拟

（1）一天，公司职员叶伟应邀去公司部门主管周经理家做客。请模拟叶伟此次拜访应该讲究的礼仪规范。

分组由学生扮演角色。表演结束后由全班同学进行讨论，最后得出结论。

（2）邓明刚刚大学毕业，没有多少拜访的经历，一天，邓明前往某贸易公司拜访营销部周经理，请你教给他一些拜访的礼仪，帮忙设计一下拜访前的准备工作以及在拜访中应注意的问题。

讨论去办公室拜访应注意的礼仪规范，然后让学生选出代表进行表演。

（3）某照明器材厂的业务员金先生按原计划，手拿企业新设计的照明器材样品，兴冲冲地登上六楼，脸上的汗珠未及时擦一下，便直接走进了业务部张经理的办公室，正在处理业务的张经理被吓了一跳。“对不起，这是我们企业设计的新产品，请您过目。”金先生说。张经理停下手中的工作，接过金先生递过的照明器材，随口赞道：“好漂亮啊！”并请金先生坐下，倒上一杯茶递给他，然后拿起照明器材仔细研究起来。金先生看到张经理对新产品如此感兴趣，如释重负，便往沙发上一靠，跷起二郎腿，一边吸烟一边悠闲地环视着张经理的办公室。当张经理问他电源开关为什么装在这个位置时，金先生习惯性地用手挠了挠头皮。虽然金先生作了较详尽的解释，张经理还是有点半信半疑。谈到价格时，张经理强调：“这个价格比我们预算高出较多，能否再降低一些？”金先生回答：“我们经理说了，这是最低价格，一分也不能再降了。”张经理沉默了半天没有开口。金先生却有点沉不住气，不由自主地拉松领带，眼睛盯着张经理，张经理皱了皱眉：“这种照明器材的性能先进在什么地方？”金先生又挠了挠头皮，反反复复地说：“造型新、寿命长、节电。”张经理找了个托辞离开了办公室，只剩下金先生一个人。金先生等了一会，感到无聊，便非常随便地抄起办公桌上的电话，同一个朋友闲谈起来。这时，门被推开，进来的却不是张经理，而是办公室秘书。

请结合案例分析，金先生的生意没有谈成的礼仪缺陷有哪些?

在商务活动中，男士应该如何注意自己的个人礼仪问题?

（4）最近代玲琳乔迁新居，她的好朋友许晨红准备挑选一份礼物送给她以贺乔迁之喜。

请问许晨红应选择哪些物品作为贺礼呢？馈赠礼品时应注意哪些问题？

学生分小组模拟场景，按规定演示礼品馈赠的礼仪。

（5）张德明在住院期间得到了医院护士的精心照料。出院时张德明想送一份礼品给医院的医护人员以示感谢。

请问张德明应当选择一份什么礼物？在什么场合赠送比较适合？

（6）你在一次宴会上碰到曾见过一次面的公司的重要客户，以前虽不是由你负责，但你希望借此机会可以与该客户有更进一步的了解并建立良好的关系。

请自拟该客户的一些相关背景，如国籍、性别、年龄等，并运用日常交际礼仪进行现场模拟。

第三节 宴请礼仪

【学习目标】

1. 掌握宴请前的准备工作，宴请时桌次、座次的安排，菜谱的确定原则，宴请进行中的礼仪及注意事项。

2. 掌握出席宴会的礼仪及注意事项。

一、教学准备

（1）物品准备。教师准备好教学用计算机、投影仪器及教学课件。

（2）场地准备。餐饮实训室（配备中餐和西餐设备）。

（3）分组安排。将学生分成若干小组，每组 6～8 人，分组实训。每组选 3 人扮演来宾，其余人扮演工作人员，另一组参照技能考评标准进行互评，而后轮换。

二、学习内容

宴请是为了表示欢迎、答谢、祝贺、喜庆等举行的餐饮活动，以增进友谊和融洽气氛，是国际交往中最常见的交际活动形式。根据交际目的、邀请对象以及费用开支等因素的差异，宴请主要包括宴会、招待会、酒会、茶会、工作餐等。

（一）宴请的种类与形式

1. 宴会

宴会指一种比较隆重、正式的设宴招待。按宴请的规格主要分为国宴、正式宴会、便宴、家宴。

（1）国宴。国宴是国家元首或政府首脑为欢迎外国元首、政府首脑来访或大型庆典活动而举办的宴会。国宴厅内悬挂国旗，设乐队，会前奏国歌，席间安排致辞，菜单和席位卡上印有国徽。

（2）正式宴会。正式宴会通常是指各类社会组织为欢迎来访的宾客、召开各种专题活动答谢合作者和支持者，或者是来访宾客为答谢主人而举行的宴会。一般由组织或部门负责人主持，不挂国旗，也没乐队伴奏。规模可大可小，规格可高可低。

（3）便宴。便宴用于非正式宴请。通常是组织为招待小批客人、个别采访者、合作者等而举行的宴会。一般规模较小，规格要求不高，不拘于严格的礼仪程序，可以不排座次，不作正式讲话，宾主可随意交谈，气氛亲切、融洽。

（4）家宴。家宴是在家中为招待客人而举行的宴请形式。一般人数较少，不拘形式，客随主便，气氛亲切，比较轻松、自由。

2. 招待会

招待会，也称自助餐、冷餐会。规模可大可小，经济实惠。规模较大的用于隆重的宴请，如国庆招待会。规模较小的一般用于公关与商务宴请活动，如各地方政府、行业组织、各企业公司举办的招待会。招待会期间不排座次，宾客自由活动。

冷餐会，是西方国家较为流行的宴会形式，主要以冷菜、酒水、点心、水果招待客人。餐具、餐点分别摆在菜台上，由宾客随意取用。餐会进行期间，宾主可自由活动、敬酒、交谈。

我国举行大型冷餐招待会，往往用大圆桌、设座椅，主桌安排座次，其余各桌并不固定座位。食品和饮料均事先放置于桌上，招待会开始后，自行进餐。

3. 酒会

酒会，也称鸡尾酒会，主要以酒水为主，略备小吃。一般安排在中午、下午或晚上。请柬上一般注明酒会起止时间，客人可在此期间任何时候入席、退席，来去自由，不受约束。

鸡尾酒是用多种酒配成的混合饮料，酒会上不一定都用鸡尾酒。通常酒的种类较多，并配有各种小吃，一般不用或少用烈性酒。饮料和食品由招待员用托盘端送，或部分放置在小桌上由人们自行取用。

4. 茶会

茶会又称为茶话会，是一种比较简单的招待方式。举行的时间多在下午 4 时左右。茶会通常设在客厅，厅内设茶几、座椅，不排座次。如为贵宾举行的茶会，入座时应有意识地安排主宾与主人坐在一起，其他出席者随意就座。茶会以茶为主，也配有点心、小吃。

5. 工作餐

工作餐是现代交往中经常采用的一种非正式宴请形式，利用进餐时间，边吃边谈问题。它的用餐多以快餐分食的形式，既简便、快速，又符合卫生要求。这类活动一般只请与工作相关的人员。

（二）宴请主办方的礼仪

1. 明确宴请目的、名义

宴请的目的一般很明确，如节庆日聚会、贵宾来访、工作交流、结婚祝寿等。根据不同目的来决定宴请的对象和范围，即请哪些人、请多少人，并列出客人名单。

2. 确定宴请的规格、形式

宴请规格的确定一般应考虑出席者的最高身份、人数、目的、主宾情况等因素。规格过低，会显得失礼、不尊重；规格过高，则造成浪费。宴请采取何种形式，在很大程度上取决于当地的习惯做法。一般来说，正式、规格高、人数少的以宴会为宜，人数多则以冷餐或酒会更为合适，妇女界活动多用茶会。

3. 确定时间、地点、范围

（1）适当提前，切忌推后。

（2）宴请时间应避开双方的禁忌日。

（3）宴请地点应交通方便，环境优雅，设备齐全，有特色菜肴也可作为一个因素。

（4）范围应当以“少、适、和、偶”为原则，除工作餐外，可以邀请宾客的配偶一起出席宴会，体现主办方的礼貌和体贴。

4. 预订菜谱

预订菜谱要尊重来宾的饮食习惯、禁忌，在点菜时要依据中餐点菜的原则：

（1）针对性地投其所好。考虑客人口味与审美取向，满足客人尝鲜心理，介绍本地新颖特色菜。

（2）量力而行。根据宴请规格，提供量力而行的最佳组合。不讲究排场，不提倡浪费，采取 N+1 原则（如 10 人点 11 个菜）。

（3）了解程序科学点菜。懂得中餐荤素搭配、色彩相宜、营养丰富之道，了解中餐标准上菜顺序，中餐一般讲究先凉后热，先炒后烧，新鲜、清淡的先上，甜的、味浓、味厚的后上。点菜时要考虑中餐的菜序。

（4）注意菜肴的优先选配。如中餐特色菜、主人特色菜、本地特色菜、餐馆特色菜。

5. 讲究桌次、座次礼仪

（1）中餐桌次安排，圆桌如图 3-40 所示。中餐桌次安排原则：以面对门为基准，居中为上，以右为上，远门为上，以近为上。

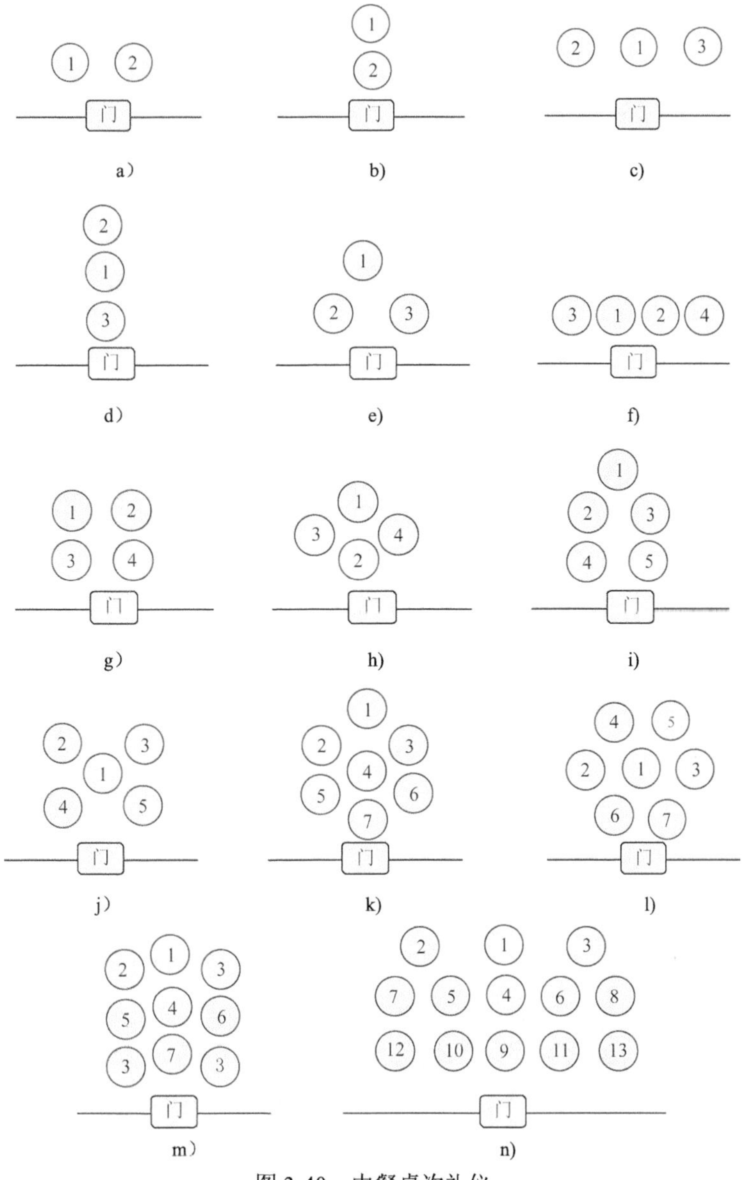

图 3-40 中餐桌次礼仪

a）两桌横排 b）两桌竖排 c）三桌横排 d）三桌竖排 e）三桌花排 f）四桌横排 g）四桌竖排 h）四桌花排 i）五桌正排 j）五桌花排 k）七桌竖排 l）七桌花排 m）九桌竖排 n）十三桌竖排

（2）中餐座次排列礼仪。中餐座次排列的基本原则。以右为上（国际惯例），居中为上，面门为上，远门为上。桌数较多时，各桌第一主人应尽量面朝主桌的第一主人，也可与主桌的主人位置相同，如图 3-41 所示。

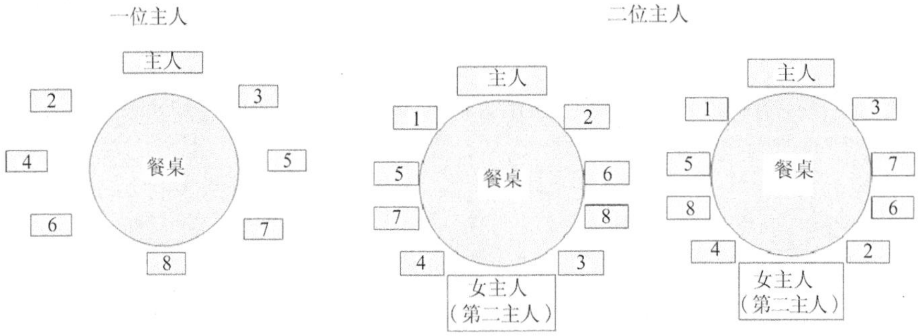

图 3-41　中餐座次礼仪

（3）西餐座次礼仪（长桌或马蹄形桌）。原则：女士优先，以右为上，居中为上，面门为上，远门为上，男女穿插排列，如图 3-42 所示。

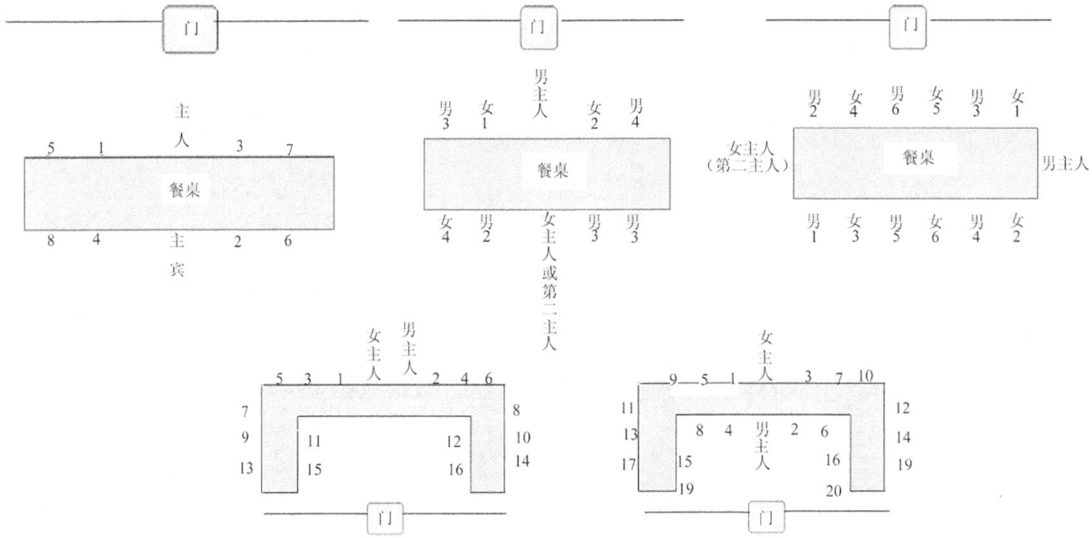

图 3-42　西餐座次礼仪

6. 宴会进行中的礼仪

（1）迎候宾客。主人一般在大门口迎接客人。如果是重要的正式活动，还可以有少数主要人员陪同主人排列成行迎接客人。握手后，由工作人员引进休息厅，如无休息厅则直接进入宴会厅，但不入座。主宾到达后，由主人陪同进入休息厅与其他客人见面，如其他客人尚未到齐，由迎宾组其他官员代表主人在门口迎接。

（2）席间招待宾客的礼仪。要注意斟酒、敬酒、布菜、交流的礼仪。

1）斟酒。用餐前，服务员斟酒不用拿起酒杯，致谢即可；主人亲自斟酒，端起酒杯致谢，甚至起身站立或欠身点头致谢；主人斟酒时应当场启封，一视同仁，注意顺序，从自己所坐之处开始顺时针方向斟酒，或先为尊长、嘉宾斟酒，斟酒适量。

2）敬酒（祝酒）。通常在入席后、进餐前要讲祝愿、祝福类的话，有时主人和来宾要发表专门的祝酒词，时间越短越好，意思到了即可。敬酒时要考虑年龄大小、职务高低、宾主身份；同时要讲究“酒德”；敬酒人体谅他人；被敬人礼貌回敬。

3）布菜。主人可为身边的客人布菜。布菜应使用公勺或公筷。布菜时要照顾到客人的饮食偏好，如果客人不喜欢或者已经吃饱，不再为客夹送。

4）交流。无论是做主人、陪客或宾客，都应与同桌的人交谈，特别是左右邻座。不要只同几个熟人或只同一两人说话。邻座如不相识，可先自我介绍。

（3）中餐上菜顺序。冷盘、热菜、汤菜、甜食、主食、水果。

7. 宴会结束礼仪

吃完水果后，主人与主宾起立，宴会即可结束。主宾告辞时，主人送主宾至门口，主宾离去后，原迎接人员按顺序排列与其他客人握别。

（三）应邀出席宴会的礼仪

1. 及时答复

接到邀请后，不论能否赴约，都应尽早作出答复。不能应邀的，要婉言谢绝；接受邀请的，不要随意变动，按时出席。

2. 赴宴须知

（1）维护形象。赴宴时要适度地进行个人修饰，维护个人形象。一般而言，男士可穿套装，并剃须；女士应穿时装或旗袍，并化淡妆。若不加任何修饰，甚至仪容不洁、着装不雅，则会让人误认为不尊重主人或不重视此次宴请。

（2）遵守时间。应邀赴宴时一定要准点抵达，抵达过早过晚均为失礼。过早抵达，主人还未准备好，给主人来了个措手不及；过晚抵达，则会让人等待，甚至打乱整个计划。无特殊原因，不要早退，确有事需提前退席，应向主人说明后悄悄离开，也可事先打招呼，届时离席。

（3）适度交际。宴请的主要目的是交际，不是为了吃一顿饭，所以在餐前餐后，尤其是用餐前稍事等候时，尽可能地进行适当的交际活动，联系一下老朋友，争取认识几位新朋友。

3. 注意进餐礼仪

（1）中餐进餐礼仪。

1）入座后姿势端正，脚踏在本人座位下，不可任意伸直，手肘不得靠桌边，或将手放在邻座椅背上。

2）用餐时须温文尔雅，从容安静，不能急躁。在餐桌上不能只顾自己，也要关心别人，尤其要招呼两侧的女宾。

3）必须小口进食，食物未咽下，不能再塞入口，口内有食物，应避免说话。

4）取菜舀汤，应使用公筷公匙。

5）切忌用手指掏牙，应用牙签，并以手或手帕遮掩。避免在餐桌上咳嗽、打喷嚏。万一不禁，应说声“对不起”。

6）喝酒宜各随意，敬酒以礼到为止，切忌劝酒、猜拳、吆喝。主食进行中，不宜抽烟，如需抽烟，必须先征得邻座的同意。

7）如餐具坠地，可请侍者拾起。如不慎将酒、水、汤汁溅到他人的衣服上，表示歉意即可，不必恐慌赔罪，反使对方难为情。

8）食毕，餐具务必摆放整齐，不可凌乱放置。餐巾也应折好，放在桌上。必须等男女主人开始送客之后，才能离座。如果是作客，不能抢付账。未征得朋友同意，也不宜代友付账。

（2）西餐礼仪。

1）西餐的进餐顺序。正餐顺序为：头盘—汤—副菜—主菜—甜品—饮料

便餐顺序为：头盘—汤—主菜—甜品。

2）餐具的使用。刀叉的用法：左手持叉，右手持刀；刀叉取用顺序是按上菜的顺序由外向内取用。英式吃法是从左侧切，切一块吃一块。美式吃法是从左侧切，先切完，放下刀用叉吃。餐后忌擦餐具。

3）就餐。采用分餐制，尽量少取多食。

4）汤。喝汤时不出声，由里向外舀，不可吹气。

5）面包。属于主食，用手撕成小块蘸牛油或果酱吃，吃一块撕一块。如果吃面包配喝汤，应一口面包一口汤交替着吃。

6）蔬菜和色拉。配制在主菜里的蔬菜都可吃，菜叶大可用刀切割了再用叉送入口中。色拉用叉子铲着吃。

7）鱼、虾、海鲜。鱼不能翻过来吃，得正过来。吃完这些带腥味的东西，会有一个放有柠檬片或花瓣的水盂送上来，供洗手用。肉类吃法相似。

8）甜点。根据情况选用刀叉。

9）西餐中的举止。身体坐正，肢体忌频频晃动，忌做小动作；餐具不能发出声音。

10）西餐中的交际。两个人交谈不能绕过主人和主宾；主动和你身边的人交谈；你想认识的人必须请人引见。

三、实训方法与步骤

（1）案例引题。

李辉刚大学毕业就分到一所学校办公室工作，人际交往变得频繁起来。一次，他随主任出去接待客人，所到人员多是些年龄较大或有一定职位的人。李辉选择了靠里的位置坐下，认为这样坐不碍事，也不会影响上菜。用餐期间，有人说到：“小李，你坐的位置可是最尊贵的位置，得喝酒三杯吧。”虽然此人并不是有意嘲讽，只是玩笑，却也令李辉的脸红了，很尴尬。

李辉忽视了哪些接待礼仪规范，正确的做法是什么？

（2）讲解宴请的基本知识。

（3）学生分组进行不同宴请方式的桌次、座次安排练习，学生之间相互纠正错误。

（4）情境设计。单位要召开年会，宴请业务单位领导，请设计一个宴请计划，先请全班同学分组讨论，并汇集宴请的方案。并请学生分别扮演不同的角色，进行模拟场景的实训。

四、考核与评价办法

宴请礼仪的考核项目与评价内容详见表 2-18。

表 2-18 宴请礼仪考核评价表

考核项目	评价内容	分值/分	自我评价/分	小组评议/分	实际得分/分
宴请礼仪	宴请规格与形式的确定	10			
	宴请时间、地点、范围确定	10			
	宴请菜谱的制定	10			
	迎送宾客礼仪	10			
	宴请桌次、座次安排	15			
	席间招待宾客的礼仪	15			
	出席宴会的礼仪	15			
	进餐礼仪	15			
合计		100			

注：1. 实际得分=自我评价×40%+小组评议×60%。
2. 考评满分为 100 分，分为不合格、合格、良好、优秀四个级别：60 分以下为不合格；60～74 分为合格；75～84 分为良好；85 分以上为优秀（含 85 分）。

五、思考与练习

（1）宴请者在举办宴会时应做好哪些方面的准备工作？

（2）学校年底召开校企合作联谊会，会后共进晚餐。负责接待工作的办公室张主任根据领导的指示和宴会惯例，安排桌次座位。这次宴会共设 3 桌（圆桌），餐桌如何摆放才能突出主桌？为方便来宾入席，张主任特意在桌上摆放了座位名签。但由于这次联谊会时间紧，与会人员名单确定得晚，张主任在打印座位名签时将应编在主桌的一位重要客户漏了，结果这位客户入席时找不到座位，出现了十分尴尬的场面。张主任该怎么处理？从此案例中能得出什么教训？

（3）模拟用西餐招待来自美国的贸易伙伴夫妇所涉及的座次安排，并结合西餐和酒水礼仪知识来体现进餐时应注意的一些礼仪。

模块三

3 商务活动礼仪

第一单元　仪式礼仪

仪式礼仪，是现代社会的重要社交方式，也是组织方对内营造和谐氛围、增加凝聚力，对外协调关系、扩大宣传、塑造形象的有效手段。仪式礼仪活动包括庆典、开业、剪彩、签字颁奖等。不论哪种仪式，都是非常郑重的社交活动，正确的仪式礼仪是仪式活动取得成功的重要保障。

第一节　庆典礼仪

【学习目标】

掌握并熟练运用庆典仪式的流程和礼仪规范，以提高学生的综合素质，为学生日后走上工作岗位参加各种仪式打下必要的礼仪基础。

一、教学准备

（1）物品准备。教师准备好计算机、投影仪器、教学课件、迎宾用的鲜花若干束、迎宾礼服、绶带。设置椅子或沙发供来宾休息。

（2）场地准备。能容纳 30～40 人进行技能训练的开放式教室。以教室门口作为庆典活动入口。

（3）分组安排。将学生分成若干小组，每组 8～10 人，分组训练。每小组中，选择其中 3 人扮演来宾，其他扮演工作人员。

二、学习内容

庆典是围绕重大事件或重大节日、纪念日而举行的庆祝活动仪式，是各种庆祝仪式的统称。庆祝仪式大致可以分为四类：①本单位成立周年庆典。②本单位荣获某项荣誉的庆典。③本单位取得重大业绩的庆典。④本单位取得显著发展的庆典。

（一）庆典的组织筹备礼仪

1. 组织庆典的宗旨

塑造本单位的形象，显示本单位的实力，扩大本单位的影响。

2. 组织庆典的安排

（1）确定出席人员名单。庆典的出席者不应当滥竽充数，应当精心确定好庆典的出席人员名单。以庆典的宗旨为指导思想。一般来说，庆典的出席者通常应包括如下人士。

1）上级领导。地方党政领导、上级主管部门的领导，大都对单位的发展给予过关心、指导。邀请他们参加，主要是表达对上级机关的感谢并希望能继续得到支持。

2）社会名流。通过他们的名人效应，更好地提升自身的形象层次。

3）大众传媒。邀请他们，并主动与他们合作，将有助于他们公正地介绍本单位的成就，进而有助于加深社会对本单位的了解和认同。

4）合作伙伴。在商务活动中，邀请合作伙伴与自己一起分享成功的喜悦，以增进友谊、共谋发展。

5）单位员工。员工是本单位的主人，本单位每一项成就的取得，都离不开他们的兢兢业业和努力奋斗。所以在组织庆典时，是不容许将他们完全“置之度外”的。

（2）布置仪式现场。举行庆祝仪式的现场，是庆典活动的中心地点。对它的安排、布置是否恰如其分，往往会直接地关系到庆典留给全体出席者的印象。

1）地点的选择。在选择具体地点时，应结合庆典的规模、影响力以及本单位的实际情况来决定。本单位的礼堂、会议厅，本单位内部或门前的广场，以及外借的大厅等，均可予以选择。不过在室外举行庆典时，切勿因地点选择不慎，而妨碍交通或治安，顾此而失彼。

2）环境的美化。反对铺张浪费，量力而行，着力美化庆典举行现场的环境。为了烘托出热烈、隆重、喜庆的气氛，可在现场张灯结彩，悬挂彩灯、彩带，张贴一些宣传标语，并且张挂标明庆典具体内容的大型横幅。如果有能力，还可以请由本单位员工组成的乐队、锣鼓队届时演奏音乐或敲锣打鼓。

3）场地的大小。在选择举行庆祝仪式的现场时，应当牢记并非愈大愈好。从理论上说，现场的大小应与出席者人数的多少成正比。也就是说场地的大小，应同出席者人数的多少相适应。人多地方小，拥挤不堪，会使人心烦意乱。人少地方大，则会让来宾对本单位产生“门前冷落”的错觉。

4）音响的调试。在举行庆典之前，务必要把音响设备准备好，尤其是供来宾们讲话时使用的话筒和传声设备。在庆典举行前后，播放一些喜庆、欢快的乐曲，通常是可以的。但是对于播放的乐曲，应前期进行审查。切勿届时让工作人员自由选择，随意播放那些凄惨、哀怨、让人心酸和伤心落泪的乐曲，或是那些不够庄重的诙谐曲和爱情歌曲。

（3）拟定庆典程序。拟定庆典的程序时，有两条原则必须坚持：第一，时间宜短不宜长。大体上讲，它应以一个小时为其极限。这既是为了确保其效果良好，也是为了尊重全体出席者，尤其是为了尊重来宾。第二，程序宜少不宜多。程序过多，不仅会加长时间，而且还会分散出席者的注意力，并给人以庆典内容过于凌乱之感。庆典的程序一般有以下几个环节：请来宾就座→介绍嘉宾→宣布开始，奏乐→本单位负责人致辞→嘉宾讲话→安排文艺演出→邀请来宾进行参观。

（4）安排来宾接待工作。与一般商务交往中来宾的接待相比，对出席庆祝仪式的来宾接待，更应突出礼仪性的特点。不仅应当热心细致地照顾好全体来宾，而且还应当通过主办方的接待工作，使来宾感受到主人真挚的尊重与敬意，并且想方设法使每位来宾都能心情舒畅。庆典的接待小组，原则上应由年轻、精干、身材与形象较好、口头表达能力和应变能力较强的男女青年组成。接待小组成员的具体工作有以下几项：

1）来宾的迎送。即在举行庆祝仪式的现场迎接或送别来宾。

2）来宾的引导。即由专人负责为来宾带路，将其送到既定的地点。

3）来宾的陪同。对于某些年事已高或非常重要的来宾，应安排专人陪同始终，以便关心与照顾。

4）来宾的招待。即指派专人为来宾送饮料、上点心以及提供其他方面的关照。

（二）出席庆典的礼仪

参加庆典时，不论是主办单位的人员还是外单位的人员，均应注意自己临场之际的举止表现。其中，主办单位人员的表现尤为重要。

（1）仪容整洁。参加庆典的本单位人员，仪容一定要干净整洁，男士应刮胡须，女士应化淡妆。

（2）服饰规范。有统一式样制服的单位，应要求以制服作为本单位人士的庆典着装。无制服的单位，应规定届时出席庆典的本单位人员必须穿着礼仪性服装，即男士应穿深色的中山装套装，或穿深色西装套装，配白衬衫、素色领带、黑皮鞋。女士应穿深色西装套裙，配长筒肉色丝袜、黑色高跟鞋，或者穿深色的套裤。此外，近年来颇为流行的旗袍作为礼服，在很多庆典场合也很受推崇。

（3）遵守时间。无论是本单位的最高负责人，还是级别最低的员工，都不得姗姗来迟、无故缺席或中途退场。如果庆典的起止时间已有规定，则应当准时开始，准时结束。

（4）神态庄重。在庆典举行期间，不允许嬉皮笑脸、嘻嘻哈哈，或是愁眉苦脸、一脸晦气、唉声叹气，否则会使来宾产生很不好的想法。在举行庆典的整个过程中，都要表情庄重、全神贯注、聚精会神。假若庆典之中安排了升国旗、奏国歌的程序，一定要依礼行事：起立、脱帽、立正，面向国旗或主席台行注目礼，并且认认真真、表情庄严肃穆。

（5）态度友好。态度友好主要是指对来宾态度要友好。遇到了来宾，要主动热情地问好。对来宾提出的问题，都要立即予以友善的答复。当来宾在庆典上发表贺词时，或是随后进行参观时，要主动鼓掌表示欢迎或感谢。

（6）行为自律。在出席庆典时，主办方人员在举止行为方面应当注意的问题有：不要在庆典举行期间到处乱走、乱转；不要找周围的人说“悄悄话”、开玩笑；不要有意无意地做出对庆典毫无兴趣的姿态。

（7）发言简短。本单位员工在庆典中发言，应注意以下四个问题：

1）上下场时要沉着冷静。走向讲坛时，应不慌不忙，在开口讲话前应平心静气。

2）要讲究礼貌。在发言开始，勿忘说一句“大家好”或“各位好”；在提及感谢对象时，应目视对方；在表示感谢时，应郑重地欠身施礼。对于大家的鼓掌，则应以自己的掌声来致谢，在讲话末了，应当说一声“谢谢大家”。

3）发言一定要在规定的时间内结束，宁短勿长。

4）应当少做手势。

三、实训方法与步骤

（1）教师介绍本次实训的内容和模拟实训情景。

（2）分别收集一段庆典仪式的场景，运用现代化的教学手段和讲解相结合，让学生生动、直观地学习庆典仪式的规范礼仪。教师示范讲解庆典活动的礼仪及需要注意的问题。

（3）根据模拟活动情景分组，按照相应的规则和程序选择设计一个模拟的庆典仪式场景，以熟悉整个仪式的流程和重点，再进行课堂讨论组织和参加庆典活动的正确礼仪。

（4）请学生按照拟好的仪式方案，模拟进行表演组织和参加庆典活动训练。一组模拟时，其他组观摩，师生点评。

（5）收集信息，组织学生参加1～2次校内外的庆典活动。

（6）情景设计。一家知名公司成立已10周年了，公司准备举行10周年庆典活动。胡先生是公司公关部经理，授命组织此次庆典活动，他该如何组织实施此次庆典活动？在组织实施庆典活动的过程中应注意什么问题？把全班同学分成6组。确定模拟活动情景角色。分组表演，教师及学生分别点评。

四、考核与评价办法

庆典礼仪的考核项目与评价内容详见表3-1。

表3-1 庆典礼仪考核评价表

考核项目	评价内容	分值/分	自我评价/分	小组评议/分	实际得分/分
庆典礼仪	出席庆典人员的确定	10			
	仪式现场布置	20			
	庆典程序的拟定	10			
	迎宾人员仪容仪表	10			
	迎宾礼仪的规范服务	10			
	来宾的招待	20			
	送别客人礼仪	10			
	整体协调连贯性	10			
合计		100			

注：1. 实际得分=自我评价×40%+小组评议×60%。

2. 考评满分为100分，分为不合格、合格、良好、优秀四个级别：60分以下为不合格；60～74分为合格；75～84分为良好；85分以上为优秀（含85分）。

五、思考与练习

学生设计一个庆典的主题，同学们分别扮演不同的角色，进行模拟场景的实训。

第二节 剪彩仪式

【学习目标】 掌握并熟练运用剪彩仪式的流程和礼仪规范，以提高学生的综合素质，为学生日后走上工作岗位参加各种仪式打下必要的礼仪基础。

一、教学准备

（1）物品准备。教师准备好教学用计算机、投影仪器、教学课件，剪彩用的红色缎带、剪刀、托盘、手套，剪彩仪式视频。

（2）场地准备。能容纳 30～40 人进行技能训练的开放式教室。以教室门口作为剪彩活动入口。

（3）分组安排。将学生分成若干小组，每组 4～6 人，分组实训，其余人员参照技能考评标准进行互评，而后轮换。

二、学习内容

剪彩仪式是指商界的有关单位，为了庆祝公司的成立、公司的周年庆典、企业的开工、宾馆的落成、商店的开张、银行的开业、大型建筑物的启用、道路或航道的开通、展销会或展览会的开幕等而举行的一项隆重性的礼仪性程序。

（一）剪彩筹备的礼仪

（1）邀请嘉宾。通常是邀请主管上级、政府部门、合作伙伴领导以及新闻媒体。

（2）仪式现场。剪彩仪式通常是在正门外广场或正门内大厅举行。场内应悬挂横幅会标，张灯结彩，气球飘扬。播放或请乐队演奏音乐，燃放爆竹。相关单位的祝贺花篮可摆放在主席台前。

（3）剪彩工具。扎好彩球的红色缎带数米、新剪刀、白纱手套、托盘以及红地毯等。

（4）仪式结束。仪式结束后通常以自助餐招待来宾，并赠送纪念性礼品。

（二）剪彩人员的选定

（1）剪彩者。即在剪彩仪式上持剪刀剪彩之人。担任仪式的剪彩人，是一种荣誉。剪彩仪式隆重程度、档次高低，同剪彩人的地位身份有直接关系。通常，剪彩者由上级领导、合作伙伴、社会名流、员工代表或客户代表所担任。可以是一个人，也可以是几个人，一般不应多于 5 人。一人剪彩，位居中间。多人剪彩，主剪者居中，第二、三位剪彩人，分别位于主剪人右、左两侧。在剪彩仪式上要求剪彩者要修饰自己的仪表着装，注意剪彩中的举止行为，尊重主办单位，尽力配合仪式进程。

（2）礼仪小姐的选定。剪彩仪式上，礼仪小姐主要负责引导、拉彩、持托盘等。礼仪小姐既可从礼仪公司中聘请，或向社会招募，也可以在本单位女职工中挑选，一般要求容貌姣好、仪态端庄大方，还要有一定的文化素养和气质、比较年轻和健康等。在剪彩仪式上，要求礼仪小姐的仪容要高雅，举止行为要规范，工作责任心要强。

（三）剪彩的程序

剪彩的程序为：嘉宾入场—仪式开始—宾主讲话—进行剪彩—后续活动。

（四）正式剪彩的礼仪

（1）当主持人宣告进行剪彩之后，礼仪小姐应率先登场。她们应率先亮相，排成一行，从主席台两侧或左侧顺序登台。拉彩者站在主席台前的左右两边，将缎带拉直，面朝观众。托盘者站在拉彩者身后，并各自成行。

（2）在剪彩者登台时，礼仪小姐应在其左前方进行引导，使之到达既定位置。之后，礼仪小姐应前行一步，到达剪彩者的右后侧，以便为其递上剪刀、手套。

（3）剪彩者行至既定位置之后，应向礼仪小姐含笑致意。当托盘者递上剪刀、手套，也应微笑着向对方道谢。

（4）在正式剪彩前，剪彩者应首先向礼仪小姐示意，待其有所准备后，集中精力，右手手持剪刀，表情庄重地将红色缎带一刀剪断。若多名剪彩者同时剪彩时，其他剪彩者应注意主剪者动作，与其主动协调一致，力争大家同时将红色缎带剪断。

（5）按照惯例，剪彩以后，红色花团应准确无误地落入礼仪小姐手中的托盘里，而切勿使之坠地。剪彩者在剪彩成功后，可以右手举起剪刀，面向全体到场者致意。然后将剪刀、手套放于托盘之内，举手鼓掌。接下来，可依次与主人握手道喜，并列队在礼仪小姐的引导下退场。

三、实训方法与步骤

（1）教师介绍本次实训的内容和模拟实训情景。

（2）收集一段剪彩庆典仪式的视频，运用现代化的教学手段，和讲解相结合，让学生生动、直观地学习剪彩仪式的规范礼仪。教师讲解剪彩的基本礼仪及需要注意的问题。

（3）将学生分成 4 人一组，按照相应的规则和程序选择设计一个模拟的仪式场景，以熟悉整个仪式的流程和重点，再进行课堂讨论，互相交流和点评。

（4）请学生按照拟好的仪式方案，模拟进行表演，并由教师和学生代表进行点评。

（5）收集信息。组织学生参加 1～2 次校内外的剪彩仪式活动。

（6）情境设计。就庆典仪式中的任务情景，增加一个剪彩仪式的环节，同学们分别扮演不同的角色，进行模拟场景的实训。

四、考核与评价办法

剪彩礼仪的考核项目与评价内容详见表 3-2。

表 3-2　剪彩礼仪考核评价表

考核项目	评价内容		分值/分	自我评价/分	小组评议/分	实际得分/分
剪彩礼仪	物品的准备		10			
	剪彩人员的选定		10			
	礼仪小姐的服务	仪容仪表仪态	10			
		剪彩时的站位及服务是否到位	30			
		随机应变能力	20			
	剪彩的程序		10			
合计			100			

注：1. 实际得分=自我评价×40%+小组评议×60%。

2. 考评满分为 100 分，分为不合格、合格、良好、优秀四个级别：60 分以下为不合格；60～74 分为合格；75～84 分为良好；85 分以上为优秀（含 85 分）。

五、思考与练习

（1）剪彩仪式对礼仪小姐有怎样的礼仪要求？

（2）剪彩仪式现场礼仪小姐的任务是什么？

（3）拟定一份剪彩仪式计划书，并分角色表演。

第三节　签约仪式

【学习目标】　掌握并熟练运用签约仪式的流程和礼仪规范，以提高学生的综合素质，为学生日后走上工作岗位参加各种仪式打下必要的礼仪基础。

一、教学准备

（1）物品准备。教师和学生共同准备好签字用的桌椅、台泥、签字本、签字笔、吸墨器、签字方国旗（标志旗）、香槟酒具、鲜花、签字仪式横幅等。

（2）场地准备。能容纳 30～40 人进行技能训练的开放式教室。

（3）分组安排。将学生分成若干小组，每组 5～8 人，分组进行场地布置训练，场地实训完后，在每小组中分别派代表扮演双方代表、随行人员、服务人员等。

二、学习内容

签约仪式，通常是指订立合同、协议的各方在合同、协议正式签署时所正式举行的仪式。举行签约仪式，不仅是对谈判成果的一种公开化、固定化，而且也是有关各方对自己履行合同、协议所做出的一种正式承诺。目前世界各国所举行的签约仪式，都有比较严格的程序及礼节规范。这不仅显示出签约仪式的正式、庄重、严肃，同时也表明双方对缔结条约的重视及对对方的尊重。

（一）签约筹备礼仪

签约仪式的整个过程所需时间并不长，其程序较简单，但由于签约仪式涉及国家、政府、单位与企业之间的关系，一定要认真筹办。

1. 参加签约仪式的人员确定

（1）签字人。签字人是代表一个国家、政府或企业进行签字的人员。所以，签字人的选择十分关键。签字人应由缔约各方确定。有由国家领导人签字的，也有由政府有关部门签字的，如不是国家级的项目，是地区之间、部门之间的协议，则由地区、部门负责人签字（一般是法人代表）。但不管是哪一级，双方签字人的身份应大体相当。

（2）助签人。助签人的职能是洽谈有关签约仪式的细节并在签约仪式上帮助翻阅与传递文本、指名签字处。双方的助签人由缔约双方共同商定。

（3）出席签约仪式的人员。出席签约仪式的人员应基本上是参加会谈或谈判的全体人员。如一方要求让某些未参加会谈或谈判的人员出席签约仪式，应事先取得对方的同意，另一方应予以认可。但应注意双方人数最好大体相等。不少国家与企业为了表示对签约仪式的重视，往往由更高级别或更多的领导人出席签约仪式。

2. 签约之前的准备

（1）签字文本的准备。对即将签署的文件，要事先由双方定稿，并印刷、装订妥当，双方各备一份。

（2）签字物品的准备。要准备好签字用的文具、国旗等物品。

（3）签字大厅布置及位次安排。

1）签字大厅的布置。签字大厅的布置如图 3-1 所示，在大厅对门的墙上适当位置，悬挂仪式横幅。在墙前适当位置横着摆放长方形的签字桌，并铺设深绿色的台呢。在签字桌上摆放签字协议文本以及签字笔、吸墨器、签字方国旗等物品。在签字桌后摆放供签字人使用的椅子，注意主左客右。在签字桌前方摆放鲜花。在适当位置摆放话筒和扩音设备、合影用台阶等。

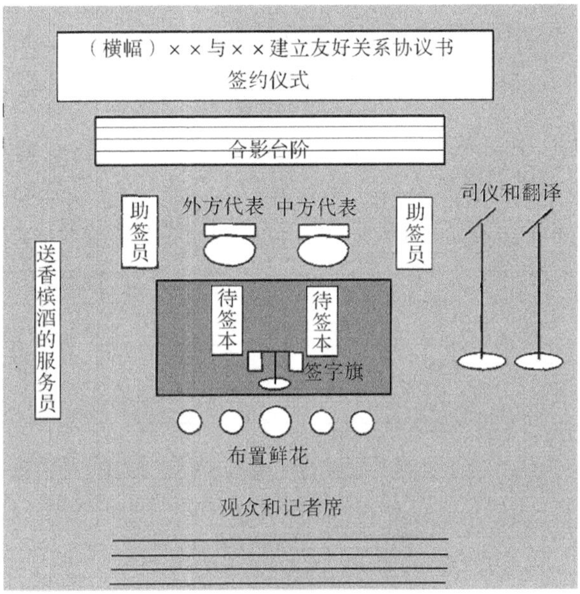

图 3-1　签字大厅的布置

2）主客双方人员位次排列。一般而言，举行签约仪式时，座次排列的方式共有二种基本形式，它们分别适用于不同的具体情况。

①并列式位次的排列。并列式位次的排座，是举行双边签约仪式时最常见的形式。它的基本做法如图 3-2 所示，签字桌在室内面门横放。双方出席仪式的全体人员在签字桌后并排排列，双方签字人员居中面门而坐，客方居右，主方居左。

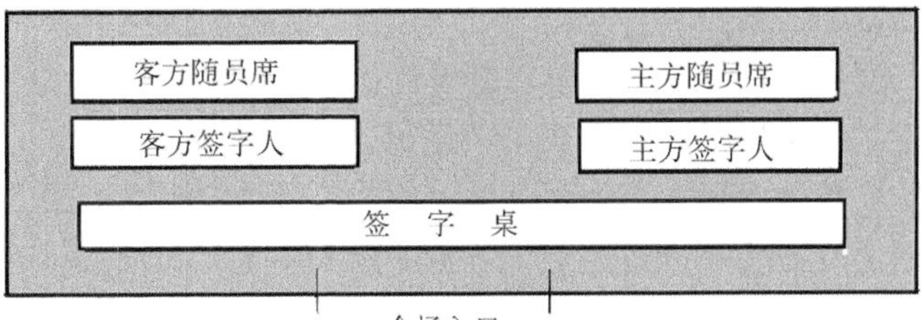

图 3-2　并列式位次排列

②相对式位次的排列。相对式签约仪式的排座如图 3-3 所示，与并列式签约仪式的排座基本相同。二者之间的主要差别，是相对式排座将双边参加签约仪式的随员席移至签字人的对面。

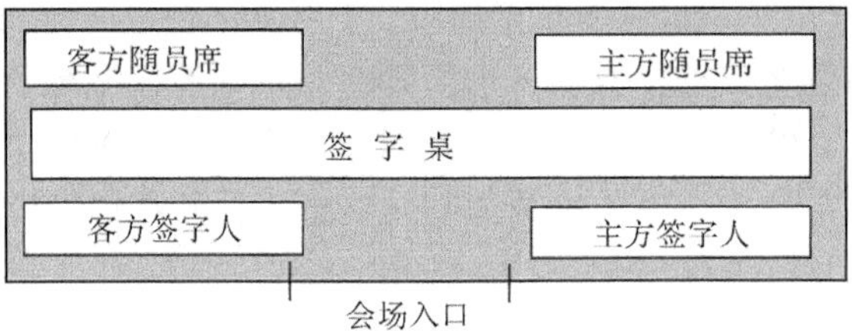

图 3-3 相对式位次排列

③主席式位次的排列。主席式位次的排列如图 3-4 所示，主要适用于多边签约仪式。其操作特点是：签字桌仍在室内横放，签字席仍设在桌后面对正门，但只设一个，并且不固定其就座者。举行仪式时，所有各方人员，包括签字人在内，皆应背对正门、面向签字席就座。签字时，各方签字人应以规定的先后顺序依次走上签字席就座签字，然后即应退回原处就座。

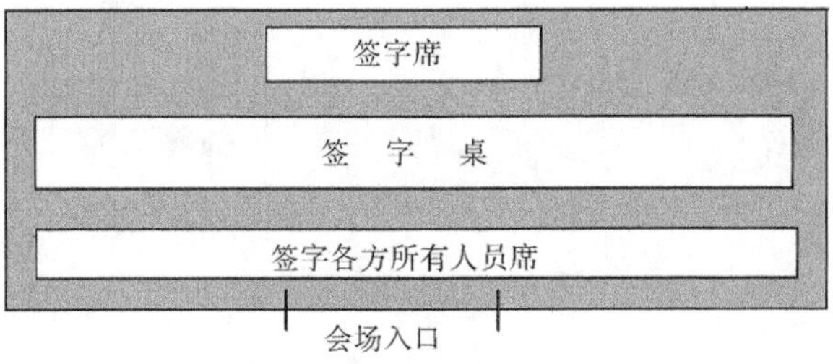

图 3-4 主席式位次的排列

（4）检查签字大厅的布置，如中外文文本、签字笔等文具、横幅内容、鲜花盆景、话筒和扩音设备、合影用台阶等。

（二）签约程序

（1）双方人员进入签字厅。签约人行至本人座位前站立等候，双方其他人员分为主客并按身份顺序站在本方签约人之后。双方主要领导居中。助签人站在签字人靠边的外侧。客方人员按身份由高到低从中向右边排，主方人员按身份高低由中向左边排，当一行站不完时，可以按照以上顺序并遵照“前高后低”的惯例，排成两行、三行或四行。来宾和新闻记者站在桌子前边，留适当空间。

（2）签字开始。双方助签人拿出文本，翻开应签字的一页，指明签字的地方。签约人在本方保存的文本上签字，必要时助签人要用吸墨器吸去字迹上的水分，防止污染，然后双方助签人相互传递文本。签约人再在对方保存的文本上签字。随后签字人双方交换文本，相互握手。这时站在后面的双方相关人员也要依次握手祝贺，有的还准备香槟酒，在签约后共同举杯祝贺。

（3）结束。签约后，双方相互握手庆贺，这时可以留影纪念，也可作简短讲话，然后签约仪式结束。

三、实训方法与步骤

（1）收集一段签约仪式的场景录像，运用现代化的教学手段和讲解相结合，让学生生动、直观地学习签约仪式的规范礼仪。

（2）签字大厅的布置及席位的安排实训。

（3）将学生分组，按照相应的规则和程序选择设计一个模拟的仪式场景，以熟悉整个仪式的流程和重点，再进行课堂讨论，互相交流和点评。

（4）请学生按照拟好的仪式方案，模拟进行分组表演，其他学生观看并评价。

（5）收集信息。组织学生参加1～2次校内外的签约仪式活动。

（6）情景设计。学校要举行校企合作签约仪式，请同学们来设计一下签约仪式的过程。同学们分别扮演签约各方的不同角色，进行模拟场景的实训。

四、考核与评价办法

签约仪式中会场布置的考核项目与评价内容详见表3-3；签约仪式的考核项目与评价内容详见表3-4。

表3-3 会场布置考核评价表

考核项目	评价内容	分值/分	自我评价/分	小组评议/分	实际得分/分
会场的布置	大厅布置庄重、整洁、清静	15			
	签字桌及桌上物品摆放正确	20			
	其他物品摆放齐全	20			
	并列式位次的排列	15			
	相对式位次的排列	15			
	主席式位次的排列	15			
合计		100			

表3-4 签约仪式考核评价表

考核项目	评价内容	分值/分	自我评价/分	小组评议/分	实际得分/分
签约仪式	双方人员的站位	15			
	双方代表操作	30			
	助签人员的服务	20			
	上香槟人员的服务	20			
	整个过程的完整性	15			
合计		100			

注：1. 实际得分=自我评价×40%+小组评议×60%。

2. 考评满分为100分，分为不合格、合格、良好、优秀四个级别：60分以下为不合格；60～74分为合格；75～84分为良好；85分以上为优秀（含85分）。

五、练习与提高

（1）签约仪式要做好哪些准备？

（2）如何确定参加签字的人员？

（3）简述签约的程序。

（4）设计一份签约仪式的筹备工作计划。

第四节　颁奖仪式

【学习目标】　掌握并熟练运用颁奖仪式的流程和礼仪规范，以提高学生的综合素质，为学生日后走上工作岗位参加各种颁奖仪式打下必要的礼仪基础。

一、实训准备

（1）物品准备。奖品用的桌椅、奖杯（奖牌）、奖品、证书、托盘、话筒、鲜花、绶带。

（2）场地准备。能容纳 30～40 人进行技能训练的开放式教室。

（3）分组安排。确定一位主持人，将学生分成若干小组，每组 8～12 人，分组进行领位及不同奖项的颁奖仪式训练。

二、学习内容

颁奖仪式无论对获奖的人，还是对观众来说，都是最令人激动的时刻之一。但作为盛会的组织者，应该如何组织颁奖工作呢？

（一）颁奖前的准备工作

（1）确定领奖人的上场顺序。当议程即将进行颁奖环节前，主办方工作人员就要把本轮获奖的代表逐一叫到会场一侧，通常是观众席的右侧，因为演讲桌通常在观众席的左前方也就是舞台的右侧，按照台上主持人手中即将念到的获奖人顺序事先将获奖人逐一排序；或在会前由工作人员按主持人手中的奖项和获奖人顺序安排在前排靠会场右边就座。

（2）确定奖品的顺序。在颁奖仪式进行前，工作人员要根据主持人的获奖项目安排好奖杯、鲜花、证书的顺序，然后再交代礼仪小姐在用托盘捧送奖杯、鲜花、证书的时候也按照这一顺序，同样要做到一一对应。捧送奖品上场时要从获奖人身后经过而不能在前面走过再绕到身后。

（3）交代获奖人上台后的站位。在获奖人台下候场的很短时间内，工作人员要快速交代获奖人上台后站位要紧凑，展示证书时要统一，合影时要将奖品统一举起来或放在胸前，尽量做到整齐划一。

（4）确定合影时的站位。如果条件允许，工作人员可事先告知颁奖嘉宾在颁奖后与获奖人的合影站位问题。通常如果颁奖嘉宾少就站在获奖队伍的两侧或正中间，如果颁奖嘉宾较多或跟获奖人数一比一，则要跟获奖队伍插空站位。

（二）团体性颁奖典礼的流程

1. 一般情况下的颁奖典礼流程（见图 3-5）

（1）由导位把获奖人从会场右前方领上台。

（2）礼仪小姐列队从会场右前方用托盘托住奖品上台，手臂与侧腰大约是一拳的距离，端托盘时，大拇指是露在托盘外边的。礼仪小姐从获奖队伍的身后走过，然后统一左转面向观众。此刻，礼仪小姐的站位处于获奖代表身后的缝隙中，便于稍后给颁奖嘉宾递送奖品。如果礼仪小姐人数少而获奖嘉宾人数多的话，就需要礼仪小姐单次捧多份奖品或多次往返取奖品，需快速完成，但只能快走而不能跑。

（3）由导位再把颁奖嘉宾从会场右前方引领上台。颁奖嘉宾走到面向获奖队伍背对观众的位置后停下来。如果颁奖嘉宾人数比获奖人数少，则通常先站在最靠近主持人的一侧，从这里开始逐一颁奖，然后再逐渐向远处颁发。

（4）礼仪小姐行 15 度鞠躬礼，双手把奖杯、奖状或证书递给颁奖嘉宾。

（5）礼仪小姐先退场，颁奖嘉宾与获奖人拍照留念。

（6）等颁奖嘉宾与获奖人拍照留念后，导位分别把颁奖嘉宾和获奖人引导回位。

图 3-5　颁奖仪式

2. 特殊情况下的颁奖典礼流程

（1）如果颁奖嘉宾在台上，礼仪小姐直接把奖品用托盘托上台，把奖杯或证书直接递给领导；导位再把获奖人引领上台；等颁奖嘉宾和获奖人合影留念后，导位再把受奖人引导回位。

（2）如果获奖人在台上且人数少，由导位直接把颁奖嘉宾引导上台，礼仪小姐随颁奖嘉宾之后上台，颁奖嘉宾与礼仪小姐各站一边，颁完奖后礼仪小姐马上离开。颁奖嘉宾和获奖人合照后，导位分别把颁奖嘉宾和获奖者引导回位。

（3）如果颁奖场地不大，只有一位颁奖嘉宾，先由导位把获奖者引导上台；再由另一位导位把颁奖嘉宾引导上台；礼仪小姐随颁奖嘉宾身后上台；把奖品递给颁奖嘉宾后礼仪小姐马上从获奖者身后离开；颁奖嘉宾和获奖人合影后，导位分别把颁奖嘉宾和获奖者引导回位。

（三）单一性颁奖晚会的流程

如果获奖人不是按批次同时上场，而是一个个地单独上场，则往往发生在顶级的颁奖晚会上。这时候就需要有开奖嘉宾和颁奖嘉宾，以示对获奖人的充分尊敬及其建树成就的充分肯定。通常是先由开奖嘉宾来宣读对获奖人事业成就精炼评价的开奖词，然后是由颁奖嘉宾把奖项颁给获奖人。

此类颁奖通常的流程如下：

（1）开奖嘉宾和颁奖嘉宾并肩出场，共同来到演讲台跟前。如果是一男一女，则通常是女士挽着男士的右臂并肩出场，优雅大方而又不失亲切。

（2）开奖嘉宾宣读开奖词，然后引出获奖人姓名；或者一人宣读开奖词，另一人引出获奖人姓名。

（3）获奖人登场，礼仪小姐捧送相关奖项上场。

（4）颁奖嘉宾从礼仪小姐手中接过相关奖项颁发给获奖人；或者由颁奖嘉宾和开奖嘉宾分别颁发奖杯、鲜花、证书中的一样给获奖人。转向观众，合影留念。

（5）颁奖嘉宾和开奖嘉宾退场。

（6）获奖人发表获奖感言，获奖感言完毕后退场。

（四）颁奖仪式程序设计需要注意的事项

（1）一般先颁名次较靠后的奖项，后颁名次靠前的奖项。先颁单项奖，后颁团体奖。

（2）获奖感言的发表最好在所有颁奖结束后进行，但如果每一轮颁奖都有人发表获奖感言，则无需考虑。

（3）颁奖嘉宾的顺序，一般由较重要的颁奖嘉宾为名次靠前的颁奖。

（4）颁奖程序设计出来后要提前通知颁奖过程中要上台发言的人。并让他们手上有一份颁奖程序文件，以提前做好准备。

（5）主持人可以在仪式正式开始前宣布本次仪式的主要程序，使与会者周知。

（6）提前通知颁奖嘉宾的颁奖内容。例如某个项目是仅有奖品，还是奖品、证书一起颁等。

三、实训方法与步骤

（1）收集一段颁奖仪式的视频，运用现代化的教学手段，结合讲解，让学生生动、直观地学习颁奖仪式的规范礼仪。

（2）开展领奖人员席位的安排及礼仪小姐上台递送奖品的实训，教师指导并做出评价。

（3）将学生分成四人一组，按照相应的规则和程序选择设计一个模拟的仪式场景，以熟悉整个仪式的流程和重点，再进行课堂讨论，互相交流和点评。

（4）请学生按照拟好的仪式方案，分组进行模拟表演，教师和其他学生观看并进行点评。

（5）收集信息组织学生参加1～2次校内外的颁奖仪式活动。

（6）情境设计。学校要举行表彰大会，请同学们来设计一下表彰大会的过程。并分组进行颁奖仪式的练习，其他学生观看并评价。

四、考核与评价办法

颁奖仪式的考核项目与评价内容详见表3-5。

表3-5　颁奖仪式考核评价表

考核项目	评价内容		分值/分	自我评价/分	小组评议/分	实际得分/分
颁奖礼仪	领位的服务		10			
	工作人员的服务	领奖人上台顺序及台上站位	15			
		奖品的安排	15			
	礼仪小姐的服务	仪容、仪表、仪态	15			
		颁奖时的站位及奖品的递送	20			
		随机应变能力	10			
	整个过程的完整性		15			
合计			100			

注：1. 实际得分=自我评价×40%+小组评议×60%。

2. 考评满分为100分，分为不合格、合格、良好、优秀四个级别：60分以下为不合格；60～74分为合格；75～84分为良好；85分以上为优秀（含85分）。

五、练习与提高

9月10日，某教育局召开庆祝教师节暨表彰大会，将有10名做出突出贡献的优秀教师，由市委主管领导、教育局的领导亲自为其颁发奖状，以此来鼓励广大教师。到了颁奖时刻，

10名代表整齐上台，奖状却没有人递送到领导手中，一时冷场，待到奖状送上台后，慌乱中发的奖状已全然不能对号入座，10位优秀员工只能重新确认写着自己名字和荣誉的奖状，台下一片哗然。

请针对以上案例谈谈此次颁奖大会所出现的问题，并说说正确的做法。

第二单元　会展服务礼仪

会展服务礼仪是礼仪在服务过程中的具体运用，是礼仪的一种特殊形式，是体现会展服务的具体过程和手段，使无形的服务有形化、规范化、系统化。本单元主要介绍会展活动过程中一系列的礼仪服务，包括会展接待、会展现场、会展后续工作三部分中会展人员所要提供的礼仪服务。

第一节　会展接待服务礼仪

【学习目标】　了解会展接待服务各环节的基本程序及注意事项，掌握接站服务、安排看望与会见、饮食服务、住宿服务及文艺招待服务与组织参观、考察和游览服务的方法和技巧，为学生今后的工作打下基础。

一、实训准备

（1）物品准备。教师准备好教学用计算机、投影仪器和教学课件；接站牌、花、笔和纸、写有数字的卡片、桌签，文艺招待的节目和影片目录。

（2）场地准备。能容纳30～40人进行技能训练的开放式教室。

（3）分组安排。将学生分成若干小组，每组4～6人，分组实训，其余人员参照技能考评标准进行互评，而后轮换。

二、学习内容

在会展活动中，良好的会展接待通过妥善、周到、细心的安排，给客人提供各种方便，使客人能全身心投入到会展活动中。同时会展接待人员热情友好的态度和礼貌优雅的风度，以及接待活动的合理安排，都会给客人留下美好的印象，这不但体现了主办方的社会形象，也提高了主办方在公众心中的地位。

（一）接站服务礼仪

1. 明确迎接规格

接待人员要事先了解客人抵达的具体时间及所乘坐的交通工具，应提前到达迎接现场，准确掌握客人所乘班机、火车等的到站情况。特别是在晚点的情况下，要确定客人的人数。

2. 接站标志

接站标志要醒目，在出口处和交通工具上都要显示接站标志。客人数量较少时，可手举欢迎标志，上面写着“欢迎××先生 / 女士”等词。接待现场较大、人员较杂时，要准备好手提式扩音机。

3. 双方介绍

如果领导亲自接站，且双方是第一次见面，接待人员应进行双方介绍。

（1）事先掌握双方人员的基本情况，包括被介绍人的姓名、职务、职称和头衔，要准确、清楚。介绍时要有礼貌地用手示意。

（2）按职务和身份的高低顺序进行介绍，通常先向客人介绍欢迎人员中职位最高者，然后再向己方领导介绍客人。

（3）握手时，双目应注视对方，微笑并致以欢迎和问候。握手时，应稍稍欠身，也可用双手握住对方以示尊敬。男士与女士握手时，轻轻握及女士手指部分即可。

4. 献花

献花一般在主客双方见面、介绍和握手之后，安排少年儿童，或青年女性献花，有时也可由主办方领导亲自献花，以表示诚挚的欢迎。花的选择要尊重客人的风俗习惯，花的品种和颜色不要触犯客人的禁忌。献花以红色花系与紫色花系为佳，且必须是鲜花。

5. 陪同乘车

在陪同客人上车时，应打开右侧车门，请客人从右门上车，自己则从左侧上车。乘车时要注意座次，遵循“右为上，左为下，后为上，前为下”的原则。

6. 准备新闻报道

迎接重要的客人时，要布置好安全保卫工作，并与新闻单位取得联系，准备采访和发布新闻消息。

- 接待服务人员的注意事项

会展接待人员在接站服务过程中应注意以下事项：

（1）明确客人乘坐的变通工具、到达时间、航班或车次。

（2）接站标志要清晰、醒目。

（3）介绍客人时，要注意介绍顺序，并注意手势的运用，不要用手指点客人。

（4）握手时动作柔和，面带笑容，以示对客人的尊敬。只是单纯的握手，没有微笑，不热情，会给人以生硬、不舒服的感觉。

（5）准备鲜花应注意品种。应了解客人的风俗习惯，对其忌讳的花和颜色不了解，可能会造成客人的误解甚至不满。献花时应注意献花人员的选择，不可随便找人替代。

（6）应清楚乘车时的座次顺序的安排，以防犯主右客左的错误。在客人上车后，不与客人从同一个车门上车，从客人座前穿过是非常失礼的举动。

（二）安排看望与会见服务

主办方领导人应在安顿好客人以后，及时出面看望或会见客人，以示欢迎和慰问。这既是一种礼节，同时也能够利用会展活动即将开始的机会，进一步与客人进行沟通交流，增强会展活动的凝聚力。

1. 安排看望与会见的时间、地点

（1）会见的时间安排可以适当灵活点，但一般应安排在会展活动开始前或前半段。如果需要会见的客人很多，时间安排不开，可将会见活动安排在会展活动的后半段。

（2）会见地点因会议和展览的性质不同而应有所不同。在举办会议时，可到会议分组讨论会场看望，将领导看望和领导参加分组讨论结合起来，在展览活动中，可到展览馆现场看望，将领导看望和领导参观结合起来。

2. 确定出面人

看望客人的领导人，应由主要领导人出面。如果主要领导抽不出时间，则应委托其他领导人或秘书长前去看望。规模较大的会展活动，可安排多位领导分头看望。

3. 通知客人

重要的看望和会见应列入会议或展览的日程表，明确、正式地告知客人。

4. 陪同和记录

陪同领导看望或会见客人时，坐姿优雅，少说话或者不说话。对领导在看望和会见时所做的指示要做好记录并及时办理。

- 安排看望与会见服务的注意事项

会展的接待人员在安排看望与会见客人时应注意以下事项：

（1）应事先安排看望的领导，及时确定进行看望的领导，在领导没时间的情况下，安排其他人员代替，以免使看望或会见无法实现。

（2）在会展活动规模较大的情况下，应恰当地安排好参加会见活动的各位领导的分工，避免造成混乱。

（3）不应拘泥于规则和规定，要懂得灵活变通，避免将会见安排得很紧。

（4）掌握会见时间安排的规则，不应将会见安排在会展活动结束以后，更不能因时间原因而没有安排会见。

（5）不应把看望与会见都安排在客人住宿的房间里。应注意看望和其他活动的结合。

（6）做记录时要集中精神，不应东张西望，不能打断别人的谈话，并及时办理领导的指示。

（三）安排饮食服务

在安排餐饮时应当按照会展活动领导机构确定的标准，并按照有关食品卫生的要求和规定，采取得力的措施，实施严格的管理。一般而言，会议通常统一安排餐饮，展会不统一安排餐饮（特邀嘉宾或者重要客人除外）。

1. 饮食安排准备工作

就餐标准要细分到早、中、晚三餐，不能笼统地制订标准；综合考虑会展活动的作息时间，据此安排就餐的时间。如果人数较多，应该多安排几个就餐地点，根据客人的喜好或标准采取个人分餐制或同桌合餐制等就餐形式。

2. 统计就餐人数，发放就餐凭证

准确统计就餐人数，统计的方法可以灵活多样。可以根据会展签到，或分组统计，然后汇总，或在客人报到时将就餐凭证和会展文件一起发放，在每次就餐时由工作人员进行查收。

3. 预订餐厅并确定菜谱

预订餐厅时要确保餐厅的卫生条件和饭菜的品种及质量能达到标准。注意餐厅的大小能够容纳会展活动全部就餐人员，包括客人和工作人员；同时要考虑餐厅、会场和代表驻地的距离要适当。还应考虑到一些特殊饮食习惯的客人的就餐要求，并尽量予以满足。尊重少数民族客人或者部分国外客人的饮食习俗。

4. 餐前检查

餐前要严格检查饭菜质量、份数及就餐环境的卫生情况，发现问题要及时纠正。

5. 饭后反馈

餐后询问时要讲求语言技巧，既要让客人说出自己的不满，又不失主人的风范。

● 安排饮食服务的注意事项

（1）标准制定得太笼统，没有细分，导致具体工作的实施很困难。没有考虑到会展活动的时间安排，想当然地安排就餐时间，以致与一些重要活动产生冲突。没有事先确认就餐人数，导致很多客人无法用餐，引起客人的不满。没有考虑到客人的习惯，盲目制定就餐形式，引起客人的不满。

（2）没有考虑到餐厅的容量和客人的数量，盲目选择餐厅。餐厅的卫生条件或者饭菜的品种及质量达不到标准，让客人吃得不舒服，会给客人留下不好的印象。安排的餐厅离会场和下榻的宾馆较远，交通不便，且耽误时间。在大型会展活动期间，由于人数统计相对困难，又没有正确的工作方法，导致人数统计得不准确，或偏多导致浪费，或偏少影响部分客人的就餐。

（3）没有作餐前检查，致使就餐时出现饭菜卫生及质量问题。发现问题后，没有及时纠正，无视错误存在。

（4）接受反馈时只走形式，对客人的意见不认真听取，不接受甚至进行反驳，使主客关系变得僵化。

（四）安排住宿服务

房间的安排通常是个敏感的问题，大型的、重要的、国际性的会议人数众多，与会者的身份、职务、年龄和生活习惯等差异很大，对住宿的要求也不一样。例如，召开一次代表大会，如果各代表团所住的宾馆条件相差太大，就会产生一些误会。因此，对大型会议活动的住宿安排，要仔细分析与会者的基本情况，事先制订方案，做到分配合情合理。

1. 制订住宿安排工作方案

住宿安排方案是安排住宿的第一步，一定要事先做好。方案一般包括所住宾馆的地点、规格、费用和房间分配原则等。

2. 分析参会对象的情况

安排住宿时适当照顾女性、年长者和职务较高者。如果安排两人一个房间，专业相同或相近的客人同住一间，会有利于他们进行交流。

3. 统计住宿人数，确定房间数量

（1）根据会展活动通知的回执、报名表和申请表统计到会的大致人数，并据此统计预订的房间数量。统计实际报到的人数，这一数字比较准确，是最后落实房间和床位的依据。

（2）根据客人的人数和他们的具体情况确定房间的数量，或根据会务管理和服务的实际需要确定房间的数量。

4. 预订宾馆和房间

预订宾馆和房间时要确定宾馆的房间数量能否容纳会展活动的全部住宿客人；房间的布局要集中，确保房间内的生活设施安全、完好。

5. 分发房间钥匙

房间钥匙的分发要根据房间的安排，做到准确、有序。

- 安排住宿服务的注意事项

（1）工作方案没有事先做好，或根本没有做。导致安排工作不系统，没有条理，工作方案制订得太简单，各项目没有明细化。

（2）仅根据报名情况就进行房间的预订，而没有根据实际报到的人数进行房间和订位的最后落实。

（3）没有弄清客人的情况，随机安排住宿，造成客人的不满和误会。没有考虑特殊人群的特殊要求。

（4）没有很好地考虑客人的具体情况，只是想当然地自行确定，或者根据经验进行确定，导致失误。没有考虑会务管理和服务的实际需要而给客人的会客、办公等造成不便，没有事先考虑到宾馆的接待能力，导致最后有客人无法按时入住。房间的布局零散，很难进行管理。房间内的设施不齐全或存在这样那样的问题，给客人的生活造成不便。

（5）钥匙分发错误，导致房间安排上与要求不符。

（五）文艺招待服务

文艺招待在某种意义上说是对客人的慰劳，适当地照顾他们的兴趣可以很好地调动他们的积极性，增加满意度，也使客人能够劳逸结合，有充沛的精力参加会展活动，同时会丰富会展活动期间的业余生活。

1. 选好节目和影片

文艺招待的节目和影片分教育性和娱乐性两类，节目和影片的选择应配合会展的主题，应当以教育类的节目和影片为主，并适当安排娱乐性的节目和影片；要体现民族特色和文化传统，国际性会展活动要尽可能选择能够体现主办国特色的节目，双边会议的文艺招待可适当安排客方国家的民族传统节目。要尊重客人的宗教信仰和风俗习惯，特别要注意影片的内容。

2. 安排好时间和接送

时间安排要恰当，一般应安排在晚上或休息日，这样就不会影响会展活动的顺利进行。接送时特别是返回时，应注意清点人数。清点人数时，要在心里默数，而不要用手指点。

3. 组织好专场的入席与退席

入场时，安排观众先入场，然后陪同客人入场。离场时，安排观众在主人和主宾退场后再离去。

- 文艺招待服务的注意事项

（1）节目和影片没有和会展的主题相对应，或者节目和影片种类主次不分，只顾娱乐，从而失去了原来的意义。没有考虑到客人的兴趣，而是主观地根据自己的兴趣爱好选择节目和影片，没有达到让客人满意的目的。

（2）影片的内容涉及客人所在国的政治或与客人的宗教信仰、风俗习惯冲突；节目如果没有体现民族和文化的特色，而是随意地组织一场演出，会给人以低俗感。

（3）时间安排上考虑得不够，没有照顾到会展活动的安排和客人的时间安排，使很多客人无法参加，不能发挥其应有的作用。

（4）入场次序没有安排好，尤其是离场时，主人和主宾还未退场，观众已经离开大半。

（六）组织参观、考察和游览服务

组织参加会展活动的客人进行参观、考察和游览，其性质和组织文艺招待相似，都是为了丰富客人在会展活动期间的闲暇生活，做到劳逸结合，同时也可以带动旅游消费。

1. 策划项目及安排线路

参观、考察和游览的项目要尽可能与会展活动的目标和主题相适应。客人的兴趣、特长和要求是项目和线路策划应当考虑的因素，在策划项目线路时尽可能地安排大部分客人感兴趣的项目。要考虑参观、考察和游览的地方是否具有足够的接待能力。有的项目不宜组织外国人参观游览，有的项目的参观时间有一定限制，应当事先了解有关的规定，做到内外有别。如果外国客人提出一些不宜参观的项目，应婉言拒绝。

2. 安排落实

项目确定后，应及时与接待单位联系；旅游项目可以委托信誉好、价格合理的旅行社，并签订合同；制订详细的计划，安排参观游览的线路、具体日程和时间表，并明确告知客人，让他们做好思想准备；落实好车辆，安排好食宿。

3. 陪同和介绍情况

组织参观、考察和游览时应当安排有一定身份的领导人陪同。进行游览活动时应当配备导游。介绍时，选取的数字、材料要确切，不可模棱两可。

4. 摄影

遇到不让摄影的项目或场所，应当事先向客人说明，对违反规定的客人婉言相劝。

5. 注意安全

参观时，要提前对客人进行安全教育，强调注意事项。参观结束时，在开车前要仔细清点人数。

- 组织参观、考察和游览服务的注意事项

（1）项目及线路的选择没有与主题和目标相一致，闹出一些笑话。没有很好地考虑客人的兴趣。组织的参观游览客人兴趣不大甚至毫无兴趣，致使活动毫无意义。

（2）有些项目虽然非常合适，但没有考虑到当地的接待能力，盲目做出选择，导致最后无法实行。

（3）在客人想去参观不宜参观的项目时，主办方态度生硬，冷言冷语，严词拒绝，引起客人的不满。项目确定后，没有和接待处联系，对其接待能力和接待质量没有事先确认，导致游览质量下降。或计划不够详细，又没有很明确地通知客人，让客人们摸不着头脑。车辆、食宿没有提前安排，只是临时办理，耽误时间。安排陪同的领导人和客人的身份不相当，特别是发生陪同规格偏低的情况，给客人以不重视感。

（4）游览时，没有安排专业导游、只有陪同人员，失去游览的意义。介绍时，对要介绍的事物不是很了解，却要勉强甚至错误介绍，造成误解及其他不必要的麻烦。用词、用语不分场合、不分对象，使客人感到不舒服。在不让摄影的情况下，没有和客人说明，和管理人员产生争执，让人觉得缺乏素质。

（5）参观前，没有进行应有的安全提示，导致客人在游览过程中发生安全事故。开车前，因赶时间或其他原因没有清点人数而遗漏客人。

三、实训方法与步骤

（1）教师介绍本次实训的内容和模拟实训情景。

（2）教师讲解会展接待人员在各环节服务中礼仪及需要注意的问题。

（3）按照相应的规则和程序选择设计一个模拟会展服务人员的服务场景，以熟悉整个服务的流程和重点，再进行课堂讨论，互相交流和点评。

（4）请学生按照拟好的方案，将学生分组，模拟进行表演，并由教师和学生代表进行评价。

四、考核与评价办法

会展接待服务人员礼仪的考核项目与评价内容详见表 3-6。

表 3-6 会展接待服务人员礼仪考核评价表

考核项目	评价内容	分值/分	自我评价/分	小组评议/分	实际得分/分
会展接待服务人员礼仪	接站服务	20			
	看望与会见服务	15			
	饮食服务	15			
	住宿服务	10			
	文艺招待服务	20			
	参观、考察和游览服务	20			
合计		100			

注：1. 实际得分=自我评价×40%+小组评议×60%。

2. 考评满分为 100 分，分为不合格、合格、良好、优秀四个级别：60 分以下为不合格；60～74 分为合格；75～84 分为良好；85 分以上为优秀（含 85 分）。

五、思考与练习

（1）在接站服务时为什么要明确迎接的规格？

（2）如何安排看望与会见服务？

（3）在会展活动中安排住宿和饮食应注意哪些问题？

（4）某市要准备召开一次农副产品展销会，届时邀请市级以上相关领导参加，请你为此次展销会选择一些文化节目和影片供与会人员欣赏，同时设计一个参观、考察和游览的线路。

第二节　会展现场服务礼仪

【学习目标】　了解会展现场服务各环节的基本程序及注意事项，掌握签到服务、报到服务、展台工作人员的服务、会展现场引导人员的服务、大型代表会议接待服务礼仪的方法和技巧，为学生今后的工作打下基础。

一、教学准备

（1）物品准备。教师准备好教学用计算机、投影仪器和教学课件；签到表、笔和纸；写有数字的卡片、桌签、桌椅若干、茶具及毛巾若干。

（2）场地准备。能容纳 30～40 人进行技能训练的开放式教室。

（3）分组安排。将学生分成若干小组，每组 4～6 人，分组实训，其余人员参照技能考评标准进行互评，而后轮换。

二、学习内容

礼节不仅体现对客人的友好和尊重，也是会展现场服务人员内在素质和主办国、主办单位文明水准最集中的体现，因此会展现场的服务活动十分注重礼节，会展现场服务人员的服务礼仪可以说是会展的灵魂。会展现场的服务礼仪主要包括签到、报到、展台服务、现场引导和大型代表会议接待。

（一）签到服务

签到是客人在进入会场或展览地点前签名或刷卡，证明他们参加了这一次具体的会展活动。签到是客人到达举办地时所办理的手续，在一些法定性会议上，签到是一种法律行为。

1. 表式签到

签到表的内容包括以下内容：

（1）标题。普通的会议注明“会议签到表”即可。重大的会议应当写明会议的名称，如“×××代表大会签到表”。经常性的会议，标题可以固定化，如“×××办公会议签到表”。

（2）会展活动名称。如标题中未写明会展活动名称，则应在表格内写明。

（3）主办单位。写明主办单位的名称，应当写全称或者规范化的简称。

（4）举行时间、举行地点。写明具体的年、月、日、时、分。地点写明具体的场馆，会议活动要写明所在宾馆的名称、楼号和房间号码。

（5）应到单位名称或应到人名称。工作人员事先填好，经常性的会展活动参加的单位和人员相对固定，可在制表时将应到单位和应到人一起印出，以便客人对号入座。

（6）客人签名。客人在相应的空格内对号签名。

规模较大、参加人数较多的会展活动，要多准备一些签到表，采取分头签到的方式，会展活动结束后，再装订成册。

2. 簿式签到

会展活动规模较大、客人较多并且集中到达时，可采取分头、分册签到的方式，以灵活应对各种情况。签到簿的封面或扉页上应写明会展活动的名称、时间和地点，以便将来查询。

3. 电子签到

电子签到相对比较简单，现场服务人员要热情主动地告诉客人如何使用签到卡。

会展现场服务人员在进行签到服务时严禁出现以下情形：

（1）会展活动结束后，没有把签到表装订成册，而是随便乱放，导致后期工作困难，也失去了签到的意义。没有使用签到表，而是随便拿着一张纸签到，给统计人数、检查缺席情况等工作造成很多麻烦。

（2）会展活动规模较大，但事先没有考虑到，签到簿只有一本，造成会展活动签到困难，客人们也无法按时参加活动，从而产生怨言。签到簿的封面和扉页上没有写明相关信息，造成后期查考的麻烦，无法核对。

（3）签到表的内容不全，相关信息没有做好记录，导致后期查考等工作无法实现。对于规模较大的会展活动，没有事先做好准备，签到表准备的数量不够，导致很多客人不能按时签到，耽误客人的时间，使得会展活动不能正常进行。

（4）对第一次使用电子签到卡的客人，因为其不会使用而加以嘲笑，给客人留下不好的印象。

（二）报到服务

报到是指客人在到达会展活动所在地时所办理的登记注册手续，但并不表明其参加每一次具体的活动。如果会期、展期较长，具体活动较多，需要集中接待的会展活动，不仅要求客人签到，而且还要办理报到手续。

（1）查验证件。需要查验的证件包括会议通知书、参展邀请书、单位介绍信、身份证和其他有效证件。查验证件时要用文明用语，如“您好”“请”“请出示”“谢谢合作”等。

（2）登记信息。认真填写客人的各项有关信息，不能遗漏。

（3）接收材料。热情、认真地讲明接收材料的目的和作用；对接收到的材料，要进行审查，审查后再统一分发。一定要统一接收并分发，不允许客人自行分发材料。

（4）发放文件。会议文件应该按照保密要求分类发放和管理。保密文件和需要清退的会议文件必须履行签收手续，并发给文件清退目录，嘱咐客人妥善保存，会后退回。

（5）预收费用。分清客人的费用支付情况，有的是已经通过转账付清的，有的则是在报到时用现金支付的。安排财会人员到报到现场，预收费用，并开具收据。

- 报到服务的注意事项

会展现场服务人员在进行报到服务时严禁出现以下情形：

（1）没有认真检查证件，导致一些不法分子混入，搞破坏。查验证件时，说话生硬，使用不文明、不礼貌的语言。

（2）信息统计不准确，导致接待人员在统计人数时产生困难，或者统计不准确，导致安排住宿、餐饮等工作无法正常进行。由于信息统计的不准确，致使无法编制客人通讯录，或者通讯录内容错误，导致不必要的麻烦。

（3）没有讲明为何接收材料，而使客人产生如“没收材料”等的误解。因接收到的材料仅统一接收，统一分发，并没有经过审查，导致一些不良信息在会展活动中传播。没有进行材料的统一收发，而让客人在会场上自行分发，影响会议和展览的秩序，同时也可能因自行分发而产生其他不良后果。

（4）会议文件没有按规定程序来发放和管理，而是像发宣传单似的随意发放，导致后期无法管理。保密文件和需要清退的文件没有做好相应的工作，解释不清楚，使客人没有听清楚要求，造成文件的流失，无法收回。

（5）没有分清客人的费用支付情况，导致多收或者漏收，并因此和客人产生摩擦，降低客人对会展活动的满意度。没有及时安排财会人员在报到现场预收费用，而由负责会场服务的人员自行收费，导致收费混乱，并且没有收据，使得后续工作无法正常进行。

（三）展台工作人员的服务

展台的工作人员除了需要一张张美丽的面孔来吸引客人的视线外，还需要拥有让人如沐春风的笑脸、高超的推销技巧和耐心细致的服务态度。

（1）热情周到地招待客人。运用正确的技巧，接近可能成为客户的客人，积极主动地与客人交流。

（2）巧妙地设计开场白。工作人员应该在开始之前就准备好跟客人要说的内容，不要被动地等着客人上前问话。

（3）学会倾听，深入谈话的内容。邀请客人走进自己的展台，让他们详细了解自己的公司和产品，通过与客人的互动交流，从而为客人提供合适的购买方案；给予客人全部的注意力，用专注柔和的目光注视客人的一言一行，把80%的注意力放在倾听客人的需求上，用20%的时间向客人介绍自己公司产品和服务的优势。要尊重客人的选择，温和地看着他们的眼睛，无论客人问到怎样尖锐的问题，都要微笑地回答他们；从交谈中捕捉细节，发现有用的商业信息，弄清客人想要达到的目的以及他们对产品的要求，把这些有用的信息收集在一起，把潜在的客人转变为真正的客人。

（4）向客人提供有用的信息。事先对自己公司的产品进行详细的了解，并熟记于心。根据客人透露的信息，运用逻辑思维和感性思维分析客人的需求，在心中对商业信息进行检索、排序、裁减和精练，最后把客人最迫切需要的信息提供给他。

● 展台工作服务的注意事项

展台工作人员在服务过程中严禁出现以下情形：

（1）交谈前没有做好充分的准备，无法与客人交流，只是一味地等待客人自己上前问话。没有很好地设计开扬白，语无伦次。

（2）没有积极地与客人交流，因为在会展上存在众多分散人们注意力的因素，如噪声、表演者、碰上熟人等，导致客人的流失。

（3）精神涣散，注意力不集中，没有认真倾听客人的问话，或者颠倒了倾听和自我介绍的主次，把自己放在第一位，把客人放到了第二位。没有主动邀请客人，而是等待客人的询问，没有热情地为客人讲解、认真交流，达不到展台服务的目的。对客人行为粗鲁，不时地打断他们的说话。交谈没有目的性，没有主次，不能很好地从与客人的谈话中挖掘到客人的需求，不能很好地使他们的需求得到满足，不能使潜在客户变为真正的客户。

（4）准备工作没有做好，对自己公司的产品不是很了解，回答不了客人的问题，把场面弄得很尴尬。对客人提供的信息把握不够，不能很好地将客人最需要的信息告诉他，从而失去机会。

（四）会展现场引导人员的服务

引导服务是指会展活动期间，会务和展务工作人员为客人指引会场、座位、展馆、展区、展位以及客人所要打听的地方的路线、方向和具体位置。引导工作贯穿于整个会展期间，每一位会务和展务工作人员都应当履行为客人引导的义务。客人在报到以及进入会场时，应当有专门的引导人员负责引导。引导虽然看似小事，但却能给客人提供许多方便，使他们感到亲切。

（1）熟悉、了解会场的布局及各种设施。在会展活动开始前，对会场或展馆的布局及各种配套设施的情况进行详细的了解并掌握。

（2）为客人引路、指路，指导入场与退场。正确地迎接客人，将其引导至指定的席位或展区，注意指路时的手势；会议休息或休会时，按照规范要求站到自己的岗位上，照顾客人入场或退场。

（3）帮助客人解决困难。根据自己细致入微的洞察力，帮助客人解决会展中遇到的困难，给予他们适当的帮助。

（4）介绍讲解。讲解要恰当，并且照顾到客人的兴趣，或者根据他们的需要，有重点地对会展的情况进行讲解；讲解时要口齿清楚，吐字准确，普通话流利。

- 引导服务的注意事项

会展现场引导人员在进行引导服务时严禁出现以下情形：

（1）对会展现场各方面的情况都不是很了解，无法为客人指路，或作介绍，给客人留下不好的印象。

（2）由于紧张或者其他原因没有正确地将客人引导至指定的地点，导致活动的正常进行受阻。指路时，没有注意自己的手势，有的引导人员甚至用一个手指随意乱点，或者态度很冷淡，根本不用手势，只是说“这儿”“那儿”，导致客人弄不清具体的方位。引导人员没有按照规范为客人服务，表现得懒散、疲倦，对客人的入场、退场全然不顾。

（3）没有及时地发现客人的难处，不能很好地予以帮助。对客人的主动求助置之不理、袖手旁观，引发客人的不满。

（4）口齿不清，致使客人听不懂其所讲的内容，甚至产生误解。讲解内容没有主次之分，对自己所知道的事情夸夸其谈，全然不顾客人的感受，达不到讲解的目的，也没有使客人获得自己想要的信息。

（五）大型代表会议接待服务礼仪

大型代表会议是代表性广泛、参会人员多、持续时间长、会场范围广的大型聚集活动，一般具有规格高、场面隆重、政治性强、影响力大的特点。举办大型代表会议的主办方要制定切实可行的实施方案，进行清洁卫生和安全保卫工作，为会议期间的接待服务做好充分的准备工作。

1. 场外引导及签到服务

场外引导及签到是指在会场外的走廊设置签到接待人员和引导人员进行服务工作。

（1）在会议走廊的入口处设置长条桌，接待人员仪表整洁，站姿规范。会议开始前将签到簿打开，放好签字笔。事先打印好参会人员名单的会议，要协助参会人员仔细查找名字所在页码，并指导签到。有会议资料要分发的会议，要整齐有序地分发到每一位参会人员手中。

（2）在走廊的另一侧安排引导人员，参会人员到达时指引会场方向。遇到老人、残疾人或身体不便者，要主动上前搀扶。会议中场休息时，主动照顾参会人员出入。参会人员问及卫生间位置、是否可以吸烟等问题时要耐心回答，如有必要，可以将其引导至目的地。

2. 会议期间的茶水服务

（1）会议前摆好茶具和毛巾。茶具的摆放要求：将茶托放在长条桌的上方位置，距边缘不小于 5 厘米，将茶杯或玻璃杯放置到茶托的正中央，茶杯把手向里，略有斜度（一般不大于 90°，不小于 45°）。并将杯盖盖好。在茶具的右方可以放置白色小毛巾供参会人员使用，毛巾可以折叠成长条形。茶具和毛巾的摆放要整齐、美观，成一条直线。根据需要，会议还可以提供会议记录纸和笔，记录纸摆在座椅正前方的桌面上，笔倾斜 45° 放置在记录纸上。

（2）会议开始后前 30 分钟倒水服务。从最后一排的服务人员开始，按顺序排队，统一进入场内提供倒水服务。倒水时步态平稳，动作协调。

（3）续水工作。与会人员饮茶、交谈时，服务人员要仔细观察各桌的饮水情况，并及时续水。续水时随手带小毛巾。为了不影响参会人员的谈话，要在不交谈的两个座位之间进行，左脚在前，右脚在后，或呈“丁”字形，上身自然前倾，左手将茶壶盖揭开翻放在台布上，在拿起茶杯撤离座位约 20 厘米处斟开水，八分满为宜，然后轻轻放回原处，用小毛巾沾净壶外的水迹。

3. 主席台服务

（1）明确主席台的总人数和各排人数。主席台座位的安排一般是尊者坐正中间，其左手为次尊者，右手再其次，依此类推。按照主席台座位的安排配置茶具、烟具、名签和话筒。如果发言人席设在主席台上，一般位于台上最右侧，主持人席在发言人席的左侧；如果在主席台外另设发言人席，主持人席则设在主席台的最右侧。

1）会议主席台座次的安排如图 3-6 所示。

会议主席台座次安排的原则：左为上，右为下。当领导人数为奇数时，1 号领导居中，2 号领导排在 1 号领导左边，3 号领导排右边，其他依次排列；当领导人数为偶数时，1 号领导、2 号领导同时居中，1 号领导排在居中座位的左边，2 号领导排右边，其他依次排列。

2）小会议室的座次安排如图 3-7 所示。

3）在小会议室向上级汇报或会见来宾时的座次安排如图 3-8 所示，A 为上级领导，B 为主方。

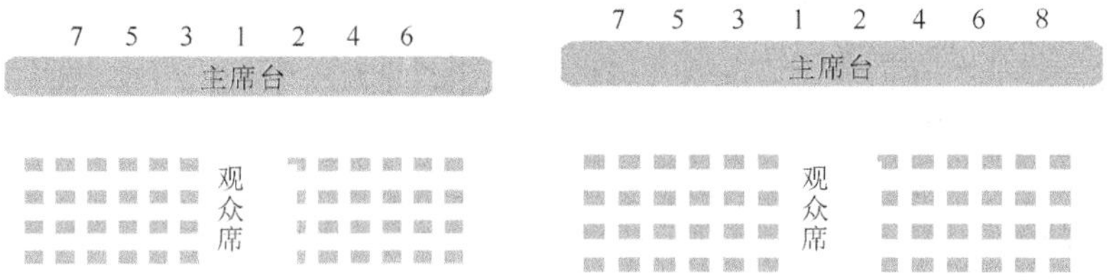

a） b）

图 3-6 会议主席台座次

a）主席台第一排人数为奇数时 b）主席台第一排人数为偶数时

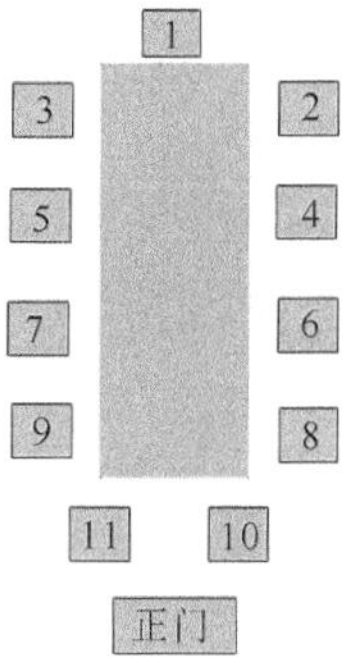

图 3-7 小会议室的座次

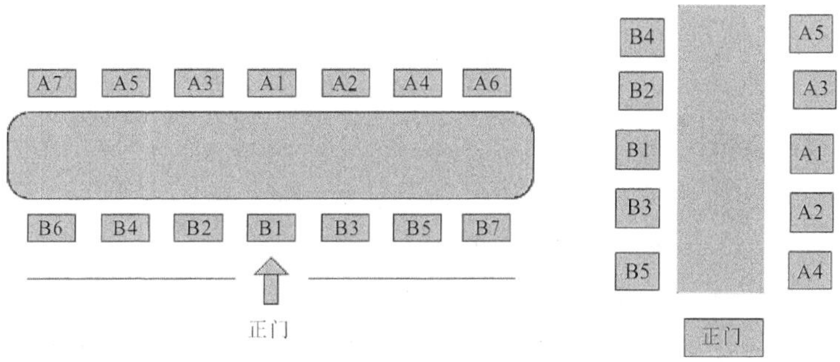

图 3-8 小会议室汇报与会见的座次

（2）会议开始后，要根据情况及时续水。

接待服务的注意事项

大型代表会议的服务人员在服务过程中应注意以下事项：

（1）可以在会场左右两侧设置饮水处，保证茶水的供应。准备额外的茶具、烟具、小毛巾和文具以备用。穿行在会场续水时，如遇参会人员应主动避让，让其先行。

（2）会议开始到会议结束的整个过程中，站姿端庄、大方，精力集中，认真观察场内动静，如有行动不便的参会人员站起，要迅速上前照顾。

（3）会议结束后，收尾工作按顺序进行，撤杯盖，倒剩茶水，收茶杯，收毛巾、烟具、名签，并做好下次大会的准备工作。

三、实训方法与步骤

（1）教师介绍本次实训的内容和模拟实训情景。

（2）教师讲解会展现场服务人员在各环节中的服务礼仪及需要注意的问题。

（3）按照相应的规则和程序选择设计一个模拟会展现场服务场景，以熟悉整个服务的流程和重点，再进行课堂讨论，互相交流和点评。

（4）请学生按照拟好的方案，分组进行模拟表演，并由教师和学生代表进行点评。

四、考核与评价办法

会展现场服务人员礼仪的考核项目与评价内容详见表 3-7。

表 3-7　会展现场服务人员礼仪考核评价表

考核项目	评价内容	分值/分	自我评价/分	小组评议/分	实际得分/分
会展现场服务人员礼仪	签到服务	20			
	报到服务	20			
	展台工作人员服务	20			
	会展现场引导人员服务	20			
	会议接待服务	20			
合计		100			

注：1. 实际得分=自我评价×40%+小组评议×60%。

2. 考评满分为 100 分，分为不合格、合格、良好、优秀四个级别：60 分以下为不合格；60～74 分为合格；75～84 分为良好；85 分以上为优秀（含 85 分）。

五、思考与练习

（1）会展签到与报到有什么区别？如何进行签到？

（2）展台服务人员如何进行介绍和讲解？

（3）在会展中如何进行引导服务？

（4）某单位要召开一次年终总结会议，请你为本次会议制订一个接待计划。

第三节　会展后续工作人员服务礼仪

【学习目标】　了解会展后续工作人员服务各环节的基本程序及注意事项，掌握安排客人返程，清理会议现场、电话致谢的方法和技巧，为学生今后的工作打下基础。

一、实训准备

（1）物品准备。清洁工具、桌签、费用清单、电话。

（2）场地准备。能容纳 30～40 人进行技能训练的开放式教室。

（3）分组安排。将学生分成若干小组，每组 8～12 人，分组进行礼仪服务训练。

二、学习内容

会展后续工作展开中的礼仪规范，包括安排客人返程、清理会场和电话致谢三个部分，了解会议或展览结束后围绕欢送的相关工作安排，以及如何通过电话致谢的形式向给予支持和帮助的公司或部门表达谢意。会议或展览结束后，让客人顺利平安地返回其所在的国家和城市是主办方责无旁贷的义务，也是主办方承办大型会议能力的体现。为了更好地完成这项工作，工作人员也需全面细致地开展后续工作。

（一）安排客人返程、清理会议现场

1. 购买返程票

在展会举办期间，会展工作人员应该清楚每一位客人的返程方式和时间，提前帮客人预订或购买返程票。避免返程票购买困难、客人返程时间延缓的情况出现，在会展活动即将结束时，

把预先购买的返程票交到客人手里，经确认后，再具体安排主要客人的送行方式及返程时段。

2. 合影留念

一般情况下，在一些大型或重要的会议结束时，如有必要，可以安排全体客人合影留念。

3. 欢送

如同接站一样，客人离会时也要热情欢送，具体要求如下：

（1）安排好车辆，将客人送至机场或车站。

（2）会议主要领导人尽可能安排时间向大家告别。告别的形式可以是到客人住宿的房间走访告别，也可以在会议闭幕式结束后在会场门口向客人道别，或在告别晚宴上敬酒道别等。

（3）上级领导、特邀嘉宾等身份较高者应当由会议主要领导人亲自到机场或车站送行。其他客人可由会议工作人员随车到机场或车站送行。

4. 整理会场、房间、会议室

会议结束后，应检查会场与房间，要把会场恢复到与使用前一样的状态，这是对会场使用者最基本的要求；会议工作人员在检查时还要注意客人离会时可能会在会场或房间里遗忘一些物品和文件，一旦发现，及时送还。

5. 费用结算

会展工作人员在安排客人返程的同时，还要及时准确地结算费用，在客人离会之前，必须把费用结算清楚。结算时要做到，出具会议期间消费的明细表、多退少补及开具正式发票等。

- 安排返程、清理现场的注意事项

会场后续工作人员在安排客人返程、清理会议现场时严禁出现下列情形：

（1）未能预订好返程票，延误客人的返程时间。

（2）忘记合影留念。

（3）会场清理不够彻底，会场和房间里客人遗忘的物品和文件没有及时归还客人。

（4）车辆安排不合理，送行人员安排不合理。会议主要领导人未安排时间向大家告别。

（5）费用结算时出错。未开具正式发票。

（二）电话致谢

致谢是会展后续工作的一个重要组成部分，即会展活动一闭幕，主办方就应该抓紧时间指派专门的工作人员向提供帮助的单位和人员电话致谢，即使不准备再次参展，也要对给予过帮助和支持的人表示感谢。这不仅是礼节的体现，而且有利于建立良好的关系。

1. 打电话时间

要在对方方便的时段内打电话。双方可以预先约定时间。通话时间以短为佳，宁短勿长。

2. 准备通话内容

为了节省通话时间，通话之前，最好把对方的姓名、电话号码、通话要点等内容整理好并列出一张清单。通话内容要简明扼要，主要就对方对本次会展的支持表达谢意。

3. 通话中的礼仪

通话过程中自始至终都应做到语言文明、态度文明和举止文明，尊重通话对象。

4. 注意通话细节

电话接通之后，确认通话对象是必不可少的步骤，避免由于通话对象不对而闹出笑话，造成尴尬。不要忘记征询对方现在接听电话是否方便。

● 电话致谢的注意事项

会展后续工作人员在电话致谢严禁出现以下情形：

（1）通话时间选择不恰当，没有按照预约时间或是在对方不方便的时间给对方致电。通话时间太长。

（2）通话内容缺少条理、丢三落四、冗长拖沓。通话时语言不礼貌，通话时举止不文明。

（3）言辞不合时宜。没有征询对方是否方便接听电话。

三、实训方法与步骤

（1）讲解会展后续工作人员服务的礼仪，将学生分组，结合教师所讲的会展服务基本知识，按照相应的规定和程序进行实训，以熟悉不同环节的服务礼仪，再进行课堂讨论，互相交流和点评。

（2）集体设计一个会展后续工作人员服务的现场，请学生按照拟好的会展现场方案，分组进行模拟表演，其余学生和教师观看并进行评价。

四、考核与评价办法

会展后续工作人员服务礼仪的考核项目与评价内容详见表 3-8。

表 3-8　会展后续工作人员服务礼仪考核评价表

考核项目	评价内容		分值/分	自我评价/分	小组评议/分	实际得分/分
后续工作人员服务礼仪	安排客人返程，清理会议现场	合影留念服务	20			
		欢送服务	20			
		会场房间会议室的整理	20			
		费用结算	20			
	电话致谢	打电话时间	20			
		准备通话内容				
		通话礼仪				
		通话细节				
合计			100			

注：1. 实际得分=自我评价×40%+小组评议×60%。

2. 考评满分为 100 分，分为不合格、合格、良好、优秀四个级别：60 分以下为不合格；60～74 分为合格；75～84 分为良好；85 分以上为优秀（含 85 分）。

五、练习与提高

（1）后续工作都要做到哪些服务礼仪？

（2）为什么要整理会场、房间及会议室？

（3）学校要举办一次教学成果展，邀请了各兄弟院校及企业的领导来参会，请同学们来设计会展方案，并进行模拟演示。教师予以纠正并进行训练评价。

第三单元 酒店服务礼仪

礼貌礼节体现于酒店接待服务的全过程。能否最大限度地满足客人的需求，提供优质的服务，这是礼貌礼节在服务中的具体落实与体现。因此掌握基本的酒店前厅、客房、餐饮服务礼仪知识和技能是服务人员必不可少的内容。

第一节 前厅服务礼仪

【学习目标】 掌握酒店门童、保安员、行李员及总台服务员服务的操作程序和专业礼仪知识。培养学生诚信品质、敬业精神和服务意识，为学生日后就业和职业生涯发展奠定基础。

一、教学准备

（1）物品准备。车辆、各种行李、行李架、雨伞、旅行支票、计算机、验钞机、记录本、住客资料。

（2）场地准备。前厅实训室。

（3）分组安排。将全班学生进行分组，每组 5 人。其中 1 人进行总台接待练习，1 人扮演客人，1 人扮演行李员，1 人扮演门童，1 人扮演保安员。其他同学参照技能考评标准进行评议，以此 5 个角色轮流练习。

二、学习内容

客人到酒店首先接受的是前厅内外的服务，宾客对酒店的印象从这里开始，因此前厅服务是酒店服务的第一站，这些人员的服务礼仪直接影响客人对酒店的整体印象。

（一）门童服务礼仪

门童（见图 3-9）的主要职责是负责来店客人的大门迎送工作。

1. 服务流程

（1）服饰挺括、华丽，仪容端庄大方，精神饱满地站立在正门前，恭候客人的光临。

（2）见到客人乘车抵达时，要立即主动迎上，引导车辆停妥，为客人开车门并适当进行“护顶”。

（3）问候客人（包括步行）要面带微笑，鞠躬示意。

（4）客人离店时，将车引导至适宜位置并拉门请客人上车；看清客人上车后轻关车门，并礼貌告别，然后退到离车右前方一米多远处，面带微笑目送客人、挥手致意告别。

（5）主动、热情、认真做好日常值勤工作；礼貌地按规定为来访者办事，乐于帮助客人。

图 3-9 门童

2. 注意事项

（1）问候常住客人时，切勿忘记称呼其姓氏。

（2）当客人较集中达到时，应不厌其烦地向客人微笑问候、点头示意，尽量使每一位客人都能听到亲切的问候声。

（3）如遇下雨天，要撑伞服务，以防客人被雨湿。

（4）遇见老、幼、病、残、孕人员要主动伸手搀扶下车，倍加照顾。

（5）关车门时力量要恰到好处，并避免车门夹住客人衣裙。

（6）为客人联系出租车要尽量当着客人的面主动打电话。

（二）保安员服务礼仪

保安员（见图 3-10）的主要职责是负责做好大门和周围区域的安全保卫，以及车辆指挥和来客的问讯接待工作。

1. 服务要求

（1）服饰整洁，仪容端庄，举止稳重，仪态威武。

（2）时刻关注监控录像，及时发现可疑人物。

（3）指挥车辆，文明礼貌，有条不紊，井然有序。

（4）巡视楼层，执行制度，一丝不苟，态度和蔼，方法灵活，反应敏捷，确保安全。

2. 注意事项

（1）为客人引领车辆时，应按照先后顺序，停在合适的位置上。

（2）遇到醉酒客人要求开车时，应礼貌阻止并告诉醉酒驾驶严重性。

（3）如发现可疑人物，应先礼貌询问。必要时通知公安部门。

（三）行李员服务礼仪

行李员（见图 3-11）的主要职责是负责客人的行李接送工作。

图 3-10　保安员

图 3-11　行李员

1. 服务流程

（1）着装整洁，仪容端庄，礼貌值岗。

（2）客人抵达时，热情相迎，微笑问候，帮提行李。

（3）陪同客人到总台办理住宿手续，侍立在客人身后两三步处等候，以便随时接受客人的吩咐。

（4）引领客人到房间，将行李轻放在行李架上，并与客人核对清楚；简单介绍房内设施；如客人无其他要求，礼貌告别后离开房间。

（5）接到客人离店的通知进行行李服务，与客人共同清点行李件数后将行李装车；之后向客人热情告别。

2. 注意事项

（1）为客人提携行李时，尊重客人意愿；注意轻拿轻放，避免行李掉到地上。

（2）引领客人行进时，走在客人左前方两三步处；遇特殊路况及时提醒示意，关注客人。

（3）乘电梯时，行李员先进，一手挡住电梯门请客人进入，按楼层钮并告知客人，电梯到达指定楼层，关照客人先出电梯。

（4）如果出电梯时，大件行李挡住客人出路，行李员应先运出行李，然后按住电梯门，再请客人出电梯。

（5）引领客人进房时，先按门铃或敲门通报，开门后扫视一下房间无问题则退到房门一边，请客人进房。

（6）客人离店时，注意与客人共同清点行李进行确认后再装车；向客人告别后要目送客车离开。

（四）总台服务员服务礼仪

总台服务员的主要职责是负责住店客人的接待工作。具体的工作程序如下：

1. 服务流程

（1）着装整洁，仪容端庄，站立稳重，目视前方，思想集中、精神饱满地恭候每一位客人的光临。

（2）客人来到总台，主动微笑问候招呼。

（3）为客人规范办理入住手续，听清客人要求、敬请客人填单、认真核对证件、礼貌交递房卡。

（4）做好客史档案，在接待常客时能有针对性地礼貌服务。

2. 注意事项

（1）有较多客人办理入住登记手续时，要按先后顺序依次办理，做到“办理第一个，接待下一个，招呼后一个”，使每位客人都不受冷落。

（2）对宾客一视同仁，不厚此薄彼。

（3）验看、核对客人证件与登记单时，要注意礼貌，确认无误后应迅速双手交还。

（4）接待客人投诉时，要真诚欢迎，凝神倾听，不与客人争辩或反驳，要以真挚的歉意妥善处理。

三、实训方法与步骤

（1）讲解门童、保安员、行李员、总台服务员服务的职责及要点。

（2）设计前厅服务的模拟接待程序。将全班学生进行分组，每组 8 人。其中 1 人进行门童接待练习，1 人扮演司机，1 人扮演保安员、1 人扮演行李员，4 人扮演客人。教师和其他同学参照技能考评标准进行评议，以此 8 个角色轮流练习。

四、考核与评价办法

前厅服务礼仪的考核项目与评价内容详见表 3-9、表 3-10、表 3-11。

表 3-9　门童服务礼仪考核评价表

考核项目	评价内容	分值/分	自我评价/分	小组评议/分	实际得分/分
门童服务礼仪	仪容仪表	10			
	引领车辆	15			
	问候客人	15			
	送别服务	15			
	老人、儿童、残疾、特殊照顾	45			
合计		100			

表 3-10　保安员、行李员服务礼仪考核评价表

考核项目	评价内容	分值/分	自我评价/分	小组评议/分	实际得分/分
保安员、行李员服务礼仪	仪容仪表	10			
	安全保卫	15			
	接待、协助客人办理手续	45			
	引领客人至房间	15			
	离店行李服务	15			
合计		100			

表 3-11　总台服务员服务礼仪考核评价表

考核项目	评价内容	分值/分	自我评价/分	小组评议/分	实际得分/分
总台服务员服务礼仪	仪容仪表	10			
	主动问候接待	15			
	规范办理入住手续	15			
	做好客户档案	45			
	处理投诉	15			
合计		100			

注：1. 实际得分=自我评价×40%+小组评议×60%。

2. 考评满分为 100 分，分为不合格、合格、良好、优秀四个级别：60 分以下为不合格；60～74 分为合格；75～84 分为良好；85 分以上为优秀（含 85 分）。

五、思考与练习

（1）如遇雨天，应如何为客人撑伞服务，以防客人被雨湿？

（2）如遇见老人、儿童、残疾客人，应该如何为其服务？

（3）大门保安员的职责是什么？

（4）乘电梯时行李员如何引领？

（5）如果客房已满无法满足客人的入住要求，应该怎么办？
（6）有较多客人办理入住登记手续时应该怎么办？

第二节　客房服务礼仪

【学习目标】　掌握酒店楼层接待员、客房服务的操作程序和专业礼仪知识。培养学生诚信品质、敬业精神和服务意识，为学生日后就业和职业生涯发展奠定基础。

一、教学准备

（1）物品准备。楼层服务台。
（2）场地准备。客房实训室。
（3）分组安排。将全班学生进行分组，每组 5 人。其中 1 人模拟楼层接待员，1 人模拟客房服务员，3 人扮演客人，其他同学参照技能考评标准进行评议，以此 5 个角色轮流练习。

二、学习内容

酒店的客房是客人主要的休息场所，酒店客人的大部分日常生活是由客房服务员承担的，因此客房服务员在服务中必须讲究服务礼仪，为客人提供一个温馨、舒适、幽静、安全的居住氛围。

（一）楼层接待员服务礼仪

楼层接待员的主要职责是负责楼层的日常服务接待及安全保卫工作。具体的工作程序如下：

1. 服务流程

（1）接到来客通知后，要服饰整洁，礼貌地站立在电梯口旁，恭候宾客的到来。
（2）面带微笑、亲切问候客人，并行 15° 的鞠躬礼，同时向预订的客房方向，伸手示意。
（3）礼貌提供行李提携服务及引领服务，敬请客人进房。
（4）客人进房后，针对性地提供茶水服务、介绍客房设施及酒店情况。
（5）在询问客人没有其他需求后，立即离开，向客人告别。

2. 注意事项

（1）灵活提供行李提携服务，尊重客人的意愿。
（2）对老、幼、病、残、孕客人要主动适当搀扶，给予热情的关心和帮助。
（3）引领客人时要在客人左前方约 1.5 米。
（4）主动征询客人是否需要在房内用餐，如有需求及时通知餐饮部。
（5）善于随机应变，对于长途旅行非常疲劳急需休息的客人，可简化某些服务环节。
（6）客人离店时，应事先主动询问是否有提前用餐及其他要求。

（二）客房服务员服务礼仪

客房服务员（见图 3-12）的主要职责是负责客房的整理和清洁工作。具体的工作程序如下：

1. 服务流程

（1）进门前，先看清门外把手上是否有“请勿打扰”牌，或显示为双锁房标志。

（2）进房时，讲究礼节，规范按门铃或敲门，同时自报“客房服务员”，经客人同意后方可进房打扫。

（3）严格按照清扫整理的程序和规范认真地进行客房清扫工作。

（4）及时取送客人洗烫衣服；满足客人提出的一切正当要求。

图 3-12　客房服务员

2. 实训注意事项

（1）在客房里打扫时，必须把门打开；不得擅自翻阅客人的文件、物品，不得在房内看电视或使用电话、接听客人的电话等。

（2）不得向客人打听私事，如有客人在交谈，不要插话，更不能趋前旁听。

（3）清扫时如客人挡道，要客气打招呼，请求协助。

（4）整理房间时，尽量避免干扰客人的休息与工作，最好是客人外出时进行；打扫完毕不要在客房逗留；若客人在房内，礼貌告别后离房。

（5）工作时不得与他人闲聊或大声说话；在过道内行走不要并行；遇急事不要奔跑，可表示歉意后再快步前去。

（6）平时遇到客人要微笑点头示意或问候招呼，切勿视而不见，不予理睬。

（7）客人洗熨衣服，要及时取送，不得延误搞错。

（8）如客人身体不适，要主动关心，询问是否需要送医就诊。

三、实训方法与步骤

（1）介绍楼层服务员、客房服务员的服务礼仪程序和内容，讲解楼层接待员、客房服务员的服务流程及要点。

（2）将全班学生进行分组，每组 5 人。其中 1 人扮演楼层接待员，1 人扮演客房服务员，3 人扮演客人，其他同学参照技能考评标准进行评议，以此 5 个角色轮流练习。

四、考核与评价办法

客房服务礼仪的考核项目与评价内容详见表 3-12 和表 3-13。

表 3-12　楼层接待员服务礼仪考核评价表

考核项目	评价内容	分值/分	自我评价/分	小组评议/分	实际得分/分
楼层接待员服务礼仪	仪容仪表	10			
	恭候客人	15			
	引领客人	15			
	介绍房间设施	45			
	突发事件处理	15			
合计		100			

表 3-13 客房服务礼仪考核评价表

考核项目	评价内容	分值/分	自我评价/分	小组评议/分	实际得分/分
客房服务员服务礼仪	仪容仪表	10			
	引领客人进房	15			
	衣服快洗服务	15			
	整理房间	45			
	客人生病的处理	15			
合计		100			

注：1. 实际得分=自我评价×40%+小组评议×60%。

2. 考评满分为 100 分，分为不合格、合格、良好、优秀四个级别：60 分以下为不合格；60～74 分为合格；75～84 分为良好；85 分以上为优秀（含 85 分）。

五、思考与练习

（1）客人如果需要在房内用餐，应如何服务？

（2）遇到老、幼、病、残、孕客人应如何服务？

第三节　餐饮服务礼仪

【学习目标】

1. 熟悉并掌握餐饮服务技能、餐饮服务方式及岗位礼仪知识、工作流程及工作技巧等，培养学生的业务技能。

2. 通过所学礼仪知识培养处理问题、组织协调能力等，为日后成为一名优秀餐厅服务人员打下坚实的基础。

一、教学准备

（1）物品准备。餐桌若干、10 人标准宴会台所需物品。

（2）场地准备。餐饮实训室。

（3）分组安排。将全班学生进行分组，将学生分成若干小组，每组 5 人。其中 1 人模拟迎宾员，1 人模拟引位员，1 人模拟值台员，其他学生为客人，参与技能考评，循环实训。

二、学习内容

餐厅是客人用膳的主要场所，餐厅服务特点是服务员直接对客人提供面对面的服务，服务量大，时间长，需求多，为了满足客人的不同需求，必须做到美味佳肴配以主动、热情、耐心、周到的服务。

（一）迎宾员服务礼仪

迎宾员（见图 3-13）的主要职责是负责开关餐厅正门、迎送来厅客人的工作。具体的工作程序如下：

1. 服务流程

（1）着装华丽、整洁、挺括，仪容端庄大方，站姿优美、规范。开餐前 5 分钟恭候在餐厅大门两侧，做好拉门迎客的准备。

（2）神情专注，反应敏捷，注视过往客人，当客人走近餐厅约 1.5 米处，面带笑容，拉门迎客，热情问候；客人离开餐厅时，拉门送客并礼貌道别。

2. 实训注意事项

（1）迎送客人语调柔和、亲切，并致以 30° 鞠躬礼。

（2）如遇雨天，主动收放客人的雨具，客人离店时把雨具及时递上，并帮助客人打开雨伞、穿好雨衣。

（3）迎宾要主动积极，答问要热情亲切，使客人一进门就感受到他们是受到欢迎的尊贵客人，从而留下美好的第一印象，使客人进餐厅用餐变成一种美好的享受。

（二）引位员服务礼仪

引位员（见图 3-14）的主要职责是负责迎送客人，引领客人到座位的工作。具体的工作程序如下：

图 3-13　迎宾员

图 3-14　引位员

1. 服务流程

（1）客人进门后，立即迎上，面带微笑，询问是否有预订。

（2）问清预订情况后礼貌引位，用手示意，把客人带到适当的位置入座或进入包厢。

（3）在用餐高峰期，如餐厅暂无空位，对要求用餐的客人请其在休息室坐下候餐，并表示歉意；一有空位，立即引领客人入座并致歉意。

（4）客人就餐完毕结账离开时，应礼貌送客，主动话别，欢迎下次光临，并微笑目送。

2. 注意事项

（1）男女客人同时到达，先问候女宾，再问候男宾。

（2）如客人要求到一个指定位置，要尽量满足其要求。

（3）对被安排在靠近厨房出入口处的客人，要更为礼貌周到以示关心。

（4）根据不同的客人，有针对性地引位（安排就餐位置）。

（三）值台员服务礼仪

值台员（见图 3-15）的主要职责是负责做好餐厅的服务和清洁工作。具体的工作程序如下：

图 3-15　值台员

1. 服务流程

（1）餐前提前站立于各自负责的工作岗位，做好迎宾的准备工作。

（2）客人走近餐桌，要主动迎上，微笑问候，按顺序拉椅让座；主动协助客人脱衣摘帽，并按顺序挂好。

（3）客人就座后，及时提供香巾、茶水服务。

（4）上毛巾。带客人入座后，值台员应从客人左侧送上毛巾，并说“请用毛巾”，毛巾应放入巾托内用托盘送上。

（5）问茶。值台员应询问客人所需茶水，为客人泡好茶后，从客人右侧斟茶。斟茶时应斟至茶杯的八分满，不要将茶水滴落在客人身上或洒落在台布上。

（6）铺餐巾。值台员从客人右侧拿起毛巾，打开餐巾后对折，左手在前，右手在后，将餐巾轻轻铺在客人膝盖上，如遇客人正在谈话，要轻声对客人说“对不起”，征得客人同意后再铺餐巾。

（7）撤筷套。在为客人铺餐巾后应为客人撤筷套，撤筷套应从客人右侧进行，右手在上，左手在下，将客人面前的筷套拿起，把筷子从筷套中脱出，应注意手拿筷子的尾端，再轻轻放在筷架上。如遇客人自行撤去筷套，应向客人道谢，并撤走筷套，同时还应撤走花瓶与桌号牌，放在附近的工作台上。

（8）增减餐位。值台员应视客人的人数多少，进行餐位调整，增摆不足的餐酒具或撤去多余的餐酒具，在增减餐位时均应使用托盘，并做到持握餐具正确和轻声操作。如遇外宾应征询是否需要提供刀叉。

（9）斟倒调料。为有使用调料佐食习惯的客人斟倒调料，斟倒调料时应在客人的右侧进行，一般以斟至味碟的 1/3 满为宜，并应特别注意不要将调料洒在客人身上。

（10）随时注意客人点菜的示意，或不失时机用双手将菜单递上。接受客人点菜应始终微笑站于客人一侧，手持点菜簿，认真听取客人选定的，菜肴，并做好记录。客人一时无法决定点什么菜时应当好参谋，热情推荐本餐厅名菜、特色菜等；讲究说话方式及语气，充分尊重客人意愿。客人点完菜，应主动征询客人需要的酒水饮料。全部记录好后，礼貌复述一遍，经客人确认后迅速送单至厨房，尽量减少客人等候的时间。

（11）礼貌进行餐巾服务。

（12）严格按操作规程进行斟酒、上菜及各种席间服务。当客人杯中酒水不足 1/3 时，值台员应随时主动为客人斟倒酒水。当客人所点酒水已斟倒完毕时，应主动征询客人是否需要添加酒水。客人用餐过程中，值台员应不断巡视自己的服务区域，如果发现客人餐碟中的骨刺残渣超过 1/3 时应及时更换。

（13）撤换餐碟时，值台员应左手托托盘，将干净的餐碟整齐叠放在一起，从客人右侧撤下脏碟，并换上干净餐碟。撤换餐碟前应征询客人意见：“对不起，请问可以给您换一下餐碟吗？”待客人许可后再撤换。

（14）客人餐毕，账单置于账单夹内双手递呈客人；客人付款后，要表示谢意。客人结完账起身离座时，及时拉椅让路方便客人离开。同时提醒客人是否遗忘随身物品，并礼貌道别。

2. 注意事项

（1）拉椅让座时按先主宾后主人、先女宾后男宾的顺序进行，力度适中平稳自然，切勿操之过急，以免碰撞客人。

（2）进行衣帽服务时切勿将衣服倒提，以防衣袋内的物品掉落；贵重衣服要用衣架挂好，以防衣服折皱走样。

（3）递送餐巾要用夹钳并招呼客人“请用”，从右到左依次进行；送茶时切忌将手指接触杯口；使用玻璃杯要尽量套上杯套，以免烫伤客人；使用有盖有把的茶杯用手握住杯把轻拿轻放，避免发出碰响声，以免引起客人的烦躁与不安。

（4）请客人点菜必须耐心等候，不要催促，让客人有充分的时间选择、商量决定。

（5）掌握上菜的时机和间隔；菜上齐后应告知客人，以示尊重。

（6）值台时要坚守岗位、站姿规范，勤巡视、多关注，随时应答客人，做到忙而不乱，有条不紊。

三、实训方法与步骤

（1）讲解迎宾员、引位员、值台员服务的职责及要点。

（2）设计餐厅各岗位的模拟接待程序。

（3）将全班学生进行分组，将学生分成若干小组，每组 7 人。其中 1 人为迎宾员，1 人为引位员、1 人为值台员，其他学生作为客人，参与技能考评，循环实训。

（4）教师就学生表现及存在问题进行归纳小结，并强调知识要点。

四、考核与评价办法

餐饮服务礼仪的考核项目与评价内容详见表 3-14、表 3-15、表 3-16。

表 3-14　迎宾员服务礼仪考核评价表

考核项目	评价内容	分值/分	自我评价/分	小组评议/分	实际得分/分
迎宾员服务礼仪	仪容仪表	10			
	恭候客人	15			
	语言亲切	15			
	雨天雨伞服务	45			
	迎送客人	15			
合计		100			

表 3-15 引位员服务礼仪考核评价表

考核项目	评价内容	分值/分	自我评价/分	小组评议/分	实际得分/分
引位员服务礼仪	仪容仪表	10			
	恭候客人	15			
	语言亲切	15			
	引位服务	45			
	迎送客人	15			
合计		100			

表 3-16 值台员服务礼仪考核评价表

考核项目	评价内容	分值/分	自我评价/分	小组评议/分	实际得分/分
值台员服务礼仪	仪容仪表	10			
	迎接宾客、问茶	15			
	点菜服务	15			
	席间服务	45			
	迎送服务	15			
合计		100			

注：1. 实际得分=自我评价×40%+小组评议×60%。

2. 考评满分为 100 分，分为不合格、合格、良好、优秀四个级别：60 分以下为不合格；60～74 分为合格；75～84 分为良好；85 分以上为优秀（含 85 分）。

五、思考与练习

（1）迎宾员如何在门口恭候客人？如遇雨天，迎宾员应如何操作？

（2）引位员如何在门口恭候客人？如遇雨天，引位员应如何操作？

（3）在餐饮服务值台过程中应注意哪些事项？

（4）斟酒过程中应注意哪些事项？

第四单元 导游服务礼仪

导游服务是旅游服务中的一个重要组成部分，导游人员是旅游接待工作中的一线工作人员，工作涉及面广、工作量大，与旅游者的交往、接触时间长，因此，导游人员在导游服务过程中必须注意良好的礼节礼仪，为旅游者提供热情周到的服务，努力使旅游者在整个旅游过程中有亲切感和宾至如归感。导游服务的礼仪主要体现在接站服务、入店服务、带团服务与送团服务四个环节。

第一节 接站服务礼仪

【学习目标】

1. 掌握导游带团的基本程序、方法及技能。熟悉导游人员接站服务流程操作及礼仪规范，为学生日后走上导游工作岗位打下必要的礼仪基础。

2. 培养学生诚信品质、敬业精神和服务意识、善于沟通与合作的职业品格，为就业和职业生涯发展奠定基础。

一、教学准备

（1）物品准备。话筒、导游旗、导游证、接站牌。

（2）场地准备。导游实训室。

（3）分组安排。将全班学生分成若干小组，其中 1 人为导游员，1 人为司机，其他人作为客人，循环进行接站服务情景模拟。

二、学习内容

接站服务是指地陪前往机场、车站、码头等处迎接旅游者的工作。

1. 服务流程

（1）确认接待计划，包括人数、性别、客源地、抵达时间、具体行程等。

（2）确认旅游团抵达的准确时间，做好计划确认、问讯处确认、交通港口确认。

（3）与司机沟通行程安排。地陪应该提前与旅游车司机联络，商定会合的时间和地点，保证在旅游团所乘的交通工具抵达前半小时到达接站点。在前往接站的途中，地陪应将当日的活动安排通报给司机，并且将旅游团的行程表交给司机。

（4）迎候旅游团。地陪应该在旅游团出站前，持接站牌站在出口醒目的位置热情迎接团队。接站牌上应写清团名、团号、领队或全陪姓名；接小型团队或无领队、全陪的旅游团时要写上其中一位客人的名字。

（5）核实人数。核实实到的人数是确认所接团队的一个标识，如计划是 20 人团，而接到团队是 30 人，首先要考虑是否错接，如果确实是所接团队，应及时报告接待社的作业人，请其安排旅游接待的各个环节，并做好记录，以便日后的报账等后续的开展。

（6）接到团队后，清点行李。询问旅游者行李是否带齐；带领旅游者至旅游车前；集中有序地摆放行李；同领队、全陪、司机共同清点行李；协助司机将行李装车。

（7）领旅游者登车。恭候在车门旁，礼貌地引导旅游者登车；提醒旅游者随身物品是否带齐；旅游者坐稳后，检查行李物品是否放置安全，将行李带拉至行李外侧，固定行李；礼貌地清点人数，无误后请司机开车。

（8）致欢迎词（见图 3-16），欢迎词一般 2～3 分钟，主要包括：代表所在接待社、司机和本人欢迎客人光临本地；介绍自己的姓名及所属单位；介绍司机；表示提供服务的诚挚愿望；预祝旅途愉快顺利。

（9）首次沿途导游。包括地理位置、人口状况、气候特点、风俗习惯、当地文化概况等。

图 3-16 致欢迎词

2. 注意事项

（1）标志佩戴醒目、易识别。导游证挂在胸前、胸卡别在胸部左上方、站在明显的位置举起社旗或接站牌。

（2）接团时要及时与领队接头，作自我介绍，并礼貌地询问对方的姓名，表示欢迎和希望合作，随后了解旅游者的情况。

（3）与客人初次见面，先问好后报自己的单位和姓名，在接待外宾时，问好之后应先报姓名再报单位。

（4）默默点数或上车后以车座数和空位相减记数，点人数时切不可用手指点数。

（5）在首次沿途导游时可针对旅游者初到异地的安全心理和好奇心理，做好充分准备，在讲解时可充分显示自己的知识、导游的技能和工作能力，让旅游者对导游产生信任，在心中树立良好的形象。

三、实训方法与步骤

（1）讲解导游带团过程中接站服务流程及注意事项。

（2）设计接站服务的情境模仿练习，教师及时点评并纠错。

（3）设计国内一条旅游线路。将全班学生分成若干小组，其中 1 人扮演导游员，1 人扮演司机，其他扮演客人，循环进行接站服务情景模拟，学生进行互评后教师点评。

四、考核与评价办法

接站服务礼仪的考核项目与评价内容见表 3-17。

表 3-17 接站服务礼仪考核评价表

考核项目	评价内容	分值/分	自我评价/分	小组评议/分	实际得分/分
接站服务礼仪	仪容仪表	10			
	确认接待计划	15			
	迎候旅游团	15			
	核实旅游团	45			
	带领上车、致欢迎词	15			
合计		100			

注：1. 实际得分=自我评价×40%+小组评议×60%。

2. 考评满分为 100 分，分为不合格、合格、良好、优秀四个级别：60 分以下为不合格；60～74 分为合格；75～84 分为良好；85 分以上为优秀（含 85 分）。

五、思考与练习

（1）导游接站服务中需要准备哪些内容？

（2）模拟一个旅游团队并准备一篇欢迎词。

第二节　入店服务礼仪

【学习目标】

1. 掌握导游带团的基本程序、方法及技能。熟悉导游人员安排住酒店的服务流程及礼仪规范，为学生日后走上导游工作岗位打下必要的礼仪基础。

2. 培养学生诚信品质、敬业精神和服务意识、善于沟通与合作的职业品格，为就业和职业生涯发展奠定基础。

一、教学准备

（1）物品准备。话筒、导游旗、导游证。

（2）场地准备。酒店实训室。

（3）分组安排。将全班学生分成若干小组，其中 1 人为导游员，1 人为酒店前厅接待员，其他作为客人，循环进行入店服务情景模拟。

二、学习内容

入店服务是旅游者抵达酒店后，地陪协助旅游者办理入住酒店的手续，并向旅游者介绍酒店并安排相关旅游活动的服务。

1. 服务流程

（1）导游协助客人办理住店手续。

（2）照顾行李进房并进行查房。地陪应督促酒店行李员及时将行李送至游客的房间。同时，对游客入住的房间进行巡视，及时处理住房的有关问题。

（3）安排叫早服务。旅游者入住酒店后，酒店会提供次日的叫醒服务，通常为电话叫早。在结束当天活动离开酒店之前，地陪应与领队商定第二天的叫早时间，并请领队通知全团，地陪则应通知酒店总服务台或楼层服务台。

（4）地陪应该请领队分发房卡，因为领队熟悉团内人员情况。

（5）导游掌握团员的房间号，并将自己房号和联系的办法告知游客；如不住酒店，告知联系电话，由全陪负责照顾好旅游团。

（6）地陪介绍酒店设施的功能、位置，让他们了解外币兑换处、中西餐厅、娱乐场所、商品部、公共洗手间等设施的位置；介绍入住酒店注意事项。

（7）带领旅游团用餐；向布台员询问本团的桌次；安排客人入座，领队、全陪和地陪随时为客人服务。

（8）向旅游者宣布当日或次日的活动安排。

（9）确认早餐形式。

2. 注意事项

（1）安排住房时要询问旅游者的禁忌和特殊要求，并向客房服务人员转达。

（2）对旅游者的特殊要求要尽量给予满足。若有不合理或无法满足的要求，要耐心解释。

（3）旅游者进房时，地陪必须到旅游团所在楼层，协助楼层服务员做好接待工作，并负责核对行李，督促行李员将行李送到旅游者的房间。

（4）带旅游者用餐时，要把旅游者的饮食习惯、禁忌等信息告诉餐厅服务员。

（5）遇到意外事件，导游人员要冷静耐心，有礼貌地协调。

三、实训方法与步骤

（1）讲解导游带团过程中入店服务流程及注意事项。

（2）设计入店服务的情境模仿练习，教师及时点评并纠错。

（3）将全班学生分成若干小组，其中 1 人扮演导游员，1 人扮演酒店前厅接待员，其他作为客人，循环进行接站服务情景模拟，学生进行互评后教师点评。

四、考核与评价办法

入店服务礼仪的考核项目与评价内容见表 3-18。

表 3-18 入店服务礼仪考核评价表

考核项目	评价内容	分值/分	自我评价/分	小组评议/分	实际得分/分
入店服务礼仪	仪容仪表	10			
	协助办理入店手续	15			
	安排叫早服务	15			
	分发房卡	45			
	带领团用餐	15			
合计		100			

注：1. 实际得分=自我评价×40%+小组评议×60%。

2. 考评满分为 100 分，分为不合格、合格、良好、优秀四个级别：60 分以下为不合格；60～74 分为合格；75～84 分为良好；85 分以上为优秀（含 85 分）。

五、思考与练习

（1）分发房卡的注意事项有哪些？

（2）如何带领旅游团用餐？

第三节 带团服务礼仪

【学习目标】

1. 掌握导游带团的基本程序、方法及技能。熟悉导游人员的带团服务流程及礼仪规范，为学生日后走上导游工作岗位打下必要的礼仪基础。

2. 培养学生诚信品质、敬业精神和服务意识、善于沟通与合作的职业品格，为职业生涯发展奠定基础。

一、教学准备

（1）物质准备。话筒、导游旗、导游证。

（2）场地准备。导游实训室。

（3）分组安排。将全班学生分成若干小组，其中 1 人为导游员，1 人为司机，其他作为客人，循环进行带团服务情景模拟。

二、学习内容

带团服务是指地陪导游根据旅游者游览过程进行旅游活动内容安排、处理与不同类型旅游者的关系。

1. 服务流程

（1）根据个性化区分，旅游者大致可分为急性型、腼腆慢性型、“老好人”型、“难伺候”型、嘲弄型、高傲型、散漫型、啰唆型等典型类型。

对急性型旅游者最佳的沟通方式为以诚相待，以柔克刚，适度退让；对腼腆慢性型旅游者最佳的沟通方式为亲切相待，忌大嗓门，忌语言粗俗；对“老好人”型旅游者最佳的沟通方式为礼尚往来，多争取其支持；对“难伺候”型旅游者最佳的沟通方式为有意回避矛盾，避免陷入争论；对嘲弄型旅游者最佳的沟通方式为不予纠缠，用正常的语句解读本意；对高傲型旅游者最佳的沟通方式为态度谦逊，耐心说服；对散漫型旅游者最佳的沟通方式为有礼貌地耐心说服，艺术性含蓄劝说；对啰唆型旅游者最佳的沟通方式为耐心聆听，抓住要领。

（2）导游旗使用方法。旗子高度以旅游者方便看清即可。持旗忌卷曲、折叠、乱摇和在地上拖拽。

（3）话筒的使用方法。手臂自然抬起，话筒与口部保持 5 厘米距离，话筒不可靠嘴太近遮住嘴，音量以适当的范围为宜。使用旅游车配备话筒之前，要面向旅游者，保持身体平衡。使用完毕要话筒归位，以免妨碍旅游者下车。

在游览中、进出景点、上下交通工具，导游要时常招呼旅游者，以免旅游者丢失。

2. 注意事项

（1）必须及时把每天的活动时间安排向每一位旅游者交代清楚。

（2）多观察旅游者的表情、体态、语言线索等，以推测旅游者的类型，同时不要忘记询问旅游者的健康状况。

（3）实地讲解要先停止行进，组织旅游者站成便于听清讲解的位置后进行讲解。

（4）注意语言的使用，保持微笑服务。

三、实训方法与步骤

（1）讲解导游带团过程中各环节的服务流程及注意事项。

（2）学生分环节进行模拟练习，教师点评并及时纠错。

（3）设计国内一条旅游线路。将全班学生分成若干小组，其中 1 人扮演导游员，1 人扮演司机，其他扮演客人，循环进行不同岗位情景模拟，学生进行互评后教师点评。

四、考核与评价办法

导游带团服务礼仪的考核项目与评价内容见表 3-19。

表 3-19 带团服务礼仪考核评价表

考核项目	评价内容	分值/分	自我评价/分	小组评议/分	实际得分/分
带团服务礼仪	仪容仪表	10			
	不同个性客人的服务特点	15			
	柔性语言、微笑服务	15			
	导游带团技巧	45			
	特殊事件处理	15			
合计		100			

注：1. 实际得分=自我评价×40%+小组评议×60%。

2. 考评满分为 100 分，分为不合格、合格、良好、优秀四个级别：60 分以下为不合格；60～74 分为合格；75～84 分为良好；85 分以上为优秀（含 85 分）。

五、思考与练习

（1）简述不同类型客人的带团技巧。

（2）带团服务中，导游应注意哪些事项？

第四节 送别服务礼仪

【学习目标】

1. 掌握导游带团的基本程序、方法及技能。熟悉导游人员送别的服务流程及礼仪规范，为学生日后走上导游工作岗位打下必要的礼仪基础。

2. 培养学生诚信品质、敬业精神和服务意识、善于沟通与合作的职业品格，为职业生涯发展奠定基础。

一、教学准备

（1）物品准备。话筒、导游旗、导游证、各类票据。

（2）场地准备。导游实训室。

（3）分组安排。将全班学生分成若干小组，其中 1 人为导游员，1 人为司机，其他作为客人，循环进行送别服务情景模拟。

二、学习内容

送别服务是旅游团接待工作的最后阶段，目的是让旅游者顺利、安全地离开。

1. 服务流程

（1）核实交通票据。旅游团离开的前一天，地陪应认真做好旅游团离开的交通票据核实工作，核对团号、代号、人数、全陪姓名、航班（车次、船次）和始发站起飞时间核实。

（2）商定叫早、早餐集合及出发时间。在叫早和早餐、集合、出发时间确定后，地陪要通知酒店有关部门和旅游者。如果该团所乘交通工具班次时间较早，无法在酒店餐厅用早餐，地陪要及时做好相应的准备工作，并向旅游者做出说明。

（3）协助饭店结清与旅游有关的账目。地陪应在旅游团离店前一天提醒、督促旅游者尽早与饭店结清所有自费项目账单，如有损坏客房设备，地陪应协助酒店妥善处理赔偿事宜；同时，地陪应通知总台或楼层旅游团离房的时间，提醒他们及时结账。

（4）提醒有关注意事项，如提醒客人检查行李等。

（5）及时归还证件。如客人的身份证、护照等。

（6）与司机商定时间，安排旅游团提早到达场站。

（7）致欢送词。

2. 注意事项

（1）致欢送词能加深彼此间感情，增加告别气氛，令人难忘，所以地陪在致欢送词时要真诚。

（2）移交交通票据和办理离站手续要迅速有效，以减少旅游者等待时间。

三、实训方法与步骤

（1）讲解导游带团过程送别客人环节的服务流程及注意事项。

（2）学生分环节进行模仿练习，教师点评并及时纠错。

（3）设计国内一条旅游线路。将全班学生分成若干小组，其中 1 人扮演导游员，1 人扮演司机，其他学生扮演客人，循环进行不同岗位情景模拟，学生进行互评后教师点评。

四、考核与评价办法

送别服务礼仪的考核项目与评价内容见表 3-20。

表 3-20 送别服务礼仪考核评价表

考核项目	评价内容	分值/分	自我评价/分	小组评议/分	实际得分/分
送别服务礼仪	仪容仪表	10			
	核实交通票据	15			
	商定叫早	15			
	移交票据	45			
	致欢送词	15			
合计		100			

注：1. 实际得分=自我评价×40%+小组评议×60%。

2. 考评满分为 100 分，分为不合格、合格、良好、优秀四个级别：60 分以下为不合格；60～74 分为合格；75～84 分为良好；85 分以上为优秀（含 85 分）。

五、思考与练习

（1）简述移交票据的礼仪规范。

（2）如何致欢送词？

参考文献

[1] 崔秀珍.舞蹈与形体训练[M].西安: 陕西科学技术出版社，2002.

[2] 冯萍，张杰，钱宏颖.健美操与体育舞蹈[M].北京:高等教育出版社，2004.

[3] 丑万涛.礼仪规范教程[M].上海:立信会计出版社，2007.

[4] 金正昆.社交礼仪概论[M].北京:北京大学出版社，2006.

[5] 张岩松，唐召英.现代交际礼仪实训教程[M].北京：清华大学出版社，2011.

[6] 潘志涛.中国民间舞教材与教法[M].上海:上海音乐出版社，2001.

[7] 贾安林,钟宁.中国民族民间舞初级教程[M].上海:上海音乐出版社，2004.

[8] 赵铁春,田露.中国汉族民间舞教程[M].北京:高等教育出版社，2004.

[9] 董立言,刘振远.舞蹈[M].北京:高等教育出版社，2001.

[10] 黄明珠.舞蹈关键技能与拓展知识[M].南京:江苏教育出版社，2011.